Im Reich der Geister und tanzenden Hexen

Kurt Lussi

Im Reich der Geister

und tanzenden Hexen

Jenseitsvorstellungen,
Dämonen
und Zauberglaube

Mit einem Beitrag von
Christian Rätsch

AT Verlag

Für die grosszügige Unterstützung danken Autor und Verlag
dem Kanton Luzern

AT Verlag, Aarau, Schweiz
Fotos, sofern nicht anders vermerkt: Kurt Lussi
Lithos: AZ Grafische Betriebe AG, Aarau und Edith Helfer, Bern
Layout: Edith Helfer, Bern
Druck und Bindearbeiten: Clausen & Bosse, Leck
Printed in Germany
ISBN 3-85502-722-6

Inhaltsverzeichnis

Vorbemerkungen

Bis heute werden vom Volk Geschichten von unruhigen Toten, von Elfen, Kobolden und Hexen erzählt, die sich zu bestimmten Zeiten den Lebenden gegenüber bemerkbar machen. Das Interesse, das die Menschen diesen Dingen entgegenbringen, ist ungebrochen. Es zeigt, dass viele von der Existenz einer Anderswelt überzeugt sind. Zwar glaubt kaum jemand, dass geheimnisvolle Jungfrauen auf Burgruinen hausen und dort seit Urzeiten verborgene Schätze hüten. Doch wird hinter vorgehaltener Hand von unheimlichen Begegnungen mit den Geistern der Abgeschiedenen berichtet. Nach aussen dringen diese Erlebnisse selten. Schliesslich will in einer Zeit, in der scheinbar alles machbar und erklärbar ist, niemand als rückständig oder abergläubisch gelten.

Die unsichtbare Welt der Geister und armen Seelen, der Dämonen, Hexen und Feen ist ein wichtiger Teil unseres kulturellen Erbes. In diese Welt sind wir nach wie vor eingebettet, in ihr sind wir noch immer verwurzelt. Sie ist, auch wenn wir uns dessen vielleicht nicht unmittelbar bewusst sind, die Ursache einer nicht materiell zu verstehenden Lebensqualität.

In unserer hektischen Zeit, die sich in immer kürzeren Abständen mit politischen, gesellschaftlichen und religiösen Umwälzungen auseinander setzen muss, sind diese weit in die Zeit zurückreichenden Vorstellungen akut gefährdet. Da sie ihren Rückhalt in der Erzähltradition haben, hängt ihr Überleben von Menschen ab, die mit dem Land ihrer Vorfahren fest verwurzelt sind. Sowohl mit der gewaltsamen als auch der schleichenden Entwurzelung stirbt die Überlieferung. Gleichzeitig verliert der Mensch den inneren Halt, der ihn gegen die Einflussnahme von aussen schützt. Menschen ohne Verwurzelung sind leichter als andere zu manipulieren, da sie nur sich selbst verpflichtet sind. Entscheidend ist für sie nicht das Wohlergehen der Gemeinschaft, sondern der persönliche Vorteil. Die sittlichen und moralischen Grenzen dieser Menschen sind jene, die sie sich selber setzen oder die ihnen von anderen Menschen gesetzt werden.

Das Überleben einer Gemeinschaft, ihre Kraft, Unterdrückung zu ertragen und sich vor allem auch der Vereinnahmung durch andere zu widersetzen, hängt somit vom Grad ihrer kulturellen Identifikation ab.

Gemeinsame Tradition, Sprache, Lieder, Religion und Geschichte bestärken den Einzelnen im Gefühl der Zusammengehörigkeit und fördern die Widerstandskraft. Die Auslöschung oder Zwangsintegration eines Volkes beginnt deshalb immer mit der Vernichtung seiner Kultur.

Diese Tatsache haben sich im Laufe der Geschichte die Regierenden vieler Länder wie auch die Wirtschaft zunutze gemacht. Es ist kein Zufall, dass nicht nur bei kriegerischen Ereignissen, sondern auch bei politischen, ökonomischen oder gesellschaftlichen Umwälzungen, wie sie jetzt im scheinbar geeinten Europa vorangetrieben werden, immer das Bestreben im Vordergrund steht, das historisch Gewachsene möglichst vollständig zu vernichten oder der Lächerlichkeit preiszugeben.

In der modernen Konsumgesellschaft wird dieser Prozess durch die geistige Bequemlichkeit des Einzelnen gefördert. Als Folge davon erachten immer mehr Menschen den kurzfristigen materiellen Vorteil als eines der erstrebenswertesten Ziele. Dazu kommt die latent vorhandene Angst, als rückständig zu gelten. Diese Faktoren fördern die Bereitschaft, mit der Vergangenheit zu brechen und sich dem scheinbar Besseren zuzuwenden. Meist erkennt der Mensch erst im Nachhinein, dass er einen Teil seiner Lebensqualität dem Zeitgeist geopfert und dafür keinen oder nur unzureichenden Ersatz erhalten hat. Diese Einsicht – wir wissen es zu Genüge – kommt fast immer zu spät. Und die nachträgliche Verklärung des Gewesenen kann den Verlust der Realität niemals ersetzen.

Umso mehr gilt es, die Wurzeln unserer Kultur neu zu entdecken und den Menschen zugänglich zu machen. Die Volkskunde, zumal die religiöse, darf sich nicht darauf beschränken, das Gewesene aus der Sicht der Gegenwart zu dokumentieren. Ebenso wichtig ist es, die verborgenen Geheimnisse der Anderswelt zu erschliessen und die Verflechtung unserer Kultur mit den Vorstellungen anderer Völker aufzuzeigen. Dann wird plötzlich offenbar, dass zwischen den Kulturen Gemeinsamkeiten bestehen, die als Brücke zur Verständigung der Völker untereinander dienen können.

Aus diesem Grund hält das vorliegende Werk keine sentimentale Rückschau. Weder verklärt es die Vergangenheit, noch ist es eine allgemein verbindliche Anleitung für eine bessere Zukunft. Stattdessen vermittelt es Einblicke in eine historische gewachsene Wirklichkeit, die besonders im Alpenraum immer noch ein lebendiger Teil unserer Gegenwart ist.

Ruswil, im März 2002

Ahnengeister, Hexen und Dämonen in der Welt zwischen dem Diesseits und dem Jenseits

Die unberührte Natur ist beseelt von den Geistern der Vergangenheit, die sich den Menschen zu bestimmten Zeiten zu erkennen geben. Moorlandschaft bei Menznau, Kanton Luzern.

Unsere Welt, in der wir leben und die wir täglich wahrnehmen, scheint in sich abgeschlossen. Und dennoch begegnen wir auf Schritt und Tritt Zeichen und Geschichten, die auf eine unsichtbare Dimension unserer Existenz hinweisen. Genaueres erfahren wir in den Erzählungen des Volkes, die von einer Welt zwischen dem Diesseits und dem Jenseits berichten. In ihr haben seit uralten Zeiten die Seelen der Verstorbenen, Dämonen, Elfen und Geister aller Art ihren Aufenthalt. Diese Welt, die unser Leben kaum wahrnehmbar mitbestimmt, ist nicht sichtbar und trotzdem ein Teil unseres Lebens. Sie ist weit entfernt und dennoch erstaunlich gegenwärtig. Der dem Sterblichen gewöhnlich verschlossene Bereich ist eine Zwischenstation auf dem Weg der Seele ins Jenseits und gleichzeitig Aufenthaltsort jener, denen durch ungesühnte Schuld der Eintritt ins Reich der Toten verwehrt ist. Als unruhige Wesen müssen diese Seelen umhergehen, bis sie durch gute Werke der Lebenden von ihrer ewigen Wanderschaft erlöst oder von besonders befähigten Menschen an bestimmte Orte gebannt werden.

Die Vorstellung von der Existenz einer Wirklichkeit zwischen den Welten setzt den Glauben an eine Trennung von Körper und Seele im

Augenblick des Todes voraus. Beim Tod des Menschen verlässt die Seele den Körper. Eine gewisse Zeit hält sie sich noch in der Nähe des Sterbeortes auf. Dann aber wird sie von gutartigen Seelengeleitern in Empfang genommen und behutsam in eine Zwischenwelt geleitet. Sowohl nach christlichem als auch nach vorchristlichem Glauben ist unter dieser Zwischenwelt nicht ein räumlich begrenzter Ort zu verstehen, sondern eine andere Bewusstseinsdimension. Diese Dimension ist das Reich der Geister, Dämonen und unerlösten Toten.

Im Reich der Geister herrscht ewige Finsternis; aus ihm kommt das Böse, das Unruhige und Dämonische. Für den Menschen stellen diese Mächte eine ständige Bedrohung seiner Existenz dar. Sie sind die Ursache von Krankheit und Tod. In der Gestalt bösartiger Dämonen greifen die Wesen aus dem Reich der Schatten den Menschen an, schlagen ihn nieder, nagen, reissen und zehren an ihm. Er wird von ihnen gepackt, überwältigt, ins Bett geworfen und manchmal auch ums Leben gebracht. Doch nicht nur der Mensch ist ihnen ausgesetzt, sondern auch seine Habe. Gebäude, Wiesen, Äcker und Obstbäume sind ebenso gefährdet wie die Haustiere, die Vorräte und die soeben eingefahrene Ernte.

Verwunschene Orte

In vielen Kulturen wohnen Geister, Hexen und unerlöste Tote an besonders bezeichneten Plätzen ausserhalb des Dorfes. An diesen verwunschenen und unheimlichen Orten erscheinen sie ahnungslosen Wanderern und bitten diese manchmal um einen Gefallen. Ein bestimmtes Wort oder eine Tat kann die arme Seele erlösen oder ihr Schicksal erleichtern. Manchmal kehren die Totengeister zu bestimmten Zeiten an die Orte zurück, an denen sie sich als Lebende aufgehalten haben, und geben sich gegenüber den Menschen, die sie früher gekannt haben, als Spukgestalten, kalter Windhauch, Klopfzeichen, Kettengerassel oder durch Schritte zu erkennen.

Die Begegnungen mit den Geistern der Toten können Schlaflosigkeit, Krankheiten oder gar den Tod zur Folge haben. Die Lebenden setzen deshalb alles daran, damit die Seelen der Abgeschiedenen die Welt der Geister möglichst bald verlassen und endgültig ins Jenseits eingehen können. Jene Verstorbenen, die ihre Schuld abgebüsst haben oder durch fromme Werke erlöst worden sind, schliessen sich dem Zug der namenlosen Toten an, der in stürmischen Nächten ins Jenseits zieht. Die nicht erlösbaren Geister werden von besonders befähigten Menschen zitiert und an bestimmte Orte verbannt.

Wie der am 15. Juli 1577 hingerichtete Hans Ris Gespenster beschwor

»Dasselbig zuo beschwören, habe er vff ein sondere wyss, wie die Seelenmuotter vnd der tüffel das gleert, dass huss vnd die thüren abgmässen, darnach in der stuben ein kreyss gemacht, vnnd mitt 15 worten dass gspänst beschworen zuo erschynen. Vnnd nachdem es dann jnnert oder vssert dem kreyss sichtbar oder vnsichtbar erschinen, habe er darnach den lütten anzeigt, wass dem geist angelegen, ob man färtten [Wallfahrten] oder anders, oder was man thuon sölle, vnnd ob dz gspänst verdampt oder für es z'bitten sige oder nitt, was jm dann von dem gspenst oder bösen geist für bscheyd worden; vnnd also die lütt damit vmb das gelt betrogen.«

Aus: Collectanea pro chronica Lucernensi et Helvetiae des Renward Cysat.
(Schmid 1969: 4, 624)

Das Totenreich, in dem die Verstorbenen ihren endgültigen Aufenthalt haben, befindet sich im Alpenraum meist auf hohen Bergen. Dorthin ziehen die Seelen der Abgeschiedenen. An diesen Orten wollen sie nicht gestört werden. Es sind heilige Stätten, Wohnorte der Götter und Ahnengeister, mit denen sie sich vereint haben.

Die dort herrschenden Mächte nehmen wiederum Einfluss auf das Irdische. In diesen Kreislauf sind die Lebenden eingebunden. Den Mächten des Jenseits können sie sich nicht entziehen, weshalb die Sorge um die Ahnen und die Beschwichtigung der allgegenwärtigen Geister, Götter und nicht erlösbaren Seelen den Alltag der Menschen bis in die neueste Zeit bestimmt.

Das Christentum hat die alte Auffassung vom Reich der Geister keineswegs verdrängt, sondern sich bloss über die ursprüngliche Kultur geschoben. Im alpenländischen Totenbrauchtum kommt diese Tatsache in vielen Bereichen zum Vorschein. Zwar ist der Prozess des Sterbens von christlichen Segnungen – Beichte, Kommunion und letzte Ölung – bestimmt. Unmittelbar nach dem Tod öffnet man jedoch das Fenster, damit die Seele den Raum verlassen und in die Zwischenwelt eingehen kann. Der Gebrauch von Weihwasser, Räucherungen mit Kräutern und magisch wirkenden Zeichen sorgt gleichermassen dafür, dass dem Geist des Toten die Rückkehr zu den Lebenden verwehrt bleibt. Fromme Werke tragen

In dunklen Nächten formt sich das Heer der namenlosen Toten zu einem wilden Zug, der als Sturmwind ins Jenseits braust. Wer ihm begegnet, wird krank oder von Dämonen in das Heer der Toten eingegliedert. An vielen Orten errichtete man an besonders gefährdeten Stellen Kreuze, um die Kraft des Totenheeres zu bannen. Doppelbalkiges Schutzkreuz bei Sigigen, Kanton Luzern.

dazu bei, dass der Prozess der Erlösung unmittelbar nach dem Tod des Menschen einsetzt.

Aufschluss über das, was die Lebenden den Toten schuldig sind, geben im christlich geprägten Kulturraum die in grosser Zahl erhaltenen Gebetbücher. Darin finden sich Anweisungen für das Verhalten des Priesters und der Angehörigen beim Tod eines Familienmitglieds wie auch eine Aufzählung der guten Werke, die zum Heil jener Toten zu verrichten sind, die durch ungesühnte Schuld nicht in den Himmel eingehen können. Viele der darin beschriebenen Riten unterscheiden sich nur der Form nach von dem, was in anderen Kulturen und Völkern heute noch Brauch ist.

Das Rosenkranzgebet für die Verstorbenen

»Man hat bei diesem kraftvollen Gebete sehr darauf zu achten, dass es mit Aufmerksamkeit und Erwägung der darin enthaltenen Geheimnisse verrichtet werde. Auf diese Weise durchdringt dieses heilige Gebete die Wolken und öffnet den armen Seelen die Pforten des Himmels. Zu noch grösserem Trost und Nutzen derselben aber ist sehr zu empfehlen, die Rosenkränze mit dem sogenannten Brigitta-Ablass versehen zu lassen, indem dabei auf jedes Vater unser, jedes Ave Maria und auf den Glauben 100 Tage Ablass versehen sind.«

Aus: Trost der armen Seelen. [Belehrungen und …] Einsiedeln 1924.

Mitunter sind bei der Verrichtung dieser Werke die Toten anwesend. Unsichtbar für die Lebenden nehmen sie Anteil an ihrem Erlösungswerk. Immer wieder ist in den Erzählungen des Volkes auch von den Seelen der Toten zu lesen, die sich den Lebenden gegenüber für die erfahrene Hilfe erkenntlich zeigen.

Ein Geist betet den Rosenkranz

»Wer von Grossdietwil nach Eppenwyl geht, kommt zur Schartenhöhle. Dort steht ein altes Haus, eines der ältesten auf Stalden. Die Bewohner desselben hörten einst im Winter beim Beten des Nachtrosenkranzes mehreremale, dass Jemand vor dem Hause mitbete. Beim Nachsehen bemerkten sie aber Niemanden. Einmal, als sie den Mitbeter wieder hörten, hiessen sie ihn hereinkommen. – Die Thüre ging auf, aber sie sahen nichts, nur hörten sie neben ihnen mitbeten. Sie holten den Pfarrer und der sagte, er wolle den Geist, der bald erlöst sei, mitnehmen. Und wirklich, von jener Zeit an hörten sie ihn nicht mehr.«

(Lütolf [1862] 1976: 157)

Zusammen mit den überlieferten Traditionen, den Erzählungen und Bräuchen ergibt sich ein Weltbild, das weder ein rein christliches noch ein heidnisches ist, denn nach der Einführung des Christentums ist der Glaube an eine von Göttern und Ahnen bewohnte Natur keineswegs verdrängt worden. Die neu eingeführte Religion hat sich stattdessen schon früh mit bestehenden Auffassungen vermischt, indem heidnische Riten christlich umgedeutet worden sind. Umgekehrt hat das Volk viele christliche Glaubensgrundsätze auf seine Weise interpretiert und in das bestehende Weltbild eingefügt. Die zahlreichen Kapellen, Kreuze und Bildstöcke, die den Lebensraum der Innerschweiz bis heute prägen, sind deshalb nicht nur heilige Orte im christlichen Sinne. Viele sind gleichzeitig auch Schauplätze unheimlicher Erzählungen, an denen trotz der Heiligkeit dieser Orte kopflose Geister, schwarze Hunde und der *Türstzug*, das Heer der ins Jenseits ziehenden Seelen, auftreten.

In vielen Fällen entstanden die christlichen Kultplätze an Orten, die schon den Göttern der vorchristlichen Zeit heilig waren, wie auch die der

Muttergottes geweihten heiligen Brunnen vielfach die Fortsetzung alter Quellenkulte sind. Andere sind erst in neuerer Zeit durch Gnadenerweise entdeckt worden. Am Pfingstmontag des Jahres 1581 erschien in Luthern im Kanton Luzern dem gichtkranken Jakob Minder die Muttergottes und machte ihn im Traum auf eine verborgene Heilquelle hinter seinem Haus aufmerksam. Durch die Fürbitte der Madonna und die Kraft des heiligen Wassers, heisst es auf einem Votivbild in der Kapelle, wurde der Mann von seinem zwanzigjährigen Leiden geheilt. Seither hat das *Badbrünneli*, wie es vom Volk genannt wird, kaum etwas von seiner Beliebtheit eingebüsst. Man macht damit Waschungen und hofft auf Heilung bei Ekzemen, Ausschlägen und Rheuma. Auch innerlich genommen wirkt das Wasser bei verschiedenen Gebresten. Die beim Brunnen deponierten Gläser und Plastikbecher zeugen vom ungebrochenen Vertrauen in die an diesem Ort wirkenden Kräfte.

Heilige Quellen der Kraft

Stehende Gewässer sind die Ursache von Krankheiten und Seuchen, während das fliessende Wasser eine reinigende und desinfizierende Kraft hat. Diese Erfahrung lehrte die Menschen, dass das fliessende Wasser dem stehenden stets vorzuziehen ist. An der Hand wuchernde Warzen bringt man zum Verschwinden, indem man sie nicht in stehendes Wasser, sondern in ein schäumendes Waldbächlein taucht.

Im Vertrauen auf seine natürliche Reinheit ist das Wasser dort am heilkräftigsten, wo es direkt aus der Erde hervorquillt. Das Versickern und Verdunsten von verschmutztem Wasser ist ein Symbol irdischer Vergänglichkeit, sein Hervorquellen in gereinigter Form gilt als neue Geburt. Das rituelle Bad, die weihende Besprengung und die Taufe entfernen jede Gefahr der Unreinheit, jede physische und moralische Befleckung und erneuern die Energie, die Kraft und das Leben.

Der Glaube an die Leben spendende magische Kraft der Quellen ist im Volk tief verwurzelt und hat seit je Vorstellungen von darin waltenden Wesen geweckt. In zahlreichen Sagen ist von Wassergeistern, schönen Feen und Elben die Rede; das geheimnisvoll aus dem Boden tretende Nass gilt als Eingang in das unterirdische Reich der Fabelwesen. Hier an diesen Stellen offenbart sich die Kraft der Götter; an den heiligen Quellen findet der Leidende Heilung.

An den Orten, an denen die Jungfrau Maria die Nachfolge alter Erd- und Muttergottheiten angetreten hat, wird der Kult mit der Anwendung von Wasser aus geheiligten Quellen ergänzt. Das aus der Tiefe der »Mutter Erde« emporsteigende Wasser wird mit dem Weiblichen assoziiert und in Verbindung mit den Phasen des Mondes und den Monatszyklen der Frau gebracht. Die Wallfahrt nach Werthenstein im Kanton Luzern gilt nicht nur dem in der

Klosterkirche zur Verehrung ausgesetzten Bild der Muttergottes, sondern auch dem in der Nähe fliessenden Gnadenbrunnen.

Brunnen, die plötzlich versiegen, sind ein schlechtes Omen. Nur zu gewissen Zeiten fliessende Quellen, die Hungerbrunnen, künden magere Zeiten an.

Wie ein unsichtbares Netz überziehen magisch-religiöse Bezugspunkte bis heute die Landschaft. Bei diesen Kraftzentren geschieht das Unerklärliche, sowohl im Guten als auch im Bösen. An Orten der Kraft findet der Mensch Trost und Zuversicht, erfährt er Heilung und Stärkung. An verwunschenen Plätzen häuft sich demgegenüber das Böse. Der Mensch, der in Unkenntnis dessen diese Stellen betritt oder die unsichtbaren Wege des Totenvolkes kreuzt, durch welche die verwunschenen Orte miteinander verbunden sind, begegnet Kobolden und bösartigen Geistern. Er wird krank, siecht dahin oder findet den Tod, sofern er nicht rechtzeitig Gegenmassnahmen ergreift.

Die immer noch häufigen Besuche geheiligter Stätten, der Gebrauch von magischen Amuletten und christlichen Schutzzeichen geben

Bei Althus, an der Strasse zwischen Ruswil und Werthenstein, liess sich früher ein grün gekleideter Kobold blicken. Sein Auftreten steht mit einem heute verschwundenen Haus in Zusammenhang.

uns eine Vorstellung davon, wie wichtig diese weit in die Zeit zurückreichenden Auffassungen für die Menschen immer noch sind.

Die Wesen des Schattenreichs richten Schaden an

Zahlreich sind die Sagen vom Wirken der Geister und Hexen, vom Umherirren der armen Seelen und von der Existenz teuflischer Dämonen. Diese Wesen sind die Ursache von Hagel und Ungewittern, von Missernten, Krankheit und vorzeitigem Tod. So wird den Hexen und Wettergeistern, die mit dem Teufel in unheiliger Allianz stehen, die Erzeugung von gefährlichen Ungewittern zugeschrieben. Die heute selten gewordenen Raupen des Maikäfers sind nach altem Glauben ein Werk des Teufels, dem nur mit kirchlichen Exorzismen beizukommen ist. Seuchen und Krankheiten haben nach unserem Weltbild natürliche Ursachen. Nach anderen Vorstellungen können sie aber auch auf unnatürliche Weise durch Zauberei, Behexung und fehlenden magischen Schutz entstehen. In diesem Fall sind sie das Werk bösartiger Dämonen, die vom Menschen Besitz ergreifen, ihn plagen und peinigen, bis er stirbt. Der vorzeitige oder schnelle Tod schliesslich wird an manchen Orten bis heute den unruhig Verstorbenen, die als Nachzehrer und Wiedergänger auftreten, zugeschrieben. Diese Toten können ihre Ruhe nicht finden, weil sie ihre Vergehen nicht gebüsst haben und die Schuld noch nicht abgetragen ist.

Eine kopflose Gestalt

»Ausserhalb des Dorfes verzweigt sich die Landstrasse. An dieser Stelle stand früher ein Kreuz. Die Leute erzählen, dieses Kreuz sei erstellt worden, weil man dort regelmässig einen Geist umhergehen sah. Dieser war ziemlich hager. An der Stelle des Kopfes hatte er ein feuerrotes Licht, das aussah wie eine unruhig flackernde Flamme. Der Erscheinung konnte man vor allem im November begegnen. Die Leute glaubten, die Gestalt sei eine unerlöste Seele. Deshalb wurde an dieser Stelle das Kreuz errichtet.«

Aus einem Schüleraufsatz aus Roggliswil, um 1930. In katholischen Gebieten nennt man den November auch Seelenmonat.

Besonders ausgeprägt sind diese Vorstellungen im katholisch gebliebenen Alpenraum, in dem keine Reformation einen endgültigen und unwiderruflichen Strich unter die Vergangenheit gezogen hat. In der Innerschweiz, in der sich besonders viele vorchristliche Glaubensvorstellungen erhalten haben, fehlten zudem die mächtigen Landesherren, die sich über das historisch Gewachsene hinwegsetzten und dem Volk ihren Willen aufzwangen. Zudem sind im Herzen Europas die grossen Völkerverschiebungen, die anderswo zu einem Ende der mündlichen Überlieferung geführt haben, weitgehend ausgeblieben. Zwar hat auch im Alpenraum das rationale Weltbild, das im Tod des Menschen das endgültige Ende seiner Existenz sieht, Einzug gehalten. Und dennoch ist die Welt des Magischen, des Jenseitigen und Archaischen erstaunlich präsent, denn mit der Verwurzelung in einer jahrhundertealten Tradition bleibt immer auch ein Rest der quälenden Ungewissheit, ob mit dem Tod vielleicht doch nicht jegliche Existenz aufhört. Diese Ungewissheit nährt den Glauben, dass es zwischen Himmel und Erde Mächte und Dinge gibt, die sich mit den Mitteln der modernen Wissenschaft weder erklären noch beschwichtigen lassen.

Schutzmittel

Zahlreiche heilige und unheilige Mittel dienen dazu, den jenseitigen Wesen und den Seelen der Verstorbenen Einhalt zu gebieten, sie zu vertreiben, zu erlösen oder unschädlich zu machen. Insbesondere Gott und die Heiligen sind den Mächten aus dem Reich der Schatten gewachsen. Ihre Zeichen und Symbole finden sich an Häusern und Scheunen, auf Wiesen, Äckern und bei Wegkreuzungen. Als Helfer in der Not und Schutzpatrone in Augenblicken der Bedrohung erscheinen sie zusammen mit magischen Zeichen auch auf Gebetszetteln, Amuletten und in Zauberbriefen.

Als vielfältig wirksame Schutzmittel werden diese Dinge im Haus aufgehängt, unter der Schwelle versteckt oder in den Rock eingenäht. An besonders gefährdeten oder durch eine wundersame Begebenheit von Gott oder den Heiligen bezeichneten Stellen errichtete man Kapellen, Bildstöcke und Wegkreuze. Noch heute brennen in vielen Kapellen vorab an Samstagen zum Heil der armen Seelen kleine Lichter. Manche werden von Menschen angezündet, die sich nach aussen zwar als aufgeklärt geben, in ihrem Innersten aber dennoch tief in ihrer Kultur verwurzelt sind.

An Wallfahrtsorten liegen geweihte Kerzen auf, die man mitnimmt und bei Gewittern und in besonderen Anliegen zu Hause anzündet. An Palmsonntag geweihte Palmbüschel – auch sie wirken gegen Blitz, Hagel und Ungewitter – werden immer noch von vielen Kirchgängern

Ziegelsteine sind aufgrund ihrer Grösse und Farbe hervorragend geeignet, um magische Schutzzeichen darzustellen. Am Unterbau einer Scheune in Grosswangen wurde mit zwei Andreaskreuzen ein magisches Quadrat gebildet. Andreaskreuze schützen vor Blitzschlag.

Benediktuskreuze bannen unruhige Geister. Das abgebildete Zeichen hinterlegte ein Pendler in der Stubenecke eines Bauernhauses. Ein Jahr später brach ausgerechnet in jener Ecke ein Brand aus. Die Brandursache wurde nie geklärt, aber der Zettel mit dem Schutzzeichen und ein altes Familienfoto überlebten das Unglück.

An Palmsonntag geweihte Palmbüschel sind magisch wirkende Schutzmittel. Am Haus oder unter dem Dachfirst aufgehängt, halten sie Blitz, Hagel und Ungewitter fern.

gegen ein kleines Entgelt mitgenommen und im Haus aufgehängt. Unter oder in das Bett gelegte Messer, besondere Medaillen und Steine, die an einer Schnur um den Hals getragen werden, belegen, dass sich die magisch wirkenden Mittel keineswegs nur auf kirchliche Gegenstände beschränken.

Wenn das Vieh verzaubert ist und aus der Milch weder Käse noch Butter gemacht werden kann

»Erstlich zu probieren ob es Vergunst [Schadenzauber] seye oder nicht: Nimm Mumia ohngefahr wie drey Gerstenkorn und giebs dem Vieh im Salz zu leken aber 24 Stund von einander wann es aber nicht guten will so nimm wieder Mumia u. Teufelsdrek beyderley gleichviel u. 8 büscheli Har auf dem Kreuz ausgerissen u. for auf den Laffen und auf dem Näken auf beyden Orten Dito u. unten am Stiel Dito u. drey Spiz Löffel voll Milch und 3 Bizleni Mist das alles zussamen in neu Schreibpabier eingemacht und neu Reistig Tuch nehmen und von allem zusamen ein Pünteli [Päckchen] machen und den nimm aus drey Wettergräbnen des Progelholzes [Holz aus Wildwassergräben] und damit verbrennen. Wenn es nicht guten will so mach es dreymal.«

Aus dem Zauberbuch des Christian Abbühl von Wilderswil, 1823. Das Büchlein befindet sich in Privatbesitz. Als Faksimile ist es im Heft »Aberglaube und Volksheilkunde« der Schriftenreihe des Fördervereins Ballenberg abgebildet.
(Ritschard 1982: 21)

Geisterbeschwörer und Versegner

Zwischen dem Diesseits und dem Jenseits vermitteln Heiler, Versegner und Beschwörer. Sie haben die gleiche Funktion wie die Schamanen in den ursprünglichen Kulturen. Kraft ihrer Berufung befragen sie die unruhig wandelnden Seelen, die sich den Lebenden gegenüber bemerkbar machen. Oft kann dem Spuk mit frommen Werken, Bussübungen und Gebeten ein Ende bereitet werden. Nicht erlösbare Geister werden beschworen und in leer stehende Zimmer oder Hohlräume gebannt. Spuren davon finden sich in zahlreichen Bauernhäusern. Kammern mit verschlossenen oder zugenagelten Türen, die über Jahrzehnte weder bewohnt noch betreten werden, sind nicht selten Aufenthaltsorte gebannter Geister.

In den meisten Fällen werden diese Wesen vom Geisterbeschwörer jedoch nicht an einen bestimmten Ort gebannt, sondern aus dem Haus oder dem Stall vertrieben. Die Eingänge, die sie benutzen, werden von

Die am Festtag der heiligen Agatha (5. Februar) geweihten Agathazettel haben eine magische Wirkung. Zwischen die Balken oder in Astlöcher gesteckt, schützen sie das Haus vor Feuer. (Museum Klösterli, Ettiswil.)

ihm magisch verschlossen. In handgeschriebenen Zauberbüchern, die von Generation zu Generation weitergereicht werden, finden sich dazu seltsame und für uns unverständlich klingende Anleitungen. Diese Bücher werden sorgsam unter Verschluss gehalten. Nur selten gelingt es, in sie Einsicht zu nehmen. Häufiger jedoch finden wir in alten Bauernhäusern die Spuren der in den Zauberbüchern beschriebenen magischen Handlungen. So halten zum Beispiel die Hanfknäuel, die man in alten Bauernhäusern zwischen die Ritzen und in Astlöcher gestopft findet, das Toggeli, ein aufhockendes Nachtgespenst, von den Schlafenden fern. Den gleichen Zweck erfüllt das fünfzackige Pentagramm, das in die Wände geritzt, aufgemalt oder mit Nägeln geformt wird, wie überhaupt spitze, aus Eisen geschmiedete Gegenstände das Toggeli abwehren.

Zauberpflanzen

In der Welt des Magischen spielen Pflanzen eine bedeutende Rolle. Schon in den Schriften des klassischen Altertums finden wir aufschlussreiche Zeugnisse über den Umgang mit zauberisch wirkenden Pflanzen.

Die menschenähnlich gestalteten Wurzeln der Alraune (Mandragora officinarum) regten die Fantasie der Menschen an und bestärkten sie im Glauben an eine von Pflanzengeistern beseelte Natur. (Aus dem Kräuterbuch des PEDANIOS DIOSKURIDES, Frankfurt, C. Corthoys 1610.)

286 Pedacii Dioscoridis Viertes Buch/

Alraun.

Alraun Mänulin.

stinckenden Geruchs / vber die Erden sprent/ bringt äpffel wie die Speierling / oder Sporbiern / riechendt / darinn ein Sam wächst den Byerenkernen ehnlich / hat grosse Wurtzeln / zwo oder drey in einander geflochten/ außwendig schwartz / inwendig weiß / mit einer dicken Rinden vmbgeben. Dieses Geschlecht der Alraun / als nemblich das weiblin / bringt keinen Stengel : Das ander Geschlecht / das Männlin wirdt von etlichen Morion genennet/ ist weiß / vnd hat grosse breyte weisse glatte Blätter / dem Mangold ehnlich / vnnd bringt äpffel noch einmal so groß / als das ander Geschlecht das Weiblin/dieselbige sindt auff saffran gelb geneygt/wolriechendt / doch etwas beschwehrendt. Die Hirten essen von diesen äpfeln/vnd schlaffen sänfftiglich davon ein. Seine Wurtzel ist der vorigen ehnlich/jedoch grösser vnnd weisser. Dieses Geschlecht hat auch keinen Stengel. Man stöst die frische Rinden der Wurtzeln vnnd presset den Safft darauß/ stellet denselbigen in die Sonne vnnd setzt jhn/ wenn er nun dick vnd hart worden ist/ in einem irrden Gefäß zu bewahren hin/auß den äpffeln presset man auch einen Safft/ derselbige aber ist vnkräfftiger / denn der auß der Wurtzeln Rinden gemacht wirdt. Man zeucht die Rinden der Wurtzeln auch ab / hängt sie an Fäden zu trückenen / vnd lest sie denn bewahren. Etliche sieden die Wurtzeln in Wein / biß das dritte theyl verschwindet / seihen die Brüh durch/ vnd machen dieselbige lautter / vnd geben deren bey dritthalb Lot / in stetem wachen vnd grossem Schmertzen / vnnd wenn etwas an einem Menschen zu schneiden oder zu brennen ist/ damit man solches nit empfinde/zu trincken ein. Deß Saffts ein Scrupel schwehr mit Honigwasser getruncken/treibt die schwartze Gall vnnd die Phlematischen Feuchtigkeiten oben durch ein würgen vnd Erbrechen / wie die Nießwürtz auß / wenn man desselben aber viel einnimpt/ so tödt er. Man vermischt diesen Safft auch vnder die Artzneyen der Augen / vnnd welche die Schmertzen zu stillen bereytet sindt. Wie gleichfals auch in die erweychende zäpfflin der Weiber. Diesen Safft allein vor sich eines halben Scrupels schwehr in die Schame gethan/ zeucht die Monzeit vnd Frucht an sich. In den hindern aber an statt eines Zäpfflins beygebracht/bringt er den Schlaff. Man sagt / daß diese Wurtzel sechs Stunden mit Elephant Beyn gesotten / dasselbige erweyche / vnd bequem mache / leichtlich zu arbeyten / vnnd darauß zu machen allerley Gestalt vnnd Formen / die man wil. Die frischen Blätter sindt gut mit Gerstenmaltz vbergelegt / wider die Hitze vnnd hitzige Geschwulst der Augen / vnnd der Geschwer : Sie vertreiben alle Härtigkeiten / Beulen/ Apostemen/ Geschwulsten vnnd Geschwer / so man zu Latein Strumas vnnd Panos nennt / reuten alle Malzeychen ohne Schwerung auß / wenn man dieselbige fünff oder sechs Tag sänfftiglich damit reibt. Die Blätter saltzt man wider dieselbige Gebrechen zu gebrauchen ein. Die Wurtzeln klein gestossen mit Essig vermischt / heylen die Rose oder den Rohtlauff. Mit öl aber oder Honig / sindt sie gut wider der Schlangen Bisß. Vertreiben mit Wasser vermischt/die Geschwulst oder Geschwer / die man zu Latein Strumas oder Panos nennt. Sänfftigen mit Gerstengrieß oder Maltz vbergelegt / die Schmertzens deß Podagrams. Man macht einen Wein auß den Rinden der Wurtzeln / ohne Fewer auff die weise / man nimpt der Rinden drey Pfund/vnd wirfft sie in ein halb ohm süssen Wein/ vnd gibt nachmals deß Weins sechs oder sieben Lot / den jenigen / die man schneiden oder brennen will / damit sie die Schmertzen nit empfinden / wie vor gesagt worden ist / zu trincken ein : Denn sie fallen dardurch in einen Schlaff/

Krafft vnnd Vermögen.

Vieles überliefert die Naturgeschichte des Plinius. Reichen Stoff zum Zauberglauben enthalten auch die Kräuterbücher des 16. und 17. Jahrhunderts, die sich zu wesentlichen Teilen auf das Wissen der Antike stützen.

Verschiedene Gründe können dazu führen, dass Pflanzen zauberische Kräfte zugeschrieben werden. Auffällig geformte Pflanzenteile, wie zum Beispiel die menschenähnlich gestalteten Wurzeln der Alraune (*Mandragora officinarum*), regten die Fantasie an und bestärkten den Menschen im Glauben an eine von Göttern, Elfen und den Geistern der Ahnen beseelten Natur. Manche Pflanzen erhielten durch ihre Verwendung in der Magie einen besonderen Ruf, wie zum Beispiel Beifuss (*Artemisia vulgaris*). Stark aromatisch oder auch unangenehm riechende

Kräuter wie zum Beispiel Baldrian, Liebstöckel, Fenchel, Meisterwurz und Kümmel galten allgemein als dämonenabwehrend. Grosses Ansehen genossen Blumen, deren Blütezeit ausserhalb der gewöhnlichen Vegetationszeit liegt. Die berauschende Wirkung des Bittersüssen Nachtschattens (*Solanum dulcamara*), des Stechapfels (*Datura stramonium*), der Tollkirsche (*Atropa belladonna*) und der Alraune (*Mandragora officinarum*) brachte die Nachtschattengewächse in den Ruf, zauberische Kräfte zu besitzen. Ihr Genuss verursacht auffällige Bewusstseinsveränderungen, Halluzinationen, Rausch- und Aufregungszustände, die man dem Wirken der in ihnen wohnenden Pflanzengötter zuschrieb.

Bittersüsser Nachtschatten (*Solanum dulcamara* L.)

Bittersüss, rote Hundsbeere, Süssbitterholz, Teufelsklatten

Der bis zu drei Meter hohe Halbstrauch mit schlankem, verholzendem Stengel ist eine Kletterpflanze. Die Blätter sind wechselständig, gestielt, dreiteilig, die unteren herzförmig zugespitzt, die oberen spiessförmig. Die Blüten sind radförmig, violett mit gelben Staubgefässen. Die Frucht ist eine eiförmige, zuerst grüne, dann scharlachrote Beere. Die Pflanze kommt an feuchten und schattigen Stellen in Gebüschen, an Bach- und Flussufern vor. Die Blätter haben gerieben einen unangenehmen Mäusegeruch; die Rinde schmeckt anfangs bitter, dann widerlich süss. In der Volksmedizin diente ein aus der Rinde zubereiteter Sud gegen Ausschläge, Syphilis und Gicht.

Der Pflanze schrieb man apotropäische (das heisst Unheil abwehrende) Zauberkraft zu. Nach einem Kräuterbuch aus dem Jahre 1532 wurde die Pflanze gebraucht »wider die schäden die die hexen den leuten zufügen / und das Vff mancherley weisse / nach gelegenheit des widerfarenden schadens / nicht On sonderliche superstición / und magia. Würt desshalb in sonderheyt Nachtschatt genannt.«

(Bächtold-Stäubli 1987: 6, 804)

Eine antidämonische Wirkung wird dem Schlafmohn (*Papaver somniferum*) zugeschrieben. Trotz seines Ursprungs im Mittelmeerraum war der Mohn bei den indogermanischen Völkern Europas seit frühester Zeit bekannt. Bei den Germanen hiess er *Magen* (germ. *magan;* ahd. *mago*, mhd. *mage*): »Papaver haizt mâgenkraut; sein sâm ist guot zu arznei und pringt slâf und senftigt in vil dingen und negt [nährt] auch in vil sachen« (nach Höfler 1908: 94). Die Samen wurden in Form ölhaltiger Kuchen als Nahrung verzehrt.

Den Germanen werden die schlafbringenden Nebenwirkungen der Mohnsamen wohl kaum entgangen sein. Die Gallier zerrieben die Samen und genossen sie mit Ziegenmilch vermischt. Im Tirol sind die *Magschoaten* heute noch eine brauchtümliche Festspeise. Es handelt sich um holzscheitförmige Semmelschnitten, die in Milch gelegt, mit Honig übergossen und mit Mohnsamen bestreut werden. Mit den *Magschoaten* verwandt ist das in der Schweiz an Volksfesten angebotene *Magenbrot*, bei dem allerdings nur noch der Name daran erinnert, dass es sich dabei um den Nachfahren eines Mohnbrotes handelt.

Auf der schlafördernden Wirkung des Mohns beruht der Glaube, die Samen wirkten gegen Nachtgespenster, die den Menschen um den Schlaf brächten (siehe auch Seite 122). Der durch die Einnahme verursachte tiefe Schlaf verhindert, dass der Mensch nachts aufwacht und von Schreckensbildern gequält wird. Von diesen Vorstellungen abgeleitet ist der früher an vielen Orten verbreitete Brauch, gegen das aufhockende Toggeli Mohnsamen zu streuen: Das Nachtgespenst beschäftigt sich dann die Nacht über mit dem Zählen der Samen, und der Schlafende hat seine Ruhe.

In Flandern nennt man den Mohn auch *bloed-zuipers-bloem*: Die Samen der Pflanze vertreiben die vampirartigen Dämonen, die in den Eingeweiden sitzen und den Menschen das Blut aussaugen (HÖFLER 1908: 94). Um sich vor ruhelosen Toten zu schützen, gab man in Westpreussen den Verstorbenen eine Hand voll Mohnkörner in den Sarg. Man glaubte, die Toten würden davon jedes Jahr ein Korn essen, was sie vom nächtlichen Umgehen abhalte (WUTTKE 1925: 480).

Mohn (*Papaver somniferum* L.)

Gartenmohn, Schlafmohn

Aus der einjährigen Wurzel treibt ein aufrechter, glatter, kahler und runder Stengel mit graugrünen stengelumfassenden Blättern. Die sehr langstieligen Blütenköpfe hängen vor dem Blühen nach unten und richten sich während des Blühens auf; sie erreichen einen Durchmesser von bis zu 10 cm. Die Fruchtkapsel ist urnenförmig, fast kugelig, mit tellerförmig gezackter Narbe. Die ganze Pflanze enthält einen weissen Milchsaft. Um die Jahrhundertwende wurde der aus dem Orient stammende Mohn in Mitteleuropa auch gewerbsmässig angebaut.

Die unreifen Kapseln riechen frisch stark narkotisch (getrocknet gar nicht) und schmecken scharf, widerlich-bitter. Der aus den unreifen, geritzten Fruchtkapseln gequollene und getrocknete Saft, das Opium, riecht betäubend stark

Eine antidämonische Wirkung wird dem Schlafmohn zugeschrieben. Trotz seines Ursprungs im Mittelmeerraum war der Mohn bei den indogermanischen Völkern Europas seit frühester Zeit bekannt. (Foto: Ernst Fretz, Küttigen.)

und hat einen anfänglich bitteren, später scharfen, beissenden Geschmack. Alle Milchsaft führenden Teile der Pflanze sind giftig und wirken stark betäubend. Grössere Dosen verursachen Betäubung, Schwindel, Bewusstlosigkeit und Gliederlähmungen. Überdosen führen zum Tod durch Atemlähmung. Opiumvisionen haben häufig erotischen Inhalt.

Bis nach dem Zweiten Weltkrieg war Opium an vielen Orten in der Schweiz frei erhältlich. Es gilt als Hauptbestandteil und -wirkstoff des europäischen Theriaks, der als *Theriak venecian* in der Schweiz noch bis in die Mitte des 20. Jahrhunderts dem bekannten Schwedenbitter beigemischt wurde. Über den Gebrauch und die schlaffördernden Eigenschaften der *pillulis de opio*, der Opiumpillen, schreibt der Luzerner Apotheker und Stadtschreiber Renward Cysat (1545–1614): »Es machend ettliche kranckheiten dem menschen so bang vnd treffenlich schmertzen, das der kranck mensch vom schlaff kompt. Da wöllen ettwan die medici solchen helffen, den schlaff ze bringen vnd den schmertzen ze milltern, geben jnen derglychen pillulas yn. Aber jch hab trurigen eventum dessen allhie jn unser statt [Luzern] gesehen, dz es nit wol vssgeschlagen von wegen der gifftigen vnd schädlichen qualitet dess opij, allso dz jchs keinem weder artzet noch krancken raten wollt.« Eine Frau, schreibt Cysat, die im Sommer 1607 gegen Schlaflosigkeit Opiumpillen eingenommen hatte, fiel in tiefen Schlaf, »vnd da sy erwachen söllen grad jns end gschlagen vnd allso ze reden schläfflingen gstorben« (Schmid 1972: 223).

Im Orient wurden »Fröhlichkeitspillen« (Opiumpillen, die zusätzlich noch Cannabis und andere Wirkstoffe enthielten) als erotisierendes Anregungsmittel gebraucht (RÄTSCH 1990). Noch um 1900 bemängelt Dinand die Unsitte, nachts aufwachenden Kindern einen schlafmachenden Absud von Opiumsamen zu verabreichen (DINAND 1911: 53).

Die auf das Bewusstsein des Menschen wirkenden Zauberpflanzen ermöglichen der Seele, in das Reich der Geister und Hexen vorzudringen, in die Zwischenwelt, die das Diesseits vom Jenseits trennt. In dieser Welt haben nach altem Glauben die Seelen der Toten ihren Aufenthalt. Sie tun Busse, bis sie vollständig geläutert sind. Am Ende dieser Reise gelangen die nun Erlösten an die Pforten des Jenseits, die von den Zwergen bewacht werden. Die kleinen Wichte mit den roten Kappen schützen die Eingänge in die Ewigkeit der jenseitigen Welt. Nur wenigen gelingt es, für eine beschränkte Zeit in die Anderswelt vorzudringen und heil zu den Lebenden zurückzukehren.

Magische Landschaft

Die hier skizzierten Relikte eines weit in die Geschichte zurückreichenden Weltbildes stehen untereinander in engem Zusammenhang. Aus diesem Grund sind auch die einzelnen Zaubermittel bei einer Vielzahl von Bedrohungen wirksam. So schützen spitze Gegenstände nicht nur gegen das nachts aufhockende Toggeli, sondern wirken grundsätzlich geisterabwehrend.

Die Vorstellungen von der Kraft der verschiedenen Zaubermittel haben sich im Laufe der Zeit gegenseitig überlagert und durchmischt. Das gleiche Zeichen, die gleiche Gebärde kann gegen die verschiedensten Geisterwesen und Spukgestalten wirksam sein. Eine Zuordnung bestimmter magischer Handlungen oder Schutzzeichen zu einem bestimmten Dämon ist deshalb in den wenigsten Fällen möglich, wie auch die verschiedenen Vorkehrungen ineinander übergehen.

Für die volkskundliche Forschung stellt sich die Aufgabe, die noch vorhandenen Bruchstücke archaischer Glaubensvorstellungen richtig einzuordnen und wieder zu einem Ganzen zusammenzufügen. Das auf diese Weise entstehende Bild steht nicht für die heute gültige Situation. Aber es beweist, dass unser vorchristliches Weltbild im Laufe der Jahrhunderte in Einzelteile zerfallen ist. Der bei diesem Prozess verstümmelte

Ein magisch wirkender Schutzzettel ist das »glückselige Hauskreuz«. In Haus und Stall aufgehängt oder bei sich getragen, wirkt es gegen die Pest, gegen Besessenheit und Behexung. (Sammlung des Verfassers.)

innere Zusammenhang erklärt, weshalb einzelne Vorstellungen und Überlieferungen Umdeutungen erfahren haben, die den Kern nicht immer auf Anhieb erkennen lassen. Dabei zeigt sich, dass die Landschaft und das Bewusstsein untrennbar miteinander verbunden sind, denn die mündliche Überlieferung gewinnt erst dann an Bedeutung, wenn sie an bestimmte Orte – Kreuze, Quellen, bestimmte Wiesen oder Bildstöcke – gebunden ist.

Umgekehrt erhalten diese Orte ihre irrationale Bedeutung durch die schriftliche und die in ländlichen Gegenden nach wie vor bestehende mündliche Überlieferung. Versinkt die Geschichte eines bestimmten Ortes im unergründlichen Dunkel des Vergessens, löst sich auch seine tiefere Bedeutung im Nichts auf. Diese gegenseitige Abhängigkeit ist das Geheimnis einer jeden Tradition. Sie ist untrennbar an das Land der Ahnen und die Heiligkeit ihrer Orte gebunden. Sie lässt sich nicht beliebig verpflanzen, wie sich auch die Rituale und Vorstellungen anderer Kulturen nicht unbesehen auf unseren Lebensraum übertragen lassen.

Exkurs
Die Jenseitsvorstellungen der Aborigines

Das Netz der magisch-religiösen Bezugspunkte, die imaginären Wege urzeitlicher Ahnen und die Verflechtung des Diesseits mit dem Jenseits weisen viele Gemeinsamkeiten mit dem Weltbild der australischen Aborigines auf. Nach ihrer Auffassung bilden Gegenwart und Zukunft eine untrennbare Einheit. Die Vergangenheit wird bestimmt von der Schöpfungsphase mythischer Ahnenwesen. Diese Zeit wird von den Aborigines Traumzeit (englisch *dreamtime* oder *the dreaming*) genannt.

In der Urzeit wanderten die Geistahnen in der Gestalt von Menschen, Tieren oder Mischwesen über die Erde. Sie gaben dem Land das Gepräge, schufen Wasserlöcher, Berge, Bäume und Pflanzen, die Gesellschaftsstrukturen wie auch die Rituale. Auf ihren Wanderungen machten die Traumzeitwesen an bevorzugten Stellen Rast und hielten Zeremonien ab. Bis in jede Einzelheit ist nach der Mythologie der Aborigines die Umwelt von den Wesen der Traumzeit geschaffen worden, bevor sich die Ahnengeister in die Erde oder von ihnen geschaffene Naturphänomene zurückzogen.

Die Traumzeit erklärt die Schaffung des Universums. Jede Zeremonie, jedes Ereignis und jedes Phänomen hat daher seinen Ursprung in der Traumzeit oder kann mit ihr erklärt werden. In den uralten Zeremonien, Gesängen und Symbolen wird die Traumzeit gegenwärtig und durch die stufenweise Initiation der Nachkommen in die Zukunft tradiert. Schritt für Schritt erwerben dabei die jungen Männer das mythologische Wissen. In diesem Prozess erfahren sie eine Rückkehr in die Traumzeit. Gleichzeitig weist ihr Leben in die Zukunft, in der sie diejenigen sind, die das von ihren Vätern erworbene Wissen ihrerseits an die Nachkommen weitergeben werden. In diesem Weltbild orientiert sich das Leben nicht an der Zukunft und auch nicht ausschliesslich an der Gegenwart, sondern das Vergangene ist Gegenwart und Zukunft zugleich. Durch den ständigen Einbezug der Vergangenheit schliesst sich der Kreis der Geschichte ständig aufs Neue.

Eine Besonderheit in der religiösen Tradition der Aborigines ist der Totemismus. Damit wird die Auffassung bezeichnet, nach der jedes Individuum von einem Wesen der Traumzeit abstammt, das in Pflanzen- oder Tiergestalt auftritt. Das Totemtier ist heilig. Es darf weder gejagt, noch gegessen und nicht einmal berührt werden. Die Orte, an denen sich die Traumzeitwesen aufhalten oder die mit ihm in Beziehung gebracht werden, sind heilig. Sie dürfen nur vom vollständig Initiierten zu gewissen Zeiten aufgesucht werden.

In den Gesängen und Tänzen werden die Traumzeitwesen beschrieben und dargestellt. Die Zeremonien dienen dazu, die Ereignisse der Traumzeit in Erinnerung zu rufen. Sehr häufig werden die Orte, an denen die Traumzeitwesen gewirkt haben, in Bildern dargestellt. Fälschlicherweise werden diese oft als »mythologische Landkarten« bezeichnet, was nicht ganz richtig ist, denn nach der Auffassung der Aborigines ist bereits das von den Traumzeitwesen geschaffene Land ein genaues Abbild weit in die Urzeit zurückreichender mythologischer Ereignisse. Die Darstellungen sind demnach bloss stilisierte Abbildungen des Lebensraumes. Aus diesen Bildern wird ersichtlich, dass für die Aborigines das Land mehr ist als blosser Siedlungsraum. Das Diesseits ist gleichzeitig das Jenseits und die Zukunft. Das Leben der Gegenwart ist deshalb eingebettet in die von den Traumzeitwesen bestimmte Mythologie. Die Orte, an denen sie gelagert haben, und die Wege, die sie bei der Schaffung der Welt gegangen sind, gelten als heilig. Ihr Geist lebt fort in den Totems, die von einem ganz bestimmten Traumzeitwesen abstammen.

Auf den von den Aborigines gemalten Bildern deuten die konzentrischen Kreise jene Orte an, an denen die Traumzeitwesen lagerten und Zeremonien abhielten. Dies sind die Traumplätze, die heiligen Stätten, an denen sich die Macht der Geistahnen konzentriert. Die Linien, mit denen diese Kreise verbunden sind, stellen die Traumpfade (engl. *Song Lines*) dar. Sie folgen den Spuren der schöpferischen Reisen der Traumzeitwesen. Die Song Lines, die mit den imaginären Geisterwegen in unserer Kultur vieles gemeinsam haben, sind nicht sichtbar. Dennoch wissen die Aborigines um ihre Existenz. Irgendwann in der Urzeit ist ihr Verlauf festgelegt worden und das Wissen darum wird seither von Generation zu Generation weitergegeben. Wie ein Netz überziehen die Pfade der Traumzeit den australischen Kontinent. Die Aborigines folgen den unsichtbaren Wegen ihrer Ahnen im Geist, indem sie die Lieder der Traumzeit singen und die überlieferten Zeremonien abhalten.

Die Vorstellungen der Aborigines erinnern an das magisch-religiöse Weltbild, das seit Urzeiten das Leben im Alpenraum bestimmt. Auf die

Dreaming, Zentralaustralien, Acryl auf Leinwand, 28 x 45 cm. Mit konzentrischen Kreisen werden die Wasserlöcher, Feuerstellen oder Lagerplätze der Traumzeitwesen bezeichnet. Die Linien stellen die unsichtbaren Wege dar, die zu diesen Orten führen und von den Menschen im Geiste begangen werden. (Sammlung des Verfassers.)

heiligen Stätten konzentriert sich das Göttliche. Dort hält der Mensch Zwiesprache mit dem Numinosen, erfährt er Trost und Zuversicht. Demgegenüber meidet er nach Möglichkeit jene Orte, an denen die Seelen der unerlösten Toten ihren Aufenthalt haben. Durch unsichtbare Wege sind die Orte, auf die sich das Magische konzentriert, miteinander verbunden. Auf diesen Wegen zieht in stürmischen Nächten das Heer der Ahnen ins Jenseits. Wer dem gespenstischen Zug begegnet, wird krank oder von Dämonen gepackt und in das Heer der Toten eingegliedert.

An den Orten jedoch, an denen die positiven Kräfte der Gottheiten auftreten, wird der Mensch von seelischem und körperlichem Leiden befreit. Die jenseitigen Mächte werden als wirklich vorhandene Instanzen begriffen, deren Hilfe einem an den ihnen geheiligten Stätten zuteil wird. An diesen bevorzugten Stellen erneuert sich das Unerklärbare ständig. Die Weihe eines heiligen Ortes geschieht somit nicht durch das von den Menschen erstellte Heiligtum oder die dort abgehaltenen Rituale, sondern die besondere Bedeutung des Platzes hat das Heiligtum erst entstehen lassen.

Die in allen Kulturen anzutreffenden Fahrten zu heiligen Orten sind im Glauben begründet, dass man an diesen Stätten dem Göttlichen besonders nahe sei und das Gebet dort mehr Wirksamkeit zeige als anderswo. Die geheimnisvolle von den Kultstätten und heiligen Orten ausgehende Kraft wird in Form von Wundern und unerklärlichen Ereignissen als Wirken höherer Mächte erlebbar. Als rational nicht zu erklärende Schwingung nimmt die an diesen Orten konzentrierte Energie vom Menschen Besitz und versetzt ihn in einen euphorischen Zustand, der in bestimmten Fällen zu Visionen und tiefer mystischer Versenkung führt.

Der rege Besuch geheiligter Orte gibt uns eine Vorstellung davon, wie wichtig diese für das Volk immer noch sind. In allen Bereichen nehmen die Menschen Zuflucht zu diesem engen Netz magisch-religiöser Bezugspunkte. Magie und Religion sind hier kaum zu trennen. Besonders in ländlichen Gegenden bestehen die alten Riten und Kulte neben der christlichen Religion weiter. Da wird es verständlich, dass sich früher in verzweifelten Situationen die Anrufung dämonischer Elemente geradezu aufdrängte. In der Ausweglosigkeit verfehlten auch die belehrenden Sagen, die vor einem Pakt mit finsteren Mächten eindrücklich warnten, ihre abschreckende Wirkung.

Das Heer der unerlösten Toten

Die meisten Religionen sind sich darin einig, dass nach dem Tod die sterblichen Überreste des Menschen auf der Erde bleiben, während sich die Seele vom Körper trennt, um in einen Zwischenzustand einzutreten, in dem die Seele eine Läuterung erfährt. Dieser Prozess ist die Voraussetzung für die Verschmelzung mit einem überirdischen Licht, das jene, die ihm durch Reisen in andere Bewusstseinsdimensionen bereits begegnet sind, als Zustand des absoluten Friedens in der Anschauung des Göttlichen beschreiben. Für Menschen, die an diese Vorgänge glauben oder sie persönlich erfahren haben, verliert der Tod seine Schrecken. Er ist bloss noch eine Türe, die dem Menschen den Zugang zur Welt des absoluten Friedens und der Seelen der Ahnen öffnet.

Für Menschen, die keiner religiösen Gemeinschaft angehören oder die nur lose an einen übernommenen Glauben gebunden sind, ist der Gedanke an den Tod und das Danach vielfach mit Angst und Schrecken verbunden. Um sich mit dem Tod weder psychisch noch im Ritual auseinander setzen zu müssen, wird deshalb alles verdrängt, was an Sterben und Tod erinnert: Der soeben Verstorbene wird vom Spital in die Totenkapelle überführt, die meistens, um das Wort »Tod« zu vermeiden, als Abdankungshalle umschrieben wird. In den Todesanzeigen spricht man von heimgehen, entschlafen und Abschied nehmen. Oft heisst es auch, der Verstorbene habe seine Angehörigen verlassen, als ob der Mensch selbst über sein Schicksal bestimmen könnte.

Ein Leben nach dem Tod wird ausgeschlossen. Dementsprechend hat die Beerdigung oft eher den Charakter einer möglichst schnellen Beseitigung der sterblichen Überreste als den eines tröstenden Abschiedsrituals, das die Angehörigen im Glauben an das Weiterleben der Seele bestärkt. Wenn bei der Beerdigung ein Priester anwesend ist, hat er oft mehr die Funktion eines Zeremoniars als die eines Vermittlers zwischen Diesseits und Jenseits.

Bei diesem auf das Rationale beschränkten Umgang mit dem Tod ist die Verdrängung vollkommen. Der eigene Tod existiert nicht. Er betrifft nur die andern. Diese Ausgrenzung bringt es mit sich, dass der würdige Tod daheim, in der vertrauten Umgebung und im Kreis der Angehörigen, in der Regel ausgeschlossen ist. »Die Menschen«, schrieb der verstorbene Volkskundler Josef Zihlmann, »sterben heute in Spitälern. Oft ist bei ihrem Verscheiden nicht einmal jemand anwesend« (Zihlmann 1982: 9).

Altern und Sterben wird in unserer Gesellschaft immer weniger als integraler Bestandteil des Lebensprozesses erfahren, sondern als Niederlage, als peinliche Erinnerung an die Grenzen unserer Kontrolle über die

Natur. Das Leben der Menschen, die nicht an eine Weiterexistenz nach dem Tod glauben, ist deshalb ganz auf das Diesseits ausgerichtet. Die Folge ist ein alle Lebensbereiche durchdringender Individualismus, bei dem das augenblickliche Wohlbefinden, Genuss und Selbstverwirklichung das Leben bestimmen.

Nach diesem Weltbild ist das Bewusstsein ein Produkt des Gehirns. Eine Seele existiert nicht, die Existenz, jegliche Existenz, hört mit dem Atemstillstand auf. Der bei vielen Menschen immer noch vorhandene Glaube an das Leben nach dem ärztlich festgestellten Tod wird als Überbleibsel einer im Verschwinden begriffenen Epoche betrachtet.

Gegenüber den Lebenden fordern die Toten ihre Rechte. Das Versäumnis ungeschriebener Rituale, unterlassene Gebete oder die Nichteinlösung eines Versprechens wirken unruhig. Selbst Arme und Ausgegrenzte erhalten deshalb ein würdiges Begräbnis. Gusseisernes Armenkreuz auf dem ehemaligen Friedhof von Burgrain, Alberswil.

In einem System, in dem das Sinnen und Streben vor allem auf das Diesseits ausgerichtet ist, werden Kranke und Sterbende zwangsläufig ausgegrenzt. Sie gelten als Verlierer, deren Schicksal endgültig und unwiederbringlich besiegelt ist. In der modernen Medizin wird der Umgang mit dem Sterben deshalb vom Versuch beherrscht, den Tod um jeden Preis zu besiegen oder zumindest möglichst lange hinauszuzögern. In diesem Kampf um die mechanische Verlängerung des Lebens wird den spirituellen Bedürfnissen des Todkranken kaum Beachtung geschenkt. Wo es dennoch geschieht, bleiben viele Handlungen als sinnentleerte Rituale im Oberflächlichen verhaftet.

Im Gegensatz dazu werden bei den Menschen, die aktiver Teil einer Glaubensgemeinschaft sind, die Gedanken an das eigene Ende von der Hoffnung auf ein Weiterleben der Seele nach dem Tod bestimmt. Sie sind eingebunden in ein Kollektiv, das sich meist der spirituellen Autorität eines gesetzgebenden Begründers (Moses, Christus, Mohammed, Buddha) oder mythischer Ahnen unterstellt. Der Einzelne befolgt nach Möglichkeit die Gesetze der Gemeinschaft; Verstösse rufen nach Wiedergutmachung. Wer die Sühneleistungen versäumt, findet nach dem Tod keine Ruhe, bis die Schuld abgetragen ist.

Eine wichtige Aufgabe des religiösen Menschen ist deshalb, seinen Ahnen durch Gebete und heilige Handlungen auf dem Weg ins Jenseits beizustehen. Mit ihnen ist er zum Heil der eigenen Seele auf einer anderen Bewusstseinsebene verbunden, wie auch seine Seele auf die Hilfe der Nachkommen angewiesen sein wird.

Die heilige Kommunion ist für die armen Seelen sehr nützlich

»Der heilige Kardinal und Kirchenlehrer Bonaventura, aus dem Orden des heiligen Franziskus, der in seinen Werken viel von den armen Seelen spricht, ermahnt besonders zur öfteren heiligen Kommunion für sie. ›Die Liebe und das Mitleiden mit deinem Nächsten‹, sagt er, ›treibe dich zum heiligen Tische; denn nichts ist so wirksam, für die Seelen Ruhe zu erlangen.‹ Das folgende Beispiel bestätigt das Gesagte. Ludwig Blosius erzählt nämlich, einem frommen Diener Gottes, den er wohl kannte, sei einst ein Verstorbener, der ganz in Flammen eingehüllt war, erschienen und habe ihm angezeigt, dass er deswegen schrecklich leiden müsse, weil er mit zu geringer Vorbereitung den göttlichen Heiland unter den sakramentalischen Gestalten empfangen habe. ›Darum bitte ich dich‹, fügte er hinzu, ›mein lieber Freund sei doch so gut um der Liebe willen, die wir zu einander hatten, und kommuniziere einmal zum Heil meiner Seele, aber mit

In Beinhäusern aufgeschichtete oder in die Mauern eingelassene Schädel erinnern den Menschen an seine Vergänglichkeit. Für Menschen, die an ein Weiterleben der Seele glauben, verlieren die Bilder des Todes ihre Schrecken.
Totenschädel am Eingang zum 1661 erbauten Beinhaus von Wolhusen.

würdiger Vorbereitung und grossem Eifer; dann hoffe ich sicher, von den fürchterlichen Peinen befreit zu werden, die ich für meine Lauigkeit gegen das allerheiligste Sakrament des Altars verdient habe.‹ Jener erfüllte unverzüglich diese fromme Bitte seines Freundes, und nachdem er die heilige Kommunion mit der gehörigen Vorbereitung empfangen, erschien ihm diese Seele nochmals, nunmehr von glänzendem Lichte umgeben, wie sie sich zum Himmel emporschwang.«

Aus: Trost der armen Seelen. Belehrungen und Beispiele über den Zustand der Seelen im Fegfeuer. Einsiedeln 1924.

Menschen und Mächte

Das Leben des religiösen Menschen ist wesentlich geprägt von der Auseinandersetzung mit den jenseitigen Mächten. Der Gläubige bereitet sich auf den Tod vor, indem er innerlich den Prozess nachvollzieht, dem die Seele nach dem Verscheiden ausgesetzt sein wird. Das unbekannte Danach wird zur vertrauten Welt; Furcht und Schrecken wandeln sich zu Erkenntnis. *Ars moriendi*, die von den christlichen Mystikern vermittelte Kunst zu sterben, ist das Wissen, die Angst vor dem Tod zu besiegen und zu persönlichem Frieden und persönlicher Weisheit zu gelangen. Diese Jenseitsvorsorge, verbunden mit guten Werken, der Fahrt zu heiligen Stätten, dem Leben nach den Gesetzen der Gemeinschaft, dem Gedenken an die Verstorbenen und der Erinnerung an den eigenen Tod, ist für Menschen, die in ihre Religion eingebettet sind, unerlässlich.

Die Vorgänge nach dem Tod

Jede religiöse Gemeinschaft entwickelte im Laufe der Zeit spezifische Mittel, um die Vorgänge nach dem Tod ihrer eigenen Kultur entsprechend zu erklären. Im Christentum verweilt die Seele zunächst in der Nähe des toten Körpers. Dann treten Mächte auf, die sie behutsam auf eine höhere Ebene geleiten, die als Ort der erlösten Seelen verstanden und als Himmel bezeichnet wird. Aber die homogene Gemeinschaft der Erlösten kann kein Wesen in sich aufnehmen, das ihr gegenüber mit Verfehlungen belastet ist. Obwohl der Verstorbene seine Sünden vielleicht noch gebeichtet (bereut) und dafür Vergebung erlangt hat, treten die negativen Handlungen als Ankläger auf. Es fehlt das Element der Wie-

Ars moriendi, die von den christlichen Mystikern vermittelte Kunst zu sterben, ist das Wissen, die Angst vor dem Tod zu besiegen und zu persönlichem Frieden und Weisheit zu gelangen. (Aus: »Ein ernstlicher Blick in die Ewigkeit«. Augsburg, 1812.)

dergutmachung. Nach dem römisch-katholischen Glaubensverständnis muss die Seele des Verstorbenen deshalb das Fegefeuer erleiden, in dem die guten Taten den schlechten gegenübergestellt werden.

Die Gegenüberstellung von Gut und Böse, die man zum besseren Verständnis auch als Vergangenheitsbewältigung bezeichnen könnte, ist ein heilsamer Prozess. Sie dient der inneren Reinigung und dauert so lange fort, bis die Seele von belastenden Bildern und Gedanken befreit ist. Symbolisch verzehrt dabei das Feuer das Alte und Dunkle. Gleichzeitig schafft es Raum für das Neue, das Helle, das Licht. Nach diesem Vorgang befindet sich die Seele in einem Zustand des absoluten Friedens im Licht Gottes. Sie ist geläutert, was ihr die Vereinigung mit dem Kollektiv der Erlösten ermöglicht. In diesem der Läuterung dienenden Prozess und im

Durch das Lesen von heiligen Messen werden die Leiden im Fegefeuer abgekürzt. Engel begleiten die Erlösten in den Himmel. (Messbundstiftung zum Trost der armen Seelen im Fegefeuer. Dallenwil, um 1910.)

Glauben an eine Existenz jenseits des Todes rechtfertigt sich der Brauch, der Toten zu gedenken und ihnen mit guten Werken und Gebeten beizustehen.

In der dreifachen Form der Busse – Bereuen, Befreien von den Sünden und Wiedergutmachung – findet auch der Ablass seine Berechtigung. In seiner ursprünglichen Form ist er nichts anderes als die Seelenreinigung im Diesseits, das reumütige Bekennen der Sünden, die Beichte und die Busse in Form frommer Werke.

Alle grossen Weltreligionen kennen ein Dasein nach dem Tod. Im Buddhismus bleibt die Seele nach dem physischen Tod noch eine Weile im Körper des Menschen und tritt dann aus, um als klares Licht bestehen zu bleiben. Bei der geringsten Störung wird dieser Zustand unterbrochen. Die Seele wird dann zur Natur eines Zwischenwesens, das sich nun völlig ausserhalb des Körpers befindet. Erst jetzt, nach der endgültigen

Trennung des Geistes vom Körper, ist der eigentliche Tod des Menschen eingetreten. Nur die Seele ist unsterblich. Im Buddhismus erlebt sie eine Wiedergeburt (RABTEN 1995). Im Christentum tritt sie nach dem Reinigungsprozess in die Ewigkeit ein.

Das Auftreten der Seele als Windhauch

In unserem Volksglauben, der die gesamte religiöse Erfahrung des Menschen umfasst, verlässt die Seele des Dahingeschiedenen den Körper als luftähnliches Gebilde. Nach dem Tod muss man das Fenster öffnen, damit die Seele das Totenzimmer verlassen und bis zu ihrer Erlösung auf Wanderschaft gehen kann. Um diesen Vorgang nicht zu erschweren oder

Die Menschen sterben heute in den Spitälern. Der Tod zu Hause und im Kreise der Angehörigen ist in der hektischen Gegenwart meist ausgeschlossen. Emmenbrücke, um 1925. (Historisches Museum Luzern.)

gar zu verunmöglichen, herrscht im Sterbezimmer Ruhe. Mit geweihtem Wasser und gesegneten Kerzen werden die Dämonen ferngehalten, denen die Seele im Zwischenzustand ausgeliefert ist. Die Gebete begleiten den Toten und ebnen ihm den Weg ins Jenseits. Doch in der hektischen Moderne fehlen in der Regel die Zeit und oft auch das Wissen, diese Dinge innerlich nachzuvollziehen.

Mit der Vorstellung der als Wind auftretenden Seelen verknüpft sich die aus vorchristlicher Zeit stammende Anschauung, wonach arme Seelen in dunklen Winternächten als Sturmwind durch die Lüfte brausen oder sich an bestimmten Orten als geisterhafte Lichter bemerkbar machen.

Als tosender Wind braust der geisterhafte Zug der Toten durch Wälder, rüttelt an Fenstern und reisst alles mit sich fort, was nicht niet- und nagelfest ist. Die wilde Jagd der Toten folgt unsichtbaren Wegen, die seit Menschengedenken einen bestimmten Verlauf nehmen. Mit Rauschen, Tosen und einem Geheul, demjenigen jagender Hunde ähnlich, kündet sich der Zug der namenlosen Toten an. Er zerschmettert unbarmherzig alles, was sich ihm entgegenstellt. Grausam ist das Schicksal der Unvorsichtigen und der Spötter. Sie werden zerfetzt und müssen sich den Toten anschliessen und als unerlöste Geister durch die Nacht jagen.

Der Luzerner Stadtschreiber Renward Cysat (1545–1614) nennt das Heer der Toten die *Säligen Lütt.* Damit sind die Seelen der Menschen gemeint, die vor Ablauf ihrer vorbestimmten Zeit oder mit Schuld beladen gestorben sind. Mit Gebeten, guten Werken und brennenden Opferlichtern können sie von ihrer Pein erlöst werden. An vielen Orten errichtete man zu ihrem Gedenken Kapellen und Bildstöcke, in denen noch immer Kerzen zum Heil der ruhelosen Toten angezündet werden, die als Heer namenloser Ahnen ins Jenseits ziehen.

Das Erscheinen der armen Seelen als Mahnung für die Lebenden

»Wenn Gott die Erscheinung einer Seele des Fegfeuers zulässt, so ist es sein Wille, den Lebenden eine heilsame Lehre zu geben, um sie zu warnen über das Los, das sie selbst erwartet, wenn sie nicht Busse tun. Ausserdem will er ihr Mitleid anfeuern, zahlreichere, eifrigere Gebete erwecken, selbst unter Opfern und mühsamen Anstrengungen.«

Aus dem Bulletin des Sühnungsvereins La Chapelle-Montligeon, Orne, Nr. 722, Januar/ Februar 1952.
(Grabinski 1956: 7)

Im Volksglauben vermischt sich das in den Alpenländern besonders ausgeprägte Phänomen des Totenzugs mit jenem der Wilden Jagd. Von den unruhig jagenden Totenheeren schreibt Renward Cysat: »So hatt es ouch jn disen hohen wilden allpen noch andre gspenst meer; ettliche lassent sich allein nachts hören vnd sehen, ettwan ryttende, ja ouch so schynbar jn gestallt ettlicher personen, die man by leben erkennt. Ettwan kommpts den berg vnd durch den wald vffher gegen dess Pylati seew [Pilatussee auf dem gleichnamigen Hausberg der Stadt Luzern] rytten vnd rennen mit vollem rosslouff jn solcher mass, alls ob es ettlich hundert pfärd wärent mitt solchem dossen vnd gwalt, das das gantze gepirg davon erzittert vnd ertonet, glych einem erdbidem, vnd alls hette man vil stuck grosses gschützes mit einandern abgelassen« (Schmid 1969: 4, 687).

Dem gespenstischen Zug voraus reitet der Türst, der ewige Jäger und Herr der Toten, der zu bestimmten Zeiten des Jahres mit seinem Gefolge im Sturm und mit furchterregendem Lärmen durch Täler, Wälder und über einsame Höhenzüge jagt. Er wird von einem dreibeinigen Höllenhund und der Sträggele begleitet, die in ihrer ursprünglichen Bedeutung keine Hexe ist, sondern ein weiblicher Dämon, der die Verstorbenen in die Wilde Jagd eingliedert.

Die Sträggele als Seelengeleiterin

In einer Sage aus Fischbach im Kanton Luzern streckt eine Mutter ihr unfolgsames Kind nachts aus dem Fenster. Doch der Knecht, der sich als Hexe hätte ausgeben und das Kind erschrecken sollen, kommt zu spät. An seiner Stelle erscheint die im wilden Heer mitreitende Nachthexe, die Sträggele, die der Mutter das schreiende Kind entreisst. Am nächsten Morgen finden die Leute bei der Kreuztanne, die früher in der Nähe der Liegenschaft Ober-Gretti stand, Beinchen und Haare des Kindes sowie einige Fetzen von seinen Kleidern. Als die Kreuztanne später gefällt wurde, floss der Sage nach Blut aus dem Holz.

Als Zeichen der Versöhnung mit den hier wirkenden Mächten errichtete man ein heute noch stehendes steinernes Kreuz, an dem jenes Eisenkreuz angebracht wurde, das früher an der Tanne hing. Das in der Nähe stehende Wäldchen gilt immer noch als Aufenthaltsort unruhiger Seelen. Es wird erzählt, dass es in seiner Nähe mehrmals zu unliebsamen nächtlichen Begegnungen mit geisterhaften Wesen und gespenstischen schwarzen Hunden kam (Lussi 1995: 170).

An der Strasse zwischen Fischbach und Ebersecken im Luzerner Hinterland erinnert ein steinernes Kreuz an den Tod eines Kindes, das der Sage nach von der Sträggele geraubt und hierher verschleppt worden ist.

Mit der kindermordenden »Sträggele« des Alpenraums verwandt ist die irische Fee »Banshee«. Ihr klagendes Heulen soll den Tod eines nahe stehenden Menschen ankündigen. »Banshee« stammt vom irisch-gälischen »bean sidhe«, was »Frau der Feen« bedeutet. (Illustration von F. Harrison, 1919.)

Die kindertötende Sträggele ist hier nicht im Zusammenhang mit einem (vielleicht sogar tatsächlich geschehenen) Verbrechen zu sehen. Vielmehr steht sie in enger Beziehung zur Reise der Seele ins Jenseits. Die Mutter, die in der Sage ihr unfolgsames Kind aus dem Fenster hält, liefert es nicht der Nachthexe, sondern dem Tod aus. Das gleiche Motiv liegt auch dem bekannten Märchen Hänsel und Gretel zugrunde. Dort lauert die Hexe den verirrten Kindern auf, die in der unbekannten Wildnis absichtlich ihrem Schicksal, dem Tod, preisgegeben werden. Im übertragenen Sinn unternehmen die Seelen der Kinder eine Reise in eine Zwischenwelt. Sie entrinnen dem Tod (der Hexe) und kehren wieder ins Leben zurück.

Wegkapellen schützen vor dem Türst

»Auf Chraienbühl, nördlich von dem Heimwesen Hiltenberg, steht ein Armenseelenbildstöcklein. Hinter dem Eisengitter siehst du ein Bild des heiligen Wendelin. Der schützt das Vieh vor Seuchen. Ich glaube, hier ist früher eine andere Kapelle gestanden. Man sagt, sie sei gegen die Türstplage gebaut worden. Der Türst ist so eine Art unheimlicher Wind, der mit den armen Seelen zu tun hat.«

Mündlich aus Ruswil 1990 (Sammlung des Verfassers).

Ein Heiligenbild schützt das Haus vor dem Heer der Toten

»An einem Bauernhaus in Buttisholz schützte eine uralte Tafel, die Muttergottes darstellend, gegen den Türst, der in alter Zeit hier vorbeijagte. Ein früherer Besitzer dieses Hofes habe einmal die Tafel weggenommen. Und sofort tobte die Wilde Jagd ums Haus, sodass darob das Vieh erkrankte. Wie er den alten Zustand wiederherstellte, verschwand der Spuk.«

(Lussi 1992: 66)

In ihrer ursprünglichen Bedeutung ist die Sträggele ein zwischen dem Diesseits und dem Jenseits stehendes Wesen, das die Seelen der Verstorbenen abholt und auf ihrem gefährlichen Weg ins Reich der Toten begleitet. In gewissem Sinne ist sie die Schamanin der Geisterwelt. Sie nimmt die Seelen der Verstorbenen in Empfang und geleitet sie zu dem von Wodan angeführten Heer der Toten.

Die Sträggele hat auffallend viel gemeinsam mit den Walküren der germanischen Mythologie. Die Walküren sind im Dienste Wodans stehende »Totenwählerinnen«. Ihre Aufgabe ist es, die in der Schlacht

Das bekannte »Sträggelechäppeli« in Sempach bei Luzern ist im Zusammenhang mit dem Totenvolk zu sehen, das in ruhigeren Tagen hier vielleicht einmal vorbeizog. In der Kapelle brachte man Opfer dar, um die jenseitigen Wesen günstig zu stimmen. (Museum Klösterli, Ettiswil.)

gefallenen Helden auf windschnellen Rossen nach Walhall, dem germanischen Jenseits, zu geleiten. Nach der Einführung des Christentums haben die Walküren eine negative Umdeutung erfahren. Sie sind zu bösartigen Sträggelen geworden, die unfolgsamen Kindern den Tod bringen.

Ihrem Auftreten nach ist die Sträggele die Urform der späteren Hexe, die den Namen von ihrem bevorzugten Aufenthaltsort in Hecken hat. Das Herkunftswörterbuch der deutschen Sprache führt das Wort Hexe auf das althochdeutsche *hagzissa*, *hag[a]zus[sa]*, zurück. Im ersten Teil des Wortes verbirgt sich der Begriff *hag* für Zaun, Hecke oder Gehege. Der zweite Teil wird mit dem norwegischen *tysja*, Elfe, in Verbindung gebracht. Demnach wäre die Hexe ein sich auf Zäunen oder Hecken aufhaltendes elfisches Wesen, wie auch das altisländische Wort für Hexe, *tunrida*, belegt. Striga und Sträggele sind von *strega*, der italienischen Bezeichnung für Hexe, abgeleitet.

In seiner ursprünglichen Bedeutung galt der Zaun nicht nur als Schutz gegen wilde Tiere, sondern auch als Bannkreis gegenüber dämonischen Mächten. Jenseits des Zaunes war der Mensch bösartigen Naturgeistern ausgeliefert, sofern er nicht geeignete Vorkehrungen traf

Im Innern der Kapelle hängen Votivgaben als Zeichen für die erlangte Hilfe. Der aus Hanffasern geflochtene Zopf erinnert daran, dass die Sträggele die Nachfolgerin der germanischen Göttin Freyja ist. Bei den Germanen war der Hanf die heilige Pflanze der Freyja. (Museum Klösterli, Ettiswil.)

und sich der Hilfe gutartiger Wesen versicherte, die ihn durch die unbekannte Wildnis geleiteten. Im übertragenen Sinn verlässt auch die Seele des Verstorbenen die Gemeinschaft und begibt sich in eine neue, unbekannte Welt, wobei der Zaun die Schwelle zum Unbekannten, zum Tod symbolisiert. Hier werden die Seelen, die sich beizeiten mit dem Jenseits vertraut gemacht haben, von der Zaunreiterin, der Sträggele, erwartet und in das Reich der Toten geleitet. Die übrigen irren ruhelos umher, bis auch sie von ihrem Dasein erlöst werden.

Das bekannte *Sträggelechäppeli* in Sempach bei Luzern ist somit im Zusammenhang mit dem Totenvolk zu sehen, das in ruhigeren Tagen hier vielleicht einmal vorbeizog. In der Kapelle brachte man Opfer dar, um die jenseitigen Wesen günstig zu stimmen. Heute noch hängen im düsteren Innern Votivgaben aus Wachs und Holz und ein vor Jahrzehnten gestiftetes Hanfknäuel, das in einer Zeit, in der diese Bräuche der Vergessenheit anheim fallen, nicht als Opfergabe, sondern als »Zopf« des von der Sträggele entführten Kindes gehalten wird.

Schutz vor dem vorzeitigen Tod

Tod, Aufenthalt in einer Zwischenwelt, Eintritt in ein neues, jenseitiges Leben: Unschwer lassen sich hier die in fast allen Religionen bekannten Stationen eines Übertritts in eine andere Dimension erkennen, die im Christentum in Himmel und Hölle unterteilt wird. Mit einem gottergebenen Leben soll sich der Mensch auf das Leben nach dem Tod vorbereiten. Beschwörend mahnt eine Inschrift im 1575 geweihten Beinhaus von Kirchbühl bei Sempach:

> »Lerne sterben / wilst du dene nit ins Teüffelsreich verderben
> da du Ewig brennen müstest O Sieh / Lerne sterben.«

»Lerne sterben« heisst, für die Reise in die Anderswelt bereit zu sein, sich mit ihr auseinander zu setzen und wenn möglich im Augenblick des Todes priesterlichen Beistand zu haben. Josef Zihlmann, der Luzerner Sagensammler, Forscher und Schriftsteller, erzählt uns vom alten Brauch, am

Arma-Christi-Kreuz an der Stallaussenwand des Hippenseppenhofs im Schwarzwälder Freilichtmuseum in Gutach. Arma-Christi-Kreuze schützen gegen den jähen Tod. (Foto: Albert Lussi.)

Die heilige Märtyrerin Barbara ist nicht nur die Patronin der Bergleute, sondern auch der Sterbenden. Im Luzerner Hinterland wurde sie in vielen Familien beim Beten des Rosenkranzes wider den jähen Tod angerufen. Andachtsbild um 1910.

Abend den Rosenkranz und das Glaubensbekenntnis zu beten. In vielen Familien war es lange Zeit üblich, der persönlichen Andacht ein *Föifi* (fünf »Vater unser« und »Gegrüsst seist du, Maria«) beizufügen und die heilige Barbara, die Schutzpatronin gegen den unvorhergesehenen Tod, anzurufen: »Zu Ehre der heilige Sant Barbere, si wellis nid unbiichtet lo stärbe ond zerscht das hochheiligschte Sakremänt des Altars teilhaftig lo wärde« (ZIHLMANN 1982: 245). Es ging für den Menschen nicht in erster Linie um den Tod an sich und auch nicht um das schnelle und schmerzlose Hinübergleiten, sondern um die Angst vor dem unvorbereiteten Ableben, das die Reise der Seele ins Jenseits und damit die ewige Ruhe erschweren, wenn nicht gar verunmöglichen konnte.

Das Queren der Geisterwege kann gefährlich sein

»Bei der Buchen-Kapelle, an der Strasse von Menznau nach Menzberg soll ein Ort sein, wo es unmöglich sei den Weg zu kreuzen. So ging vor 14 Tagen, sagt die Erzählerin, ein Schuhmacher den Weg nach Steinhusen. Er konnte aber nicht vorwärts kommen trotz des hellichten Tages. Zum dritten Male probierte er es, da hörte er eine Stimme hinter sich: ›Lauf numme witt d' witt, dr Wäg do dure g'hört dr nitt.‹ Der verstorbene A. Studer von Steinhusen wollte dort zweimal mit einem Pferd durchreiten, er erzwang es aber nicht, trotz Schmeicheleien und Schlägen. Das Pferd musste nach drei Tagen abgetan werden.

Auch erzählten dort verschiedene Personen, sie haben ausserhalb der Kapelle am hellen Tage einen ›Schimmel‹ weiden sehen, der aber jedesmal wieder plötzlich verschwunden sei. Andere wollten dort ›eine Frau ohne Kopf‹ gesehen haben.«

(Zimmermann 1926: 326)

Eine Spukgeschichte aus der Stadt Luzern

Vorzeitiger Tod und damit unerfülltes Leben wirken unruhig. Die Seelen gewaltsam oder mit Schuld beladener Verstorbener müssen umgehen, bis sie durch Gebete und fromme Werke erlöst werden oder die Schuld abgetragen ist. Den Lebenden gegenüber machen sich die unerlösten Toten als Spukgestalten bemerkbar. Sie erscheinen als flackernde Lichter und Schreckgestalten mit feurigen Augen. Manchmal geben sie sich ihren Mitmenschen auch als Dunst, kalten Windhauch oder in der Gestalt zu erkennen, die sie als Lebende hatten.

Von derartigen Dingen ist nicht nur in Sagen die Rede. Nach einem im Stadtarchiv Luzern hinterlegten Bericht machte sich in einem Mehrfamilienhaus zwischen 1933 und 1937 mehrmals ein Geist bemerkbar. Die merkwürdigen Geschehnisse wären nie bekannt geworden, wenn nicht die damals Betroffenen sie am 2. April 1986 zu Protokoll gegeben hätten. Der Stadtarchivar von Luzern hat die von Franziska F. und ihren Töchtern Irma und Elsa erzählten Vorfälle am 25. April 1986 niedergeschrieben. In der Personalzeitung der Stadt Luzern ist der Bericht 1990 publiziert worden. Demnach geschah Folgendes: Am 19. Januar 1930, einem Sonntag, kam in einem Mehrfamilienhaus der Stadt Luzern alt Installateur Carl G. unter nie geklärten Umständen zu Tode. Laut einem Zeitungsbericht kehrte G. am Abend zwischen 23 und 24 Uhr in sein Haus zurück und schloss die Eingangstüre hinter sich ab. Später fanden ihn Mitbewohner im Treppenhaus in einer Blutlache liegend. Der eilends herbeigerufene Arzt konnte nur noch den Tod feststellen. Nach dem Bericht der Polizei starb G. an einem Schlaganfall. Für sie kam ein Überfall nicht in Frage, da der Tote nicht beraubt worden war. Im Haus selbst wurde gemunkelt, G. sei von jemandem übers Treppenhausgeländer gestossen worden. So weit die Vorgeschichte.

Drei Jahre später, am 15. September 1933, zog Heinrich F. mit seiner Familie in die Wohnung im ersten Stock des Hauses. Karl G., der bisherige Bewohner, ein Nachkomme von Carl G. und nunmehriger Hauseigentümer, zog mit seiner Frau Anna-Maria in eine Wohnung im fünften Stock. Anfänglich bemerkten Heinrich und Franziska F. in ihrer Wohnung nichts Aussergewöhnliches. Doch nach einem Vierteljahr wachte die 1926 geborene Tochter Irma plötzlich mitten in der Nacht auf. An ihrem Bett stand ein alter Mann mit weissen Haaren und starrte sie unverwandt an. Entsetzt begann Irma zu schreien. Die Mutter, Franziska F., erwachte und eilte in das Zimmer ihrer Tochter. Als sie an Irmas Bett stand, war die Erscheinung, von der ihr die Tochter aufgeregt erzählte, bereits verschwunden. Das Einzige, was Frau F. wahrnahm, war das Zittern des schweissgebadeten Kindes. Von da an häuften sich die Vorfälle; in der Nacht blieben die Türen zu den Kinderzimmern nun immer offen.

Selbst die Katze der Familie schien zu bemerken, dass sich in der Wohnung ein geisterhaftes Wesen aufhielt. An einem Mittag sträubte sie plötzlich das Fell und verfolgte mit ihren Augen ein unsichtbares Wesen, das in der Wohnung auf und ab zu gehen schien.

1935 begann der Spuk auch im Zimmer der 1923 geborenen Tochter Elsa. Der erste Vorfall ereignete sich um zwei Uhr morgens. Von einem unbestimmten Gefühl geweckt, wachte Elsa auf und sah, wie ihre Schwester, eine weisshaarige Gestalt. Vom Schreien der Tochter aufgeschreckt eilte die Mutter durch den Korridor in Elsas Zimmer. Dort schwebte ihr eine grauweisse Wolke entgegen. Zornig über das neuerliche Auftreten des Geistes schlug sie mit den Händen nach dem wolkenartigen Gebilde und schrie: »In diesem verfluchten Haus hat man doch keine Ruh!« Durch die Wolke hindurch stürmte sie ins Zimmer. Dabei spürt die Frau eine eisige Kälte. Die Spukgestalt, heisst es im Bericht, zeigte sich danach etwas seltener.

Zum Trost der armen Seele, die offenbar ihre Ruhe nicht finden konnte, nahmen die Eltern der Familie F. von einer Wallfahrt nach Einsiedeln eine geweihte Kerze mit nach Hause. Zurück in Luzern wurde sie angezündet und ins Büro gestellt, das sich auf dem gleichen Stock befand wie ihre Wohnung. In dieser Nacht gab es plötzlich einen weit herum hörbaren Knall. Die Tür zum Büro, die immer mit einem Schlüssel abgeschlossen war, stand offen; die brennende Kerze war verschwunden. Niemand weiss, wo sie geblieben ist. Doch seit diesem Vorfall hat sich die Gestalt nie mehr gezeigt.

Zu diesen Ereignissen gibt es eine höchst bemerkenswerte Nachgeschichte, denn später geschah noch Folgendes: Am 28. Dezember 1940 starb Anna-Maria, die Frau des Hausbesitzers Karl G. Heinrich und Franziska F. gingen mit ihren Kindern zur Wohnung der Verstorbenen, um dort der aufgebahrten Anna-Maria G. die letzte Ehre zu erweisen. Als die Tochter Irma ins Sterbezimmer trat, erstarrte sie. Ein an der Wand hängendes Porträt zeigte den Mann, der ihr während vier Jahren als nächtlicher Geist begegnet war, den sie aber nie als lebende Person gesehen hatte. Es war Vater Carl G., der pensionierte Installateur, der am 19. Januar 1930 auf so merkwürdige Weise ums Leben gekommen war (nach: Bostitch. Personalzeitung der Stadt Luzern, Nr. 4/1990).

Noch heute werden in katholischen Landesteilen an Allerheiligen Kerzen auf die Gräber der Toten gestellt. Zum Heil der Verstorbenen angezündet, symbolisieren brennende Lichter die ewige Klarheit des Himmels. (Lithographie nach einem Gemälde von W. Riefstahl.)

Von dem Brauch, für die Verstorbenen Lichter anzuzünden

»Die Kirche giebt ihre Hochschätzung über diese uralte Übung dadurch zu erkennen, dass sie bisher immer Stiftungen zu ewigen Lichtern für die Abgestorbenen angenommen und gutgeheissen hat, und überhaupt überall bei Feierlichkeiten für dieselben viele Lichter brennen lässt. Dies sieht man besonders in den Klöstern, wo es in vielen Vorschrift ist, bei Feier-Gottesdiensten für die Todten immer mehrere Lampen brennen zu lassen. Ebenfalls ist es auf der ganzen Welt üblich, für die Abgestorbenen, wenigstens allzeit bei den Leichnamen, bevor sie begraben sind, ein Licht brennen zu lassen. Endlich hat man Beispiele, wodurch man erkennt, wie werth dieser fromme Gebrauch den Abgestorbenen ist. Boudon schreibt: Es sey ein Verwandter von ihm erschienen, und habe sich beklagt, dass seine Kinder zu den Seelenmessen, die man nach dem Gebrauche des Orts für ihn gelesen habe, keine Kerzen geopfert hätten. Auch geschah unlängst in einem frommen Hause, wo man die Gewohnheit hatte, in der Nacht des Samstags das Licht für die armen Seelen brennen zu lassen, dass, als der Hausvater dieselbe einstellte, man an jenen Abenden jedesmal ein starkes Ächzen hörte, bis man sie wieder herstellte. Mag vielleicht den armen Seelen nebst dem, was sie durch dieses Liebesopfer gewinnen, noch der Trost vergönnt seyn, so ein Licht, das ihnen gewidmet wird, zu sehen, da sie sonst zur fortwährenden Finsterniss verurtheilt sind?«

Aus: Trost der Armen Seelen. Belehrungen und Beispiele über den Zustand der Seelen im Fegfeuer. Einsiedeln [1846].

Die Seele eines Selbstmörders findet keine Ruhe

Von einem Geist geplagt wurden auch Bewohner eines kleinen Heimwesens am Eingang zum Entlebuch. Der Vater der heutigen Besitzer hatte die Liegenschaft nach dem Ersten Weltkrieg gekauft. Sein Sohn, der damals noch ein Kind war, hat die Ereignisse 1988 erzählt, 1989 sind sie erstmals publiziert worden (Lussi 1989). Er berichtete, in diesem Haus seien er und seine Geschwister in manchen Nächten von einem seltsamen Rumoren oder Rumpeln geweckt worden, das sie ängstigte und erschreckte. »Es war, wie wenn einer wagnern würde«, erzählte er und fügte an, dass sich das Geräusch manchmal auch anhörte, als ob einer auf und ab gegangen wäre. Manchmal habe man auch das Rasseln von Ketten gehört. Er und seine Geschwister seien dann einfach unter die Bettdecke gekrochen. »Was hätten wir auch machen sollen», entschuldigte er sich.

Die Schlafkammern der Kinder waren zu dieser Zeit, es mag um 1920 gewesen sein, im ersten Stock des Hauses, direkt unter dem

Dachboden, von dem die Geräusche kamen. Während sich das Schlafzimmer der Eltern im Erdgeschoss befand, waren die beiden Schlafkammern der Kinder nur von der direkt angebauten Scheune aus über eine enge Stiege erreichbar. Die beiden Schlafkammern hatten zudem nur eine einzige gemeinsame Türe. Von der Stiege aus gelangte man zuerst ins erste der beiden Zimmer und von dort durch eine niedrige Türe in den zweiten Raum, der sonst keinen Eingang hatte.

Einmal sei von der Stiege her eine leuchtende Gestalt gekommen. Sie drang durch die Tür ins Zimmer, durchquerte den Raum und ging von dort in die zweite Kammer, wo sie durch die Wand verschwand. Durch das Schreien und Rufen der Kinder geweckt, hastete der Vater nach oben, um nach dem Rechten zu sehen. Als er im Zimmer stand, hatte sich die Spukgestalt bereits im Nichts aufgelöst.

Besonders schlimm sei es geworden, als der Vater aus Unkenntnis eine an der Scheunentüre angebrachte Tafel aus Eisenblech entfernte. Da sei es »so richtig losgegangen«. Schleunigst kramte der Vater das alte Blech wieder hervor und befestigte es am ursprünglichen Ort. Da hätten sich die Geister beruhigt, ganz verschwunden seien sie jedoch nie.

Das Haus ist mittlerweile abgerissen worden, aber die Tafel hat sich erhalten. Die darauf geschriebenen Worte sind kaum noch lesbar. Man erkennt aber, dass es sich um einen Namen und Daten handeln muss. Vielleicht war das beschriebene Blech ursprünglich an einem Grabdenkmal angebracht und der unleserliche Name ist jener des Verstorbenen, dessen Seele auf dem Dachboden spuken musste. Jedenfalls, wird erzählt, sei im 19. Jahrhundert in der Scheune etwas Schreckliches geschehen, was genau, weiss niemand mehr. Der Erzähler selbst hörte nur, dass man von Streit munkelte und von einem, der sich in der Scheune erhängte. Seit dem Tod des Unglücklichen sei es in diesem Haus und in der Scheune nie mehr »ruhig« gewesen. Dort wo die Tafel angebracht war, habe seine Schwester als junges Mädchen zudem ein unheimliches Wesen gesehen, das sie mit feurigen Augen angestarrt habe.

Vor einigen Jahren wurde die Liegenschaft von den überlebenden Kindern verkauft. Die neuen Besitzer, die das alte Haus als *Maiensäss* benutzen wollten, entfernten das Blech in der Meinung, es sei unnütz. Darauf rutschte ein Teil der Zufahrtsstrasse ab, und die Wasserquelle, die man aufgespürt hatte, erbrachte nicht die gewünschte Leistung. Auch die Zufuhr von Wasser aus einer anderen Quelle stiess auf Schwierigkeiten. Einige Wochen später erlitt das Gebäude nach einem heftigen Sturm zudem grossen Schaden. Ausgerechnet jener Teil der Scheune, an dem die

In einem inzwischen abgetragenen Haus am Ämmerberg (oben) machte sich der Geist eines Toten durch Gepolter bemerkbar, nachdem eine zwischen Haus und Scheune angebrachte Banntafel entfernt worden war. Erst als die Besitzer die Tafel wieder am ursprünglichen Ort anbrachten (unten), ging das nächtliche Lärmen zurück.

eiserne Tafel zuvor gehangen hatte, stürzte in sich zusammen. Das Haus musste mitsamt der Scheune abgetragen werden (LUSSI 1992: 89 f.).

Anzumerken bleibt, dass Selbstmörder nach altem Glauben in die Hölle kommen. Für sie, schreibt der bereits mehrmals erwähnte Luzerner Stadtschreiber Renward Cysat, sei weder »zu bitten noch zu beten«. Dagegen muss die Seele des mit Gott versöhnt Verstorbenen im Fegefeuer den Rest ihrer Strafe abbüssen. Ebenso gehen die Seelen der Ermordeten nicht in die Ewigkeit ein, bis die Tat entdeckt und gesühnt worden ist. Kettengerassel ist nicht nur ein Hinweis auf die Anwesenheit ruheloser Seelen, sondern auch Zeichen der ewigen Verdammnis.

Ein unerlösbarer Geist wird gebannt

Der Roggliswiler Lehrer und Dichter Jakob Muff hat um 1935 seinen Schülern aufgetragen, sich in der Familie und bei Bekannten nach merkwürdigen Begebenheiten zu erkundigen. Durch einen glücklichen Zufall haben sich die damals aufgezeichneten Geschichten erhalten. In einer ist von einem Haus in Grossdietwil die Rede, in dem um 1900 ein allein stehender Mann wohnte. Er schien ein nach damaligen Begriffen lasterhaftes Leben geführt zu haben. Als sein Ende nahte, war niemand da, der den Pfarrer hätte verständigen können, und so starb der Alte ohne Beichte und ohne Empfang der Sterbesakramente.

Nach seinem Tod wurde die leer stehende Wohnung vermietet. Doch die Bewohner zogen bald wieder aus, denn die ganze Nacht sei darin ein Lärmen und Poltern zu hören gewesen, sodass an Schlaf nicht zu denken war. Ein anderer Mieter kam, doch auch ihm erging es nicht besser. Darauf liessen die Besitzer einen Pater kommen. Er sollte die Seele des Toten zitieren und in Erfahrung bringen, was man zu ihrem Heil tun könne. Der Pater kam und tat, was ihm von den Besitzern aufgetragen worden war. Doch das Anliegen des Geistes war unerfüllbar: Auf der ganzen Allmend von Grossdietwil sollte Korn angesät werden. So viele Körner man erntete, so viele Hostien sollten zum Heil seiner Seele geopfert werden. Da erkannte der Pater, dass dies ein Ding der Unmöglichkeit war und dass diese Seele unrettbar verloren sei. Er verbannte den unruhigen Geist zwischen drei in den Boden eingeschlagenen Pflöcken. Von da an kehrte Ruhe ein und das Haus konnte wieder bewohnt werden.

Unerlöste Seelen verursachen Krankheit und Tod

Vom verlotterten *Koppeschüürli*, einer Weidescheune an der Strasse von Hitzkirch nach Altwis, hat man sich schon immer unheimliche Geschichten erzählt. Den Kindern wurde dringend geraten, das Innere des windschiefen Gebäudes nicht zu betreten. Was es damit auf sich hatte, wusste niemand so genau, bis zu einer Föhnnacht im November des Jahres 1959.

Ein junges Bauernpaar fuhr in jener Nacht mit dem Traktor von Retschwil nach Altwis. Das Paar war bei der Schwägerin in Retschwil zu Besuch gewesen. Man hatte bei Kaffee und Kuchen Karten gespielt. Jetzt ging es heim zu. Der Mann sass am Steuer, die Frau hinten auf der kleinen Holzbrücke. Ihr war kalt. Sie war im dritten Monat schwanger.

Holpernd näherte sich das Gefährt dem vom Vollmond gespenstisch beleuchteten *Koppeschüürli.* Plötzlich sprang aus dem angrenzenden Obstgarten ein menschenähnliches Wesen nur wenige Meter vor dem Traktor auf die Strasse. Für einen Augenblick blieb das unheimliche Wesen stehen und richtete sich zur vollen Grösse auf. Der rote Mantel, den es umgehängt hatte, flatterte knatternd im Wind. Aus feurigen Augen starrte der Geist den Bauern und seine Frau an. Von Entsetzen gepackt wollte der Mann sein Gefährt zuerst anhalten. Doch dann besann er sich und gab Gas. So schnell es ging, raste er nach Hause. Nach der Begegnung schwoll sein Gesicht auf. Der schluchzenden Frau half er noch ins Haus; der Traktor blieb die Nacht über auf dem Vorplatz. Nochmals hinauszugehen und ihn unter das Scheunendach zu stellen, wagte er nicht.

Die Schwellung im Gesicht des Mannes ging am folgenden Tag wieder zurück. Seine Frau erlitt Stunden danach eine Fehlgeburt. Man erzählt sich, die Gestalt im roten Mantel sei die unerlöste Seele eines Deutschritters aus der Kommende Hitzkirch gewesen (nach: Koch 1982: 22 f.).

Ruhelos umherirrende Seelen sind auch die Ursache von unerwartetem und plötzlichem Tod. Eine Schar junger Burschen aus Pfaffnau war bei einer ihnen bekannten Familie zu Besuch. Man spielte Karten, trank und war guter Dinge. Zufällig ergab es sich, dass einer der Burschen aufstand und einen Moment vor die Haustüre trat. Versonnen starrte er in die dunkle Nacht. War da nicht eine ihm bekannte Stimme zu hören? Er sammelte sich und da war es ihm, als ob jemand rufe: »Wo muss ich stecken, wo muss ich stecken?« Der Bursche dachte sich nichts dabei und ging in die Stube zurück.

Die zufällige Begegnung mit einem feurigen Geist beim »Koppeschüürli« führte 1959 bei einer Bäuerin zu einer Fehlgeburt. Die baufällige Weidescheune hielt bis heute allen Stürmen stand.

Drinnen empfing ihn lautes Gelächter. Er setzte sich wieder an den Tisch und nahm die Karten auf. Da pochte es ans Fenster und eine Stimme rief: »Der, welcher vorher draussen gewesen ist, soll nochmals kommen!« Ohne sich dabei etwas zu denken, stand der Gerufene auf und trat vor die Türe. Er glaubte, ihn rufe ein spät heimkehrender Freund. In der dunklen Nacht war jedoch niemand zu sehen. Aber von der Wiese her tönte es abermals: »Wo muss ich stecken, wo muss ich stecken?« Unwirsch entgegnete er dem Rufer: »Dort, wo du's ausgerissen hast!« Da vernahm er aus dem Dunkel abermals die Stimme: »Jetzt bin ich ein Kind der Seligkeit und du in einem Jahr auch!« Der junge Mann machte sich nichts aus dem Gerede. Zurück im Haus war der Vorfall bald vergessen.

Monate später brannte es im Kirchturm von Pfaffnau. Die Zimmerleute der Umgebung, zu denen auch der junge Mann gehörte, erhielten den Auftrag, die Schäden auszubessern. Bei der Arbeit rutschte der Jüngling, der sich wohl kaum noch an die unbekannte Stimme erinnerte, plötzlich aus und fiel vom Gerüst. Der Tod ereilte ihn auf den Tag genau ein Jahr nachdem ihn der Geist angesprochen hatte (mündlich aus Roggliswil, um 1935).

So weit die Sage. Die Geschichte lässt sich durch den Brandfall ziemlich genau datieren. In einer 1996 zum Abschluss der Gesamtrenovation der Pfarrkirche St. Vinzenz in Pfaffnau erschienen Broschüre heisst es: »1863: Ein Blitzschlag mit anschliessendem Brand zerstört den Kirchturm. Die Glocken stürzen in die Tiefe, und das Pfarrarchiv, welches im Turm untergebracht war, verbrannte. 1881: Wiederherstellung des Turmes. Drei Glocken von St. Urban kommen nach Pfaffnau.« Die Begegnung des Zimmermanns mit dem Geist war demnach 1880, sein Tod erfolgte 1881.

Der Totenbaum

Der Glaube an ein Weiterleben nach dem Tod hat sich auch in der Auffassung von einer beseelten Natur niedergeschlagen. Die Toten folgen geisterhaften Wegen, die seit je denselben Verlauf nehmen. In den Bäumen wohnen die Seelen der Ahnen und gutartige Hexen. Zu diesen Stätten, den heiligen Bäumen und Hainen ging das Volk, wenn es sich der Hilfe jenseitiger Mächte versichern wollte. Im Christentum, das sich über den germanischen Untergrund geschoben und viele heidnische Riten christlich umgedeutet und umgestaltet hat, lebt die Vorstellung von einer beseelten Natur fort. Einige der vom Volk verehrten Bäume wurden mit christlichen Zeichen versehen, andere sind mittlerweile verschwunden. An ihre Stelle traten Kreuze, Bildstöcke oder Kapellen. Geblieben ist jedoch der Gang zu einer als heilig geltenden Stätte, an der das Wirken höherer Mächte offenbar wird.

Bei den Kelten und Germanen galt die Natur als heilig und von den Geistern der Ahnen beseelt. Aus dem Baum stammte die Seele des Menschen, und dorthin kehrte sie nach dem Tod zurück, um sich mit den Göttern zu vereinen, die menschliche Eigenschaften aufweisen und wohl vergöttlichte Ahnen sind. In Skandinavien und in den Alpen war der Hausbaum nicht bloss das Symbol des menschlichen Daseins, sondern Ausdruck der parallel auf den Menschen einwirkenden Lebenskräfte: Was dem Baum geschah, das geschah dem Menschen. Das Fällen heiliger Bäume galt nicht nur als Frevel an den Göttern, sondern besiegelte auch das eigene Schicksal, das mit jenem des Lebensbaums aufs Engste verknüpft war.

Die kultische Verehrung des Baumes als Totenbaum lässt sich in der Zentralschweiz bis heute nachweisen. Allein auf dem Gebiet der Gemeinde Ruswil stehen zwei besonders gekennzeichnete Bäume, die nach der mündlichen Überlieferung als Aufenthaltsorte armer Seelen gelten.

Aus dem Baum kommt das Leben, in den Baum kehrt es zurück. Die mit einem unscheinbaren Eisenkreuz versehene Tanne erinnert an einen in der Nähe geschehenen Unfall. Eine christliche Umdeutung erfahren hat die heute noch kultisch verehrte »Muttergotteseiche« in Neiding bei Pfullendorf, unten (Postkarte, EK-Service Porth, Saarbrücken-Scheidt).

An einen Unfall erinnert die Linde bei Freieck in Ruswil. Als ein pflügender Knecht fluchte, rissen die Pferde aus, und der Mann kam ums Leben.

Von der Kreuz- oder Helgetanne im Schächbelerwald berichtet schon der Sagensammler Alois Lütolf. In der Nähe dieses Baumes sollen nach der mündlichen Überlieferung Selbstmörder bestattet worden sein. Noch heute gibt es in diesem Wald einen Ort, der den Namen Helgetanne trägt (Lütolf [1862] 1976: 366).

Bäume sind heilig

»Eine Viertelstunde von Ruswil entfernt, im Schächenbühlwald auf einer Anhöhe, steht gross und üppig eine Tanne mit einem heiligen Kreuzbilde daran. Darum der Name. Es ist nicht richtig auf dem Platze. Mehrere Jahre nach einander haben Jäger aus der Gegend hier einen grossen schönen Hasen erblickt und darnach geschossen; allein immer fehl und immer machte dann der Hase ihrer spottend schön das Männchen.«

(Lütolf [1862] 1976: 366)

In den Erzählungen der Alten findet man auch die Vorstellung, wonach die Seele des Menschen aus dem Baum kommt und nach dem Tod dorthin zurückkehrt. In der Innerschweiz wurden die Kinder nicht vom Storch gebracht, sondern von der Hebamme aus einem bestimmten

Baum geholt, den man Kindlibaum nannte (Lütolf [1862] 1976: 550). Im Kanton Luzern kamen die Kinder aus einem morschen und hohlen Baumstrunk oder einfach »aus einem hohlen Stocke«. In Menzingen (Kanton Zug) hat dieser Glaube eine christliche Umdeutung erfahren. Auch dort kamen die Kinder aus einem hohlen Baum. Als dieser gefällt wurde, holte man sie, wie es heisst, aus einer Holzkiste in Maria Einsiedeln (Lütolf [1862] 1976: 550).

Die Seelen der Kinder kommen aus einem bestimmten Baum

»In Menzingen holte man sie früher aus einem hohlen Baum; jetzt, da jener umgethan, aus einer Kiste in Maria Einsiedeln. Zu Ägeri von einem Stein im Dorfbach. In Lucern liess man sie vom Hergottswald herabkommen, in Escholzmatt vom Seltenbach herab, in Stans aus einem Hügel am Stempbach, in Obwalden meist aus einem Stein oder einer Höhle.«

(Lütolf [1862] 1976: 550)

Aus dem Baum kommt die Seele des Menschen, und nach dem Tod kehrt sie dorthin zurück. Dieser Glaube, Relikt eines vorchristlichen Totenkults, lebt in modernen Bestattungsritualen fort. Nach dem Tod wird der Mensch in einen Holzsarg gelegt, den man im Kanton Luzern bis in die neueste Zeit Totenbaum nannte (Zihlmann 1989: 72). Der Sarg symbolisiert die Rückkehr der Lebenden in das Reich der Ahnen und Naturgeister.

Bis ins 19. Jahrhundert galten bestimmte Bäume als von den Verstorbenen beseelt. Wer sich am geheiligten Holz vergriff, forderte die Geister der Ahnen heraus. In vielen Sagen ist davon die Rede, dass Bäume zu bluten begannen, wenn man sie fällen wollte. Wer es dennoch tat, den alten Glauben missachtete und die Warner verspottete, dem war der Tod gewiss.

Viele der heiligen Bäume, auf die man wegen »Andächteleyen« aufmerksam geworden war, konnten von der Luzerner Regierung nur unter Polizeischutz gefällt werden (Zihlmann 1985: 24). In einer badischen Sage fand man ein Kind ertrunken in einem Bach, weil einst ein heiliger Baum gefällt worden war. Im Tod des Kindes sah man das Wirken einer weiss gekleideten Jungfrau mit wallenden Haaren, die oft bei den Trümmern der nahe gelegenen Burg Wirlingen gesehen wurde. Das Schicksal dieses weiblichen Wesens, hiess es, sei an eine dort stehende Tanne geknüpft. Dieser Baum aber war gefällt und aus seinem Holz die Wiege jenes Kindes gefertigt worden, das seinen Eltern so früh verloren ging (ROCHHOLZ I [1856] 1989: 90).

Das Fällen heiliger Bäume führt zum Tod

»Auf der Bramegg stand noch vor einigen Jahren eine uralte mächtige Tanne. Wenn ringsumher abgeholzt wurde, sie blieb von der Axt verschont, denn vom Vater auf den Sohn vererbte sich die Warnung, diese Tanne nicht umzuhauen, weil ein Geist darin sei, und es ein Unglück absetzen würde. Steinalte Leute wollten sich erinnern, dass der Geist sei hineingebannt worden. Das konnte vor einigen Jahren der Sohn vom Vater nicht mehr glauben. Mochten die Älteren, mochten fremde Leute kummerhaft abmahnen, so viel sie wollten, er hatte ausgerechnet wie viel Nutzen die grosse Tanne abwerfen werde, und ihr Sturz war unbeugsam festgesetzt. Ja er spottete noch und that es zum Trotz. Er hätte es nachher nimmer gethan. So wie der Baum hinfiel, traf den, der dieses befohlen, plötzlich ein furchtbarer Schmerz im Bein, und kein Kräutlein war dagegen gewachsen, er musste daran sterben.«

(LÜTOLF [1862] 1976: 365)

Die Vorstellung von der Rückkehr der Seele in den heiligen Baum und die Angst vor einer allzu frühen Vereinigung mit dem namenlosen Heer der unerlöst jagenden Naturdämonen und Totengeister kommt in einer Sage aus dem Kanton Aargau besonders offenkundig zum Ausdruck. Als die Frau eines Landmannes im aargauischen Auenstein ein Kind gebar, begehrte eine fremde Frau Einlass und Nachtquartier. Anfänglich hatte man sie abgewiesen. Dann aber gab der Bauer ihrem drängenden Bitten nach und nahm sie die Nacht über bei sich auf.

Als sich die Unbekannte am anderen Tag wieder auf den Weg machte, dankte sie ihrem Gastgeber, wünschte dem Neugeborenen Glück und mahnte die Hausbewohner, auf dieses Kind besonders aufzupassen. Ein Traum von einer hohen Waldtanne, den sie hier in dieser Nacht gehabt habe, deute darauf hin, dass das Kind dazu bestimmt sei, sich vor dem zwanzigsten Lebensjahr das Leben zu nehmen. Das Unheil, fügte die Fremde hinzu, lasse sich abwenden, wenn sich das Kind daran gewöhne, alles im Namen Gottes zu beginnen. Die Hausleute versäumten es nicht, den Rat der alten Frau zu befolgen. Niemals hatte man das Mädchen allein fortgehen lassen, und ohne Unglück waren neunzehn Lebensjahre vorbeigegangen. Am frühen Morgen ihres zwanzigsten Geburtstags verliessen Vater und Tochter ihr Heim. Sie wollten diesen Tag gemeinsam im

Wald verbringen, damit kein unerwünschter Besuch Anlass zur schrecklichen Tat geben konnte.

Draussen in der Natur war die Lebenslust der jungen Frau kaum zu zügeln. »Sieh den schönen Baum«, rief sie auf eine mächtige Tanne deutend, »auf diesen will ich klettern!« Bei der Tanne zögerte sie plötzlich. »Nun kann ich es nicht mehr!« Der Vater verstand diese Worte. Der Tag verlief ohne Unfall, und die junge Frau war gerettet (ROCHHOLZ I [1856] 1989: 88).

Das eigentliche Motiv dieser Sage ist nicht in der Suizidgefahr zu suchen, die mit dem Besteigen der Tanne verbunden gewesen wäre, sondern in der Sehnsucht der Seele, wieder in den Baum der Ahnen zurückzukehren.

Seltsame Verpflöckungen

Nach dem Tod kehrt die Seele in den Baum des Lebens und des Todes zurück. Die Seelen der Toten, die den Weg ins Jenseits nicht finden, irren umher und machen sich den Lebenden gegenüber bemerkbar. Sie werden beschworen und in Bäume und Balken gebannt.

In Ruswil sperrte ein Geistlicher die Seele eines Verstorbenen, die in dunklen Nächten regelmässig späten Heimkehrern auflauerte und sie belästigte, in einen Baum (LUSSI 1992: 110).

Im isländischen Haus der Sagazeit kannte man den Hochsitzpfeiler, einen geschmückten und von den Seelen der Verstorbenen bewohnten Holzbalken, der im Ahnenkult eine wichtige Rolle spielte. Auch in unserem Volksglauben finden wir archaische Relikte vorchristlicher Totenkulte. Ruhelose Wesen bewohnen fast immer bestimmte Holzbalken oder werden in diese gebannt. In einem neuen Haus in Grossdietwil ging ein Geist um, der mit dem Bauholz eines abgebrochenen Gebäudes darin Einzug gehalten hatte. Der Leutpriester sperrte die umherirrende Seele in einen Balken. Dazu bohrte er ein Loch und verschloss die Öffnung mit einem geweihten Zapfen (LÜTOLF [1862] 1976: 156).

Eine unruhige Seele wird in einen Balken gebannt

»Im Dorfe Gr. Dietwil steht ein neues Haus, in welchem ein Gespenst seinen Sitz gehabt haben sollte. Dieses sei in einem Balken, den man von einem alten Hause genommen, da hinein gekommen. In früheren Zeiten habe dieses

Im Keller der Ronmühle in Schötz ist der unruhige Geist eines Toten in einen Balken gebannt. Es wird erzählt, dass ein Besucher, der den Zapfen mit einem Messer lösen wollte, ausglitt und sich an der Hand erheblich verletzte.

Gespenst den Leuten im Hause keine Ruhe gelassen, sei zu Nacht zu verschlossnen Thüren oder Fenstern in Gestalt eines grossen schwarzen Mannes hereingekommen, um sie auf alle mögliche Weise zu quälen. Der Herr Pfarrer habe sodann den Geist exorciert und ihn in ein gebohrtes Loch in einem Balken verbannt und das Loch mit einem geweihten Zapfen zugemacht. Würde der Zapfen ausgestossen, so hätte der Geist volle Freiheit im Hause zu walten. Ursprünglich sei das Gespenst in einem Donnerwetter aus dem Elsass gekommen.«

(Lütolf [1862] 1976: 156)

Der unruhige Geist eines Toten wird in ein Loch verbannt

»In Buholz stand bis vor knapp einhundert Jahren ein Wohnhaus mit angebauter Scheune. In alter Zeit verübte ein ehemaliger Bewohner dieser Liegenschaft Selbstmord, worauf es in Haus und Stall nicht mehr geheuer war. Ein Selbstmörder musste eben als Geist noch so lange umgehen, wie er ohne seine Tat auf der Erde noch gelebt hätte. Um diesem Spuk ein Ende zu setzen, wandten sich die Leute an den Guardian eines nahe gelegenen Kapuzinerklosters. Dieser kam und bannte den Geist in einen Raum. Das Haus wurde später bis auf die Grundmauern abgebrochen und über seinen Kellergewölben eine neue, grosse Scheune errichtet, die heute noch dort steht.«

(Lussi 1989: 20)

Derartige Verpflöckungen finden sich in vielen alten Bauernhäusern. Als einer der Ersten hat der Luzerner Bauernhausforscher Ernst Brunner dieses Phänomen in der Nähe von Willisau entdeckt. In einem von Russ geschwärzten Türpfosten eines alten Wohnhauses bemerkte er einen etwa daumendicken Holzzapfen, der etwas hervorstand und keine praktische Bedeutung zu haben schien. Im Laufe seiner Forschungsarbeit entdeckte er eine ganze Reihe ähnlicher Verpflöckungen. Das Phänomen beschränkte sich nicht nur auf Türpfosten, sondern war auch an den Wänden unmittelbar daneben, an den obersten und den untersten Teilen der Türgestelle und in den Deckenbalken zu finden. Mit dem Zapfen waren manchmal auch Haare oder Stücke von Hanfstricken mit eingeklemmt (Brunner 1967: 170).

Eine derartige Verpflöckung ist in der Ronmühle in Schötz zu sehen. Sie befindet sich in einem Holzpfeiler im Keller der Mühle, die jetzt eine höchst interessante volkskundliche Sammlung beherbergt. Der Zapfen über der giebelartigen Öffnung im Balken ist abgebrochen. Es wird erzählt, ein Besucher der Ronmühle habe versucht, den Zapfen mit einem Messer zu entfernen. Dabei sei er ausgerutscht und habe sich an der Hand schwer verletzt. Am zweiten Holzpfeiler finden wir zwar keine Verpflöckungen, dafür aber eine in den Balken geschnitzte dämonenhaft wirkende Schreckmaske, die früher vielleicht den Zweck hatte, unruhige Geister abzuhalten.

Geisterpferde

Ausserhalb des Hauses gelten besonders Kreuze, Bildstöcke oder Wegbiegungen als Aufenthaltsorte jener Seelen, die ihren Frieden nicht gefunden haben und auf Erlösung hoffen. Ein Beispiel dafür ist die an der Strasse von Pfaffnau nach St. Urban stehende Kapelle Buttenried. Das kleine, eher unscheinbar wirkende Heiligtum ist 1593 erbaut worden. Nur dank den Aufzeichnungen des Roggliswiler Lehrers Jakob Muff (1896–1964), denen ich das Nachfolgende entnehme, wissen wir, dass die Kapelle von jeher in enger Beziehung zum Tod und zum Leben danach stand. Gleich mehrere der um 1930 gesammelten Geschichten handeln von unruhig wandelnden Seelen und gespenstischen Pferden, denen man bei diesem Heiligtum vor allem in den Fronfastennächten begegnete. Nördlich der Kapelle soll bis ins frühe 19. Jahrhundert ein Bauernhaus, die Stüssihütte, gestanden haben. Vom Knecht des letzten Besitzers wird

Kleiner Bildstock bei der Liegenschaft Under Rebstock in Ruswil. Nach der Überlieferung wurde er aufgestellt, weil dort ein Bauer von einem Stier erdrückt worden war.

erzählt, er sei schwermütig gewesen. In einem Akt der Verzweiflung habe er sich am Firstbalken erhängt. Später brannte das Haus nieder. Nur ein einziger Balken blieb von den Flammen verschont. Es war derjenige, an dem der unglückliche Selbstmörder gehangen hatte.

Wie die Kapelle Buttenried sind viele Wegheiligtümer dort erbaut worden, wo vorzeitiger Tod und nicht erfülltes Leben nachwirken. Es sind Orte, die man lieber meidet, denn immer wieder ist in den Überlieferungen davon die Rede, dass unliebsame Begegnungen mit den Wesen der Schattenwelt zu schwerer Krankheit oder zum Tod führten.

Dämonische Züge nehmen Erzählungen an, in denen unerlöste Seelen in Tiergestalt auftreten. Von gespenstischen Hasen und Füchsen ist da die Rede, aber auch von geisterhaften Pferden, die vor allem in der Nacht als feurige Wesen erscheinen.

Derartige Geschichten werden von vielen Orten berichtet. In den Aufzeichnungen des oben erwähnten Jakob Muff finden wir das Erlebnis eines Mannes aus Roggliswil, der in einer dunklen Nacht mit seinem Einspänner ins benachbarte Altbüron fuhr. Beim Eglermooswald begegnete er einem kopflosen feurigen Füllen, das plötzlich neben seinem eigenen Pferd herlief. Als er gegen Altbüron kam, wendete das leuchtende Ungeheuer. Mit einem Satz sprang es in den Wald zurück. Als der Mann spät in der Nacht heimfuhr, sah er nichts mehr.

Das Pferd ist das heilige Tier Wodans. Nach keltischer Überlieferung führt es den Zug der ins Jenseits ziehenden Toten an. (Kupferstich von Matthäus Merian d. Ä., 1593–1650.)

Das Riedross in Ennetmoos

»Im schnaubenden Galopp wurde dasselbe auf dem Riede in Ennetmoos zur Nachtzeit häufig gesehen. Die Leute brauchten demselben nur auszuweichen, so eilte es vorbei. Das geschah im Sommer, wie im Winter. Einer Person aber soll es sogar angehangen sein. Selbe hört hinter sich ein Pferdegetrapp, und auf einmal verspürte sie Etwas an ihren Achseln über die Schultern hangen, doch ohne es zu sehen. Sie musste es bis nach Ennerberg in Buochs tragen, woselbst angekommen sie nichts mehr gewahrte.«

(Lütolf [1862] 1976: 335)

Schnaubende und galoppierende Pferde sah man zu nächtlicher Stunde auch bei der oben erwähnten Kapelle in Buttenried. Auf der Strasse, die an diesem Heiligtum vorbeiführt, wurde verschiedentlich ein unheimliches weisses Pferd gesehen. In der Samstagnacht legte es dreimal den Weg vom oberen Ende des Weilers Buttenried bis zur Kapelle zurück. In der Einfahrt einer nahe gelegenen Scheune vollführte es einen Höllenlärm. Aus diesem Grund, erzählen die alten Leute, baute man die Kapelle.

Bis heute werden darin für die Seelen der Verstorbenen am Samstag Lichter angezündet. Als man den Brauch vernachlässigte und schliesslich ganz vergass, erschienen in der gleichen Einfahrt wieder mehrere Pferde. Um den Hals hatten sie Eisenketten, mit denen sie einen höllischen Lärm vollführten.

In der germanischen Mythologie reitet Wodan auf einem gespenstischen Ross dem Totenheer voran. Als Führer des Seelenzuges geleitet er die Verstorbenen ins Jenseits. Ursprünglicher als der reitende Totengott ist das Pferd, das in keltischen Sagen die Seelen ins Reich der Abgeschiedenen führt. Die Toten, die sich dem Geisterzug anschliessen, werden wesensgleich mit dem Tod. Sie nehmen seine Gestalt an und erscheinen als dämonische Pferde. Besonders für schuldbeladene oder gewaltsam Verstorbene – Selbstmörder und Hingerichtete zum Beispiel – galt nach der Einführung des Christentums die Erscheinung in Pferdegestalt als Strafe.

In vielen Sagen müssen grausame Burgherren als schwarze Rappen dem Teufel dienen. Dem römischen Statthalter Pilatus wird bei seiner Verbannung auf den gleichnamigen Berg bei Luzern ein Dämon in Rossgestalt beigesellt. Da verwundert es nicht, wenn dort oben auch das Wilde Heer, Drachen und verwunschene Wesen hausten. Diese archaischen Vorstellungen haben wohl dazu beigetragen, dass der Pilatus als Ort des Jenseitigen galt und sein Besteigen lange Zeit untersagt war.

Das Pferd war das heilige Tier Wodans, weshalb es den Germanen verboten war, sein Fleisch zu essen. Noch heute lässt sich eine latent vorhandene Abneigung gegen den Genuss von Pferdefleisch feststellen. Noch im 19. Jahrhundert wurde verendeten Pferden bloss die Haut abgezogen. Den Rest brachte man auf die Richtstätte, wo auch die hingerichteten Verbrecher verscharrt wurden. Die Ausgrabungen auf der Richtstätte in Emmen haben diese Sitte bestätigt. Zum Vorschein kamen nicht nur viele Skelette Hingerichteter, sondern auch Knochen und ganze Skelette von Pferden.

Die in die germanische Zeit zurückreichende Heiligkeit des Tieres zeigt sich auch in der Verwendung des Pferdeschädels im Abwehrzauber. Einzeln oder zu zweien brachte man an vielen Orten Pferdeschädel als Schutz gegen das Böse unter Dachgiebeln an, so auch in einem Weiler bei Buttisholz: »Zu Rüessligen bei Buttisholz raffte eine Seuche das Vieh so lange dahin, bis sie unter das Dachgebälk der Scheune einen natürlichen Rosskopf hingen. Er soll noch dort sein« (Lütolf [1862] 1976: 332). Der gleichen Meinung war man auch in Wolhusen, wo bis zu seinem Abbruch im Jahre 1914 im Rauchgiebel des alten Sigristenhauses ein russiger Rosschädel verborgen war. Der damalige Sigrist wollte ihn nicht entfernen lassen, da er »pestabwehrend« sei (ZIMMERMANN 1926: 33).

Exkurs
Halloween, das amerikanische Geisterfest

Seit einigen Jahren ist Halloween, das amerikanische Geisterfest, bei uns ein beliebtes Motiv für herbstliche Schaufensterdekorationen. Inzwischen scheint das Fieber auch das Volk erfasst zu haben. Vor allem die Jugendlichen in den Städten, die sich dem eigenen Brauchtum entfremdet haben, zieht Halloween in seinen Bann. Das Interesse beschränkt sich indes auf die Form: Geisterpartys, fratzenhaft verzierte Kürbisse und Friedhofromantik nach amerikanischem Vorbild.

Fast überall findet man die orangefarbigen Kürbisse, die in Amerika Pumpkins genannt werden. Als ergiebiges Herbstgemüse werden sie vor Bauernhäusern und Gärtnereien aufgestapelt und zum Verkauf angeboten. Halloween als Geisterfest ist vor allem in den Warenhäusern allgegenwärtig. Bereits im Oktober sind ganze Abteilungen mit einschlägigem Zubehör bestückt, bis hin zu getrockneten oder aus Papier hergestellten Pumpkins, auf denen Gespenster aus Krepppapier und spitzhütige Hexen nach amerikanischem Vorbild sitzen, oder gar batteriebetriebenen, Grusellieder singenden und tanzenden Skeletten. In den Auslagen der Detailhandelsgeschäfte sorgen getrocknete Kürbisse für Herbst- und Halloweenstimmung. Es gibt Kürbiskuchen, mit gespenstischen Gesichtern versehene Kürbisse aus Marzipan und Kürbissuppe als noch vor wenigen Jahren kaum bekannte Spezialität. An den Kiosken sind Bastelhefte und Sondernummern von Frauenzeitschriften erhältlich, die ausschliesslich Halloween gewidmet sind. Sie erhalten zwar kaum Informationen zur Geschichte des Geisterfestes, dafür eine Fülle von Hinweisen, wie die biedere Stube in ein grausiges Horrorkabinett verwandelt werden kann.

Halloween als Partymotto

Inmitten des Partyszenarios von Vampiren, wandelnden Toten, Hexen und Gespenstern ist der Kürbis das unübersehbare Markenzeichen nächtlicher Geisterfeste. Nach angelsächsischem Brauch finden sie in der Nacht

Halloween hat vor allem als vorfastnächtliches Partymotto Bedeutung erlangt. Die in Gärtnereien und Warenhäusern angebotenen Hexen und Schreckgestalten sollen zusammen mit ausgehöhlten Kürbissen für herbstliche Stimmung sorgen.

vom 31. Oktober auf Allerheiligen statt. Nur in dieser Nacht kehren nach altem Glauben die Geister der Toten zurück, um sich den Lebenden gegenüber bemerkbar zu machen. Dennoch finden viele Halloweenpartys vor allem am Samstag vor dem 1. November statt, denn Allerheiligen ist nur in katholischen Gegenden ein Feiertag.

Mit dem keltischen Totenfest haben diese Partys nichts gemeinsam. Die Glanzprospekte, die bereits im September in den Warenhäusern aufliegen, erinnern mit ihren farbigen Bildern von Monstern, blutenden Gestalten und wandelnden Gerippen denn auch mehr an vorfastnächtliche Maskenbälle als an ein besinnliches Gedenken an die Toten.

Das Entscheidende an Halloween, wie es heute gefeiert wird, ist nicht der Inhalt, sondern die Form. Von daher ist das Geisterfest auch keine Konkurrenz zu Allerheiligen, unserem eigenen Totengedenkfest. Halloween ist ein »Event«, der vor Beginn der Weihnachtszeit den Geschäften zusätzlichen Umsatz bringt. In der Partyszene sorgt das Geisterfest für spätherbstliche Grabromantik und gruselige Horrorstimmung. Gerade das Richtige, um die Durststrecke bis Silvester zu überbrücken.

Brauchtum nach angelsächsischem Vorbild

In den Vereinigten Staaten ist der Kürbis ein traditioneller Bestandteil von Halloween. Bereits im Oktober höhlt man im Kreis der Familie die Pumpkins aus und schneidet in die Schale Augen, Mund und Nase. Wie unsere Räbeliechtli werden sie mit Kerzen beleuchtet und als unheimlich flackernde Lichter vor die Fenster gestellt.

Das Aushöhlen der Pumpkins nimmt ziemlich viel Zeit in Anspruch. Als Ersatz für das echte Gemüse werden daher mit fratzenhaften Gesichtern versehene Kürbisse aus bemaltem Ton angeboten. In der Packung enthalten ist das zur Beleuchtung notwendige Teelicht.

In den USA ist das Brauchtum um Halloween im Oberflächlichen erstarrt. Für die Kinder ist es eine Gelegenheit, sich zu verkleiden und andere zu erschrecken. Am Abend vor Halloween ziehen sie als Gespenster verkleidet von Haus zu Haus. Wer ihnen aufmacht, dem drohen sie mit »trick or treat«, was so viel heisst wie »Streich oder Gabe«. Später am Abend beginnen die Geister- und Gruselpartys der Erwachsenen: Monsterspinnen, Vampire, blutüberströmte Köpfe, Gespenster und Hexen, Grabsteine und Särge. Der Fantasie sind bei der Auswahl des Mottos und der Dekoration keine Grenzen gesetzt. Überall sind blutrote Getränke erhältlich, obschon das Blut nicht den Tod, sondern das Leben symbolisiert. Selbst für die Daheimgebliebenen ist gesorgt. Sie trösten sich mit Horrorfilmen, die in dieser Nacht die Fernsehprogramme dominieren.

Ein keltisches Totenfest

Seine Wurzeln hat Halloween nicht im heutigen Amerika, sondern in den keltischen und germanischen Vorstellungen vom Umherirren der unruhigen Toten am Übergang vom alten zum neuen Jahr. Am 31. Oktober ging das keltische Jahr zu Ende. Es war die Zeit, in der die Toten von den Lebenden endgültig Abschied nehmen und die Reise ins Jenseits antreten mussten. In der Nacht vom 31. Oktober auf den 1. November besuchten sie ein letztes Mal die Häuser, in denen sie gewohnt oder gewirkt hatten.

Um den umherziehenden Toten den Weg zu weisen, sie zu trösten und sich mit ihnen zu versöhnen, stellte man brennende Lichter vor das Haus. Gleichzeitig hielt man damit Dämonen und unruhige Geister fern, die besonders in dieser Nacht ihr Unwesen trieben. Anders als heute stand beim keltischen Totengedenktag nicht der Schrecken im Vordergrund, sondern die Sorge um das Heil der Ahnen. Halloween war ein Fest für die Toten. Es sollte ihnen den Übergang vom Diesseits ins Jenseits erleichtern und gleichzeitig die Lebenden vor unliebsamen Begegnungen mit den Mächten der Finsternis schützen.

Jack-o-Lantern, das Kürbislicht

Verknüpft mit dem Brauch, aus Kürbissen geschnitzte Laternen aufzustellen, ist die irische Sage vom alten Jack. Der Legende nach schloss Jack als Lebender einst mit dem auf einem Baum festsitzenden Teufel einen Pakt. Der Gehörnte versprach ihm, niemals seine Seele zu fordern, wenn er ihn aus seiner misslichen Lage befreie. Jack willigte ein und half dem Teufel vom Baum. Nach seinem Tod wurde dem alten Jack der Eintritt in den Himmel verwehrt, da er sich mit dem Teufel auf einen Handel eingelassen hatte. Doch auch der Böse verschmähte seine Seele und verwehrte Jack den Eintritt in die Hölle. Damit Jacks Seele fortan nicht in völliger Finsternis wandeln musste, gab ihr der Teufel einen ausgehöhlten und mit einem Licht versehenen Kürbis mit auf den Weg. Seither irrt Jacks Seele als *Jack-o-Lantern* als flackerndes Licht ruhelos umher. Nach ihm sind die beleuchteten Kürbisse benannt.

Die Gestalt des alten Jack ist das Synonym für unerlöst wandelnde Seelen, die ihre ewige Ruhe nicht finden und deshalb zwischen dem Diesseits und dem Jenseits umherirren müssen. Jacks Auftreten ist verwandt mit den Marchversetzern in unseren Sagen. Als Strafe für ihre Vergehen müssen auch sie in dunklen Nächten als wandelnde Lichter umherirren.

Mit der Einführung des Christentums ist das keltische Totenfest durch Allerheiligen ersetzt worden. Bis heute gehalten hat sich der Brauch, in dieser Nacht Lichter anzuzünden. In der Innerschweiz ist es Sitte, um Allerheiligen flackernde Kerzen auf die Gräber zu bringen und im Haus Öllichter aufzustellen. Auch im angelsächsischen Raum konnte sich der aus vorchristlicher Zeit stammende Lichterbrauch halten. *All Hallows' Day* heisst dort Allerheiligen, *All Hallows Eve* der Abend davor. Daraus entstand das sprachlich abgekürzte *Halloween.* Mit der Besiedlung Amerikas durch Iren und Briten kam das keltische Totenfest im 19. Jahrhundert in die USA, wo es bald eigenständige Formen annahm. Von dort kehrt Halloween jetzt als Party-Gag nach Europa zurück.

Die orangeroten Kürbisse, die in Amerika Pumpkins genannt werden, spielen im Brauchtum um Halloween eine wichtige Rolle. (Foto König & König, Zürich.)

Im Gegensatz zu Halloween ist unser Totengedenkfest nicht von Betriebsamkeit geprägt, sondern von Einkehr und Besinnung. Allerheiligen ist ein christliches Fest mit heidnischen Wurzeln. Der christliche Glaube vom Reich der Toten vermischt sich mit weiter in die Zeit zurückreichenden Jenseitsvorstellungen.

In vielen Sagen ist die Rede von unruhigen »armen Seelen«. Als Strafe für ihre Vergehen müssen sie wandeln, bis ihre Schuld abgetragen ist. In dunklen Novembernächten machen sie sich bemerkbar. Mit Gebeten, guten Werken und brennenden Opferlichtern können sie von ihrer Pein erlöst werden. An vielen Orten errichtete man deswegen Kapellen und zündet darin Kerzen zum Heil der Toten an, die wie der alte Jack die ewige Ruhe nicht finden können.

Unheimliche Begegnungen mit schwarzen Hunden

Der Tod zum Hertzog.

HAbt ihr mit Frauen hoch gesprungen,
Stoltzer Hertzog, ists euch wohl g'lungen:
Das müßt ihr an dem Reyhen büssen,
Wol her, g'lust euch die Todt'n zu grüssen.

Die Hertzogin.

Ach GOtt! der armen Lauten Thon,
Muß ich mit dem Greuling darvon!
Heut Hertzogin und nimmer meh,
Ach Angst und Noth, O weh! O weh!

Totentanzdarstellungen erinnern die Lebenden daran, dass der Tod zu jeder Zeit jeden Sterblichen ereilen kann. Doch der Tod kommt nicht plötzlich, sondern er schickt seine Sendboten. (Kupferstich aus einem Totentanzzyklus des frühen 18. Jahrhunderts.)

Nach altem Glauben tritt der Tod nicht überraschend ein, sondern er schickt seine Sendboten. Dadurch bleibt dem Menschen Zeit, sich auf die bevorstehende Reise ins Jenseits vorzubereiten. Die vielen Vorzeichen werden jedoch oft nicht als solche erkannt. Erst nach einem Todesfall haben die Angehörigen das Bedürfnis nachzuforschen, ob sich der Tod nicht durch einen bisher vielleicht unbeachtet gebliebenen Vorfall angekündigt habe.

Todesvorzeichen

»Von den beiden Brautpersonen wird zuerst diejenige sterben, auf deren Seite die Kerze auf dem Altare schwächer brennt oder eher ausgelöscht wird.« (Kanton Luzern)

(LÜTOLF [1862] 1976: 548)

»Kinder, welche beim Spiele sich gerne Kreuzchen anfertigen, werden frühzeitig sterben und nicht aufwachsen. Mütter sehen daher solches nicht gerne und wollen es nicht leiden, dass das Kind sich damit abgebe.« (Amt Willisau)

(LÜTOLF [1862] 1976: 552)

Das Volk unterscheidet sehr genau zwischen den verschiedenen Arten der Vorzeichen. Das unbestimmteste ist die Vorahnung. Der Mensch wird überraschend von einem unbestimmten Gefühl umfangen, nach dem in naher Zukunft ein ihn oder seinen Lebensraum betreffendes Ereignis eintreten wird. Dieses Gefühl entwickelt sich selten zu einem konkreten Bild, sondern es äussert sich als dumpfe Ahnung. Eine gesteigerte Form ist die Vorbedeutung. Von ihr wird dann gesprochen, wenn der Mensch glaubt, aus einem ungewöhnlichen Vorfall auf zukünftige Ereignisse schliessen zu können. Während der Sinn einer Vorbedeutung nur grob vermutet werden kann, enthält das Todesvorzeichen eine klare Botschaft. Seine Bedeutung muss nicht erst erahnt werden. Oft bezieht es sich auf ganz bestimmte Menschen, auf Familienmitglieder, Freunde oder Nachbarn.

Wie man erkennt, ob man noch in diesem Jahr sterben muss

»An der alten Fastnacht um Mitternacht, wenn der Mond scheint, richte dich auf im Bette und schau ob du Schatten werfest oder nicht. Im letztern Fall wirst du in diesem gleichen Jahre noch sterben. (Lucern)«

(LÜTOLF [1862] 1976: 552)

Die Grenzen zwischen dem unvermutet eintretenden Todesvorzeichen und dem erfragten, dem Orakel, sind fliessend. Vieles geht dabei auf magische Vorstellungen und den Glauben an eine von den Geistern der Ahnen und dämonischen Tieren beseelten Natur zurück.

Ein Todesorakel

»Zeichen des nahenden Todes oder dann eines grossen Kummers sind grössere und kleine blaue Flecken, bei uns *Mosen* genannt, welche am Körper, besonders an den Armen und gegen die Handwurzel zu, zum Vorschein treten. Man heisst sie deshalb Kummermosen.«

(Lütolf [1862] 1976: 552)

Tiere als Künder des Todes

Von jeher als todkündend gilt die Maus. Sie ist das heilige Tier Apollos in seiner Eigenschaft als tötender Gott. Auch im europäischen Raum ist die Maus die Künderin des Todes. Werfen Mäuse unter der Dachtraufe Haufen auf, ist dies ein Zeichen, dass demnächst jemand aus der Familie sterben muss. Wer beim Fangen von Mäusen dreimal einem weissen Wiesel begegnet, dem ist aufgrund dieses Zeichens in absehbarer Zeit der Tod gewiss.

Eine besondere Stellung unter den Seelentieren nimmt der Haushund ein. Obschon er am Menschen hängt und im Laufe der Zeit zu seinem treuesten Begleiter geworden ist, wird er mit grosser abergläubischer Scheu betrachtet. Wegen seiner feinen Witterung und seinem ausgeprägten Spürsinn schreibt man ihm die Fähigkeit zu, kommende Ereignisse vorauszuahnen. Insbesondere wird ihm nachgesagt, einen bevorstehenden Todesfall durch sein Verhalten anzukünden. So zeigt das Heulen des Hundes den Hunger des Todes und dessen Forderung nach Sättigung an. Wenn der Hund in der Nacht den Kopf auf den Boden legt und jämmerlich heult, heisst es in Roggliswil (Kanton Luzern), ist es gewiss, dass es bald eine Leiche gibt (mündlich um 1930). Ebenso kündet der Hund den Tod an, wenn er vors Haus kommt und ohne ersichtlichen Grund klagend bellt (mündlich aus Luzern, nach 1950).

Wie der Hund künden auch Vögel den Tod eines Menschen an. Zu diesen gehören Raben, Elstern und Krähen. Es sind Seelenvögel, die auf die unmittelbar bevorstehende Reise der Seele eines Sterbenden hin-

Auf dem Pilatus, dem Hausberg der Stadt Luzern, wohnen nicht nur Drachen und Zwerge. Auch Totengeister haben dort ihren Aufenthalt. Sie nisten sich in verlassenen Alphütten ein und können von Hunden wahrgenommen werden.

weisen. Wenn Krähen tagsüber ums Haus fliegen und einen Höllenlärm vollführen, ist die letzte Stunde eines Todkranken nicht mehr fern (LUSSI 1992: 72). Nach dem Tod flattert die Seele des eben Verstorbenen als vogelähnliches, kaum wahrnehmbares Wesen im Sterbezimmer umher. Man muss deshalb das Fenster öffnen, damit sie den Raum verlassen und als Windhauch die Reise ins Jenseits antreten kann. In alten Bauernhäusern gab es zu diesem Zweck den Seelenschieber oder das Seelenfensterchen, eine kleine, normalerweise geschlossene Öffnung, durch die die Seele des soeben Verstorbenen nach draussen gelangen konnte.

Hunde sind geistersichtig

Heulende Hunde verheissen nichts Gutes, denn sie sehen in diesen Augenblicken Geister, die den Lebenden verborgen bleiben (mündlich aus Roggliswil, um 1930). Der Hund eines Bekannten hatte die Angewohnheit, unvermittelt auf einen Punkt des Zimmers zu starren, als ob er dort etwas Aussergewöhnliches wahrnehmen würde. Nach einigen Augenblicken der gespannten Ruhe begann er dann zu knurren und aufgeregt zu bellen (mündlich aus Luzern, 1992).

Hunde sind geistersichtig. (Kupferstich, Mitte 17. Jahrhundert.)

Die gleiche Erfahrung machte auch der Luzerner Stadtschreiber Renward Cysat (1545–1614), dessen Hund in einer Alphütte auf dem Pilatus von Gespenstern geplagt wurde. In der von ihm verfassten Chronik heisst es: »Das jst aber gwüss vnd jch habs gsehen vnd erfaren, das die bösen gspenst oder vngehür disen hussthieren ouch nachsetzent. Dann alls A° 1580 jch mit einer guoten gsellschaft vff Pylatjberg gereiset vmb der simplicistery vnd kurtzwyl willen vnd jn der nächsten allphütten vndenthalben vff der ströwebüne vnser nachtleger hallten müessen, da zwar der senn vns zu vermanet wie es jn disem gepirg so vngehürig vnd gespenstig wäre, hab jch einen wachtelhund by mir ghept, wölchem ettwas böses zuogesetzt, dann er die gantze nacht sich mit hülen vnd jämmerlichen gebärden von einem zuo dem andern kommen vnd sich verbergen vnd fristen wöllen. Morgens, da es tag worden, war der hund blind vnd toub, wolt jm die augen vss dem kopff kratzen, jst allso jämmerlich verdorben« (Schmid 1969: 4, 601).

Hunde sehen Gespenster

»An manchen Abenden um Mitternacht sah der Hund ein Gespenst. Er fing heftig an zu bellen und jagte dem Ungeheuer durch den Baumgarten hinab nach. Wenn der Hund sich heiser gebellt hatte und vom Gespenst nichts mehr bemerkte, kam er ganz müde heim. Am anderen Tag, oft zwei bis drei Tage lang, lag er dann wie tot da und wollte verenden. Man sagt, nicht alle Hunde könnten Geister sehen, nur jene, die einen schwarzen Rachen hätten.«

Mündlich aus Roggliswil, um 1930.

Nicht selten waren die Gespenster dem Haushund freundlich gesinnt. Auch wenn niemand etwas sah, konnte der Hund plötzlich aufstehen, freudig mit dem Schwanz wedeln und überhaupt so tun, als ob ihn jemand liebkosen würde (LÜTOLF [1862] 1976: 176).

Hunde begleiten das Heer der Toten ins Jenseits

Die dem Hund zugeschriebene Fähigkeit, die Seelen der Toten zu sehen oder ihre Anwesenheit zu spüren, macht ihn zu einem dämonischen Wesen, das am Übergang vom Diesseits ins Jenseits steht. Auch die bei einigen Völkern bekannte Bestattungsform der Leichenaussetzung lassen den leichenfressenden Hund zum Seelengeleiter und zur Personifikation des Todes werden. Nach altindischen Vorstellungen hat der Schöpfergott

Der Zauberglaube des Volkes gab regelmässig Anstoss zu Publikationen. Die bei Benziger in Einsiedeln erschienene Schrift »Talisman und Zauberwahn« trägt den Untertitel »Ein Buch vom Aberglauben Einst und Jetzt«.

In der Gegend von Grossdietwil und Altbüron treten schwarze Hunde besonders häufig auf.

Prajâpati den Tod als Fresser erschaffen, wie auch Shiva der Herr der Hunde ist. In Ägypten wird der Totengott mit dem Hund beziehungsweise dem ihm verwandten Schakal gleichgesetzt.

Bei den Griechen heisst der Höllenhund Cerberus. Die griechische Göttin Hekate, die Herrin der Welt zwischen Diesseits und Jenseits, wird wie die Sträggele in den Innerschweizer Sagen von geisterhaften Hunden begleitet. Als unbestechlicher Wächter steht der Hund an der Pforte zur Unterwelt. Bei den Germanen empfängt *Garm*, der blutbefleckte Höllenhund des *Hel*, am Unterweltfluss *Giöll* die Toten mit lautem Gebell.

Die besondere Vertrautheit des Hundes mit der Welt der Schatten macht ihn auch im europäischen Volksglauben zu einem Seelentier, das an der Schwelle zwischen Diesseits und Jenseits steht.

Das vom Türst angeführte Heer der Toten wird von einem dreibeinigen schwarzen Hund oder einer Meute kläffender Hunde begleitet. Schon Cysat berichtet vom heiseren Gebell der Hunde, die das Gefolge des Türst bilden. Der Zug der Toten, den die Hunde begleiten, ist an gewisse Strassen, Räume und Zeiten gebunden. Er folgt ganz bestimmten Wegen, die seit je den gleichen Verlauf nehmen.

In der Nähe des Wäldchens beim Hof Obergretti (oben) und auf der Grossdietwiler Allmend (unten) sind ahnungslose Wan-derer regelmässig gespenstischen Tieren, Geistern, schwarzen Hunden und dem Türst begegnet.

Der Türst jagt nur in der Nacht. Ist einer seiner Hunde erschöpft und kann in der Jagd nicht mehr mithalten, muss er bei Tagesanbruch liegen bleiben, bis es wieder dunkel wird. Auf einem Hof in Grosswangen im Kanton Luzern fanden einst die Knechte am Morgen merkwürdige Hündchen, die wie tot auf dem Miststock lagen. Einer schickte sich an, ein besonders schönes Tierchen aufzuheben und in die Scheune zu tragen. Die anderen Knechte versuchten ihn daran zu hindern, doch vergebens. Das scheinbar leblos daliegende Tierchen wurde aufgenommen und in der Scheune in eine Ecke gelegt. Als die Dämmerung hereinbrach, kam der grosse Hund des Türst, wütete und schrie: »Gim m'r mis Gragöri use, gim m'r mis Gragöri use«. Das Ungeheuer liess den Knechten keine Ruhe, bis sie es taten.

Die Hunde des Nachtjägers

»Durchweg im Kanton Lucern hat der Türst gejagt, meist mit Hunden. In Kriens war die Klausengass, jetzt abgegangen, sein Weg. Da stürzte er mit grossen und kleinen, jungen und alten Hunden vorbei. Der alte Sigrist hat ihn dikmal gehört, und fand einst bei seinem Hause ein Hündchen des Heeres, das zurückgeblieben, liegen. Er nahm's in seine Wohnung. Den folgenden Abend um selbe Zeit kam die ganze Schaar wieder und hörte nicht auf um das Haus herum zu lärmen, bis er den Andern das Gespännlein zurückgab.«

(Lütolf [1862] 1976: 460)

In Horw auf der Allmend hörte man vor bald zweihundert Jahren eine ganze Nacht den Türst fürchterlich toben. Als man am anderen Tag Nachschau hielt, waren unzählige Abdrücke von Hundepfoten zu sehen, und mitten auf dem Platz lag ein toter Hund (Lütolf [1862] 1976: 461).

Besonders häufig traten die geisterhaften Hunde des Türst auf der Allmend von Grossdietwil, bei Altbüron und in der Gegend von Fischbach auf. In diesen drei Gemeinden im äussersten Zipfel des Kantons Luzern lassen sich die Geisterwege gestützt auf urkundliche Belege, Sagen und das Wissen um verrufene Orte gut rekonstruieren. Einer dieser Wege beginnt südlich des Totenbodens. Von dort nimmt er seinen Verlauf über die Grossdietwiler Allmend und geht dann weiter in Richtung Obergretti beziehungsweise südöstlich übers St. Aperchäppeli nach Schlämpen. Auf der anderen Talseite beginnt der Weg im Müliwald. Parallel zum oben beschriebenen Geisterweg jagt der Türst über den Weiler Tschägglen (wohl abgeleitet von der im Türst mitreitenden Sträggelen) und verliert sich dann zwischen Farneren und Leimbütz. Ein wichtiges Merkmal beider Wege ist ihr Verlauf in südöstlicher Richtung. Auf diesen Geisterwegen treten die Hunde des Türst als Meute auf. Als einzelne grosse Hunde, so genannte Strassenhunde, begegnet man ihnen meist nur auf den von den Menschen angelegten Verbindungswegen zwischen den einzelnen Ortschaften, den Höfen und Weilern.

Mehrmals beobachtet wurden die schwarzen Geisterhunde südlich des Hofes Obergretti: Am 16. Dezember 1906 fuhr ein Mann von der Obergretti mit Pferd und Schlitten gegen acht Uhr abends nach Hause. Die verschneite Landschaft war in fahles Mondlicht getaucht. Nicht weit von seinem Gehöft bemerkte er, wie ein geisterhafter Hund geräuschlos über dem Boden dahinschwebte. Noch 1953, als die Geschichte aufgezeichnet wurde, konnte sich der Mann ohne weiteres an dieses Ereignis erinnern, und obschon er den Weg sehr oft beging, hatte er den Hund seither nie mehr gesehen (Marti 1953: 71).

Auch vom Türstweg auf der gegenüberliegenden Talseite wurden Geschichten von schwarzen Hunden und der Türstjagd erzählt: Zwischen Leimbütz und Fischbach, im Bifang, wurde um 1900 vier- bis fünfmal ein grosser, schwarzer Hund gesehen, wie er quer über die Strasse bis zur Tür des gegenüberliegenden Hauses lief und durch diese, ohne sie zu öffnen, verschwand. Obwohl es einmal gerade frisch geschneit hatte, konnten nie irgendwelche Spuren des Tieres festgestellt werden. (Zirka 1900)« (Marti 1953: 73).

Schwarze Hunde sind Seelentiere

»Um das Hübeli in Fischbach wob sich lange Zeit der Ruf des Geisterspukes. Im heute noch existierenden Doppelhaus wurde zeitweilig an der westlichen Stubenwand zur Seelenzeit [November], hauptsächlich während dem Betglockenläuten [Abendläuten der Kirchenglocken] ein schwarzer Hund gesehen, der weder zum Haus noch sonstwie in die Nachbarschaft gehörte. Dabei wurde der Hund nur von einigen Hausbewohnern gesehen, andere bemerkten nichts von seiner Anwesenheit. Dieser Vorfall ereignete sich jahrelang, ohne dass dagegen etwas unternommen wurde. (Zirka 1860-1870)

Ungefähr im gleiche Zeitraum sah man über die westliche Hauswand eine Frauensperson klettern, ohne dass hiezu eine Leiter oder Stiege benutzt wurde. Oben angelangt, verschwand die Person durch ein Fenster, ohne dieses zu öffnen, in ein Gadenzimmer.«

(Marti 1953: 72)

In Ruswil jagt der Türst, das Heer der unerlösten Toten, als stürmischer Wind am Westrand des Schächbeler Waldes entlang. Um ihn zu bändigen, errichtete man Holzkreuze, die bis heute regelmässig erneuert werden.

Die unsichtbaren Wege des Totenheeres

Von der Roppertschwand, einer Liegenschaft oberhalb des Schächbeler Waldes bei Ruswil, erzählt man sich, dass das Heer der Toten früher durch die Scheune jagte. Der Bauer kannte die Tage und liess dann die Tore offen. Vergass er es einmal, lagen sie am anderen Morgen in Stücke gehauen am Boden. Ein anderer Türstweg der Gemeinde Ruswil führt vom Schübelberg über das Tanwäldli zum heute verschwundenen Spitz- oder Brüschwäldli. Auch er verläuft – parallel zu jenem, der durch die Scheune des Hofes Roppertschwand führt – in südöstlicher Richtung. In der Nähe des erwähnten Spitzwäldli wollte man in früheren Zeiten zudem einen grossen, schwarzen Hund gesehen haben, der die Wilde Jagd anführte. Ihm folgte eine Meute kleiner, ebenfalls schwarzer Hunde. Auch von einem einäugigen Hund wird erzählt, der südöstlich des Wäldchens auf dem Weg nach dem Weiler Hopöschen nächtlichen Wanderern den Weg

In der Nähe dieser Kapelle, der Sankt-Nikolaus-Kapelle bei Ruswil, wurde noch in den fünfziger Jahren oft ein schwarzer Hund gesehen, der ein einziges feuriges Auge hatte.

versperrte (Lussi 1992: 65). Auf der gegenüberliegenden Strassenseite steht heute ein Eisenkreuz mit einer gemalten Tafel. Sie zeigt Christus am Kreuz und erinnert an die nächtliche Begegnung eines Bauern mit einem unheimlichen Kobold (Lussi 1992: 122).

Fast überall lassen sich die Wege des Totenheeres nachweisen. Die Wilde Jagd hörte man im Entlebuch, im Wiggertal und im Schiltwald, im Würzenbachtobel bei Luzern und auch im Meggerwald. Fast durch das ganze Gebiet der Innerschweiz finden sich Spuren des jagenden Totenheeres, das mit seinem Gebell grosser und kleiner Hunde, mit Pferdewiehern, Schnauben Stampfen, Gekreisch und sturmwindigem Heulen das Volk in Angst und Schrecken versetzte.

Der Türst kündet sich durch Hundegebell an

»Ein anderer Mann ging um Mitternacht herum von der Kreuztanne gegen die Schlempen, heim nach Reiferswil. Unversehens vernahm er Hundegebell verschiedener grosser und kleiner Hunde. Es kam von der Dietwiler Allmend her immer näher, wurde lauter, ging in das Sonnhaldenloch, oder in die Sandgrube, jagte paarmal dort herum und ging weiter, Richtung Schlempen. Der Mann begab sich nun in das Loch, nebenan bellte es immer noch zu, aber von Hunden konnte nichts gesehen werden. (Zirka 1911–1912). Dieses Gebell wurde noch öfters auch von andern Leuten wahrgenommen. Auch eine 16jährige Tochter vernahm im Herbst 1950 auf dem Heimweg von der Käserei Fischbach, im gleichen Gebiet, anfänglich ein Rauschen, als ob der Türst dahinbrausen würde. Gleichzeitig erscholl von Ferne das Hundegebell, das Rauschen kam immer näher, schwoll mächtig an und zog vorüber.«

(Marti 1953: 70)

Strassenhunde sind Personifikationen des Todes

Die geisterhaften schwarzen Hunde treten nicht nur in Rudeln auf, sondern auch als gespenstische Einzelwesen. In der Innerschweiz gibt es kaum ein Dorf, in dem ihnen nicht irgendwann einmal einer begegnet wäre. Fast immer werden sie auf Strassen liegend oder gehend gesehen. Sie sind sehr gross und haben mitten auf der Stirn ein feuriges Auge.

In Hergiswil am Napf wurde einer bei einem Gatter gesehen. Er war zuerst klein und schwoll dann zu riesiger Grösse an (Lütolf [1862] 1976: 341). Beim Feldmattchäppeli, an der Strasse zwischen Willisau und Hergiswil, will man um 1850 einen Strassenhund gesichtet haben. Um die gleiche Zeit erschien zwischen Altbüron und Grossdietwil eine grosse schwarze Bestie. Sie hatte zwei glühende Augen. Zuleide tat sie niemandem etwas. Weiter südlich, zwischen Grossdietwil und Fischbach, will man in der Gegend von Reiferswil einen Strassenhund mit nur einem feurigen Auge bemerkt haben.

Ein glasiges Auge auf der Stirn hatte der Stellgässlihund, der in Altdorf, Kanton Uri, bei Mondschein durch die Gassen schlich. Strassenhunde will man auch im Kanton Zug gesehen haben. In Sachseln, Kanton Obwalden, ging er auf zwei Beinen. Man nannte ihn den Tanzlaubenhund, weil er in der alten Tanzlaube unterhalb der Pfarrkirche sein Quartier hatte. In Escholzmatt im Entlebuch hiess der Strassenhund der »ewige Hund«. Mitten auf dem Kopf hatte er ein tellergrosses Auge. Er scheute neu angelegte Strassen und bevorzugte Wege, die seit eh und je bestanden hatten (Lütolf [1862] 1976: 342). Das Gleiche lässt sich auch von den Strassenhunden in Ruswil sagen. Noch vor fünfzig Jahren sah man auf dem alten Weg, der unterhalb der Liegenschaft Oberland nach Bergen führte, einen Strassenhund. Und auf der Wegbiegung beim ehemaligen Spitzwäldli will man ihm, wie bereits erwähnt, ebenfalls begegnet sein (Lussi 1992).

Amen Court in London. An der noch bestehenden Mauer von Newgate, dem ehemaligen Gefängnis (im Hintergrund), wurde verschiedentlich ein teuflischer Hund gesehen.

Strassenhunde haben feurige Augen

»Von der Mühle in Altbüron bis ins Dorf Grossdietwyl wurde in jüngster Zeit noch ein Strassenhund gesehen. Der hatte zwei sehr glühende Augen. Zu Leide that er Niemanden etwas. Auf der Strasse zwischen Dietwil und Fischbach bei Reiferswil will man einen mächtigen Strassenhund mit nur einem Auge bemerkt haben. Begegnende mussten rechts ab drei Schritte weichen. Seitdem dort ein Kreuz erstellt wurde, ist er verschwunden.«

(LÜTOLF [1862] 1976: 342)

Es scheint, als ob uns die verschiedenen Strassenhunde auf ein längst vergessenes uraltes Wegnetz oder imaginäre Geisterwege aufmerksam machen möchten. Dieser Umstand ist bereits der englischen Forscherin Theo Brown aufgefallen, die unabhängig von den schwarzen Hunden des Alpenraums dem Phänomen in Südengland nachgegangen ist. In ihrer Sagensammlung »Devon Ghosts« (Jarrold & Sons Ltd., Norwich 1982) befasst sie sich ausführlich mit den Strassenhunden: »Many roads, especially on Dartmoor and across North Devon, are supposed to be haunted by these dogs. Separate sightings indicate long runs following existing roads, but ancient tracks that must be prehistoric in origin were also used« (BROWN 1982: 114).

Das früheste schriftliche Zeugnis für das Erscheinen des schwarzen Hundes von Newgate ist ein im Jahr 1596 gedrucktes Buch mit dem Titel »The Blacke Dogge of Newgate both pithie and profitable for all Readers«.

In diesem Zusammenhang darf der schwarze Hund von Newgate (London) nicht unerwähnt bleiben. Newgate war das berüchtigtste Gefängnis Londons, dessen Geschichte in die Zeit der Normannen zurückreicht. 1901 wurde der Bau abgerissen, um dem Central Criminal Court (Old Bailey) Platz zu machen. Die noch bestehende Backsteinmauer des alten Gefängnisfriedhofs grenzt an Amen Court. Bei dieser Mauer wurde oft ein grosser schwarzer Hund gesehen. Das früheste schriftliche Zeugnis dafür ist ein im Jahr 1596 gedrucktes Buch mit dem Titel »The Blacke Dogge of Newgate both pithie and profitable for all Readers«. Bei dem in Amen Court auftretenden Ungeheuer soll es sich um einen ehemaligen Insassen des Gefängnisses handeln, der in alter Zeit unter merkwürdigen Umständen ums Leben gekommen war.

Auch in dieser Geschichte treffen wir auf den alten Glauben, wonach der vorzeitige Tod Unruhe stiftend wirkt. Der Geist des Häftlings, heisst es in der über vierhundertjährigen Schrift, müsse seither als schwarzer Hund unerlöst wandeln, und besonders vor Hinrichtungen sei das Tier häufig als schwarzer Schatten gesehen worden (BROOKS 1982: 73).

Eine Parallele zum schwarzen Hund von Newgate ist das Stadttier von Willisau. Nach der Überlieferung handelt es sich dabei um einen grossen schwarzen Hund mit feurigem Rachen, Halsband und weissen Pfoten. Das Ungeheuer soll der Geist eines ehemaligen Schultheissen des Städtchens Willisau sein, der den Willisauern zum Nachteil der Gemeinden Willisau Land und Hergiswil ausgedehnte Waldungen zuzuwenden wusste. Als Strafe für dieses Vergehen müsse seine Seele bis zur Erlösung als Hund erscheinen (LÜTOLF [1862] 1976: 519). Der Fluch dieses Wesens, heisst es bei Lütolf, lastet bis heute (1862) auf seinen Nachfahren.

Ein Strassenhund, der internationale Berühmtheit erlangt hat, ist der Hund der Baskervilles. Sein Auftreten hat vieles mit den Strassenhunden in unseren Sagen gemeinsam. Das Stadttier von Willisau entspricht ihm dem Wesen nach ebenso wie der schwarze Hund, den man noch vor Jahrzehnten beim Brüschwäldli beziehungsweise im ehemaligen Rüediswiler Moos gesehen hat. Die tatsächliche Geschichte des Hundes der Baskervilles zeigt zudem, dass die Vorstellungen von der Welt zwischen dem Diesseits und dem Jenseits in den verschiedenen Teilen Europas weitgehend identisch sind. Sie unterscheiden sich oftmals bloss in den Bildern, mit denen das Unerklärliche und Unfassbare beschrieben wird.

Exkurs
Der Hund der Baskervilles

Ende 1902 erschien der weltbekannte Roman »Der Hund der Baskervilles« des englischen Schriftstellers Sir Arthur Conan Doyle. Doyle erzählt die Geschichte vom plötzlichen und rätselhaften Tod des Sir Charles Baskerville von Baskerville Hall in Dartmoor, Devon. Sir Henry, ein Nachfahre des Verstorbenen und Erbe von Baskerville Hall, bittet Sherlock Holmes um Hilfe bei der Feststellung der Todesursache. Von Dr. James Mortimer erfahren Holmes und sein treuer Freund Watson Näheres zum geheimnisvollen Tod von Sir Charles. Die Leiche, sagt Mortimer, habe keine Spuren von Gewalt aufgewiesen, aber das Gesicht des Toten sei fratzenhaft verzerrt gewesen. Aufgrund dieser Tatsache habe sich das Gerücht gebildet, Sir Charles sei vor Schreck gestorben, denn auf den Baskervilles laste der Fluch eines Hundes, einer schrecklichen, geisterhaften Bestie, die im Jahre 1648 den ruchlosen Hugo Baskerville getötet habe und seither die Nachkommen des Geschlechts heimsuche und ihnen Tod und Verderben bringe. »Ich habe bis jetzt meine Nachforschungen auf diese Welt beschränkt«, meint Holmes. Dennoch nimmt er sich des Falles an.

Holmes ist vorerst zu beschäftigt, um selbst von London nach Devon fahren zu können. Er schickt Watson, der angesichts der grusligen Atmosphäre des Moors und des recht düsteren Familiensitzes zuerst etwas eingeschüchtert ist. Von Mr. Barrymore, dem Butler, wird Watson freundlich empfangen. Barrymore befindet sich jedoch auf Holmes' Liste der Verdächtigen, da er laut Testament des unter so widerwärtigen Umständen verstorbenen Sir Charles ziemlich viel Geld geerbt hat. Am nächsten Tag Tag trifft Watson Mr. Stapleton, einen Naturforscher, der mit seiner hübschen Schwester auf dem Moor lebt. Am Rand des grossen Grimpen-Sumpfes hört Watson ein langgezogenes leises Klagen. Nach Stapleton ist das der geisterhafte Hund der Baskervilles, der nach seinem Opfer heult. Der Hund ist nicht das einzige rätselhafte Wesen auf dem Moor, auch ein Sträfling hält sich dort versteckt. Erst als Watson eine weitere Gestalt identifizieren kann, kommt Holmes dem Rätsel allmählich auf die Spur.

Zwischen August 1901 und April 1902 veröffentlichte die Zeitschrift »The Strand Magazine« den Roman als Fortsetzungsgeschichte. In der Folge entstanden verschiedene Mutmassungen über die Hintergründe der Detektivgeschichte. Dabei zeigte sich, dass Doyles Novelle nicht frei erfunden ist, sondern auf Legenden und historischen Begebenheiten beruht, die der Autor verschiedenen Quellen entnommen hat. Die Idee vom schwarzen todbringenden Hund stammt vielleicht aus dem Legendenschatz des Dartmoor, obschon in den vielen Erzählungen kein Hund vorkommt, der in Art und Auftreten mit dem Hund der Baskervilles zu vergleichen wäre.

Die bereits erwähnte englische Forscherin Theo Brown, Ehrenmitglied der Theologischen Fakultät an der Universität Exeter, hat sich in ihrer Sagensammlung »Devon Ghosts« (Jarrold & Sons Ltd., Norwich 1982) ausführlich mit dem Hund der Baskervilles befasst. Ihre Nachforschungen begannen in Cromer, Norfolk, wo sich Doyle, geplagt von typhösen Fieberanfällen, im März 1901 zur Erholung aufhielt. In dieser Zeit traf er seinen alten Freund Fletcher Robinson, der ihm oft alte und merkwürdige Geschichten aus der Umgebung des Moors erzählte. Es mögen Sagen und Legenden der Moorbauern gewesen sein, darunter sicher auch solche von schwarzen geisterhaften Hunden. Möglicherweise hatte Doyle bereits früher von diesen Dingen gehört. Jedenfalls zeigte er sich interessiert, was seinen Freund wohl ermutigte, ihm weitere Geschichten zu erzählen.

Aber nicht nur in Cromer weiss man von unheimlichen Höllenhunden zu berichten. An der ganzen windumpeitschten Küste von East Anglia erzählt man sich Geschichten von geisterhaften Wesen aus der Schattenwelt. In stürmischen dunklen Nächten steigen sie aus dem Meer und irren als Dämonen umher. Die bekannteste Erscheinung ist jene eines riesigen schwarzen Hundes, der die Grösse eines Kalbes haben kann. Ein Blick in seine grossen glühenden Augen, erzählt man sich in den Dörfern entlang der Küste, bringt dem Betreffenden unweigerlich den baldigen Tod.

Da Fletcher Robinson in Ipplepen wohnte, wird er vor allem auch Geschichten aus der näheren Umgebung erwähnt haben, insbesondere jene aus dem nur wenig entfernten Buckfastleigh, wo ein gewisser Richard Capel auf dem Friedhof der Dorfkirche begraben liegt. Einige Meilen weiter, in einem der langen Täler, die tief ins Dartmoor hineinstossen, liegt Brook Manor, ein verträumtes altes Landhaus, wie wir es uns als Inbegriff eines englischen Cottage vorstellen. Noch eine Meile weiter, an der Ostseite des Tales, liegt Hawson Manor, ein neues Haus auf alten Fundamenten. Der in Buckfastleigh begrabene Richard Capel, von dem nur wenige geschichtliche Fakten bekannt sind, lebte im 17. Jahrhundert auf Brook Manor. Wahrscheinlich erneuerte er Teile des alten Sitzes, denn über dem Eingang ist die Jahreszahl 1656 eingemeisselt. Bekannt geworden ist Richard Capel nicht durch ritterliche Taten, sondern durch die Schändung der Dorfmädchen, die er – so will es die Überlieferung – nach Hawson Manor verschleppte, wo er sich an ihnen verging. Bis zu seinem unrühmlichen Ende im Jahre 1677 verbreitete er als gewalttätiger Squire Angst und Schrecken. Man erzählt sich, schreibt Theo Brown, eine Meute heulender Hunde habe den Sitz des Sterbenden umlagert. Andere wollen wissen, eine Schar verwunschener Höllenhunde habe ihn übers Moor gejagt, bis er tot umfiel.

In ganz Europa verbreitet ist der Glaube, mit Schuld beladene Menschen müssten nach ihrem Tod als ruhelose, bösartige Geister umgehen und die Lebenden belästigen, quälen oder mit in den Tod nehmen. Das erklärt, weshalb man bei unruhig Verstorbenen besondere Vorsichtsmassnahmen traf, um sie an einer Rückkehr zu hindern. Theo Brown erwähnt in ihrem Bericht, Richard Capels Überreste lägen tief in der Erde und sein Kopf sei mit einem grossen Stein beschwert. Ein massiver Altar verschliesst noch heute die Gruft. Capels sterbliche Überreste befinden sich in einem düsteren, kapellenartigen Raum, der auf die Besucher unheimlich und bedrohlich wirkt. Durch eine vergitterte Öffnung kann man ins dunkle Innere sehen. Die Vergitterung, die hier besonders massiv erscheint, geht wohl auf den alten Glauben zurück, Wiedergänger und Nachzehrer, die man auf dem Balkan Strigoi oder Vampire nennt, könnten durch Eisen gebannt werden. Auf der gegenüberliegenden Seite des Grabmals verschliesst eine wuchtige Türe aus Eichenholz die Gruft. Das massive Schloss dient den Dorfkindern als Mutprobe. Sie stecken einen Finger ins Schlüsselloch, in der gespannten Erwartung, ob Richard Capel hineinbeissen würde. Im Dorf selbst wird erzählt, Anfang Juli jage der Unhold als kopflose Gestalt talaufwärts Brook Manor zu; auf seinem wilden Ritt werde er von einer Meute kläffender Hunde begleitet.

Und so könnte der Roman »Der Hund der Baskervilles« entstanden sei: Doyle hörte bei seinem Aufenthalt in Cromer von den schwarzen Hunden, die im Ort und in der Umgebung ihr Unwesen treiben. Von Fletcher Robinson erfuhr er von Capel und seinem schrecklichen Ende. Letztlich bleibt nur noch die Frage nach der Herkunft des aristokratisch tönenden Namens der Baskervilles. Diesen übernahm Doyle wohl von seinem Kutscher Harry Baskerville, der den Schriftsteller während seines Aufenthalts in Cromer ins Dartmoor begleitete. Was man allerdings lange nicht wusste, ist die Tatsache, dass dieser Kutscher ein Nachfahre der normannischen Familie der Baskervilles ist, in deren Familiengeschichte schwarze Hunde eine grosse Rolle spielen. Die Urahnen des Geschlechts stammen von Basqueville in der Normandie. Mit Wilhelm dem Eroberer kam die Sippe um das Jahr 1066 nach England, wo sie sich in Herefordshire niederliess und das Eardisley Castle baute. Der Tod des Sippenoberhaupts der Baskervilles, heisst es in der Familiensaga, werde jeweils durch das Bellen eines nicht näher bezeichneten geheimnisvollen Hundes angezeigt. All das mag Doyle von seinem treuen Kutscher erfahren und den Dichter zum Schreiben des Romans angeregt haben.

Die Geschichte von Richard Capel, der mit einer Meute kläffender Hunde in gewissen Nächten durch verlassene Täler jagt, erinnert beklemmend an das Wilde Heer, das in der Innerschweiz vom Türst angeführt wird. An anderen Orten ist es Dietrich von Bern, der dem Wilden Heer vorausreitet und die Toten ins Jenseits führt. Diese Variante hat ihren Ursprung vielleicht in der im 13. Jahrhundert entstanden »Thidreks Saga«. Sie berichtet, dass Dietrich von Bern auf einem schwarzen Ross in die Hölle entführt wurde.

Geschichten von schwarzen Hunden gibt es auch südlich der Alpen. In Rom sollen bei der Kirche San Giovanni Decollato und beim Bocca della Verità schwarze Hunde ihr Unwesen treiben. Besonders häufig treten die schwarzen Hunde auch in Irland auf. Im Distrikt Tyrone (Nordirland) soll einer gar im Gästezimmer eines Cottage seinen Aufenthalt haben. Mehrere Gäste, die in diesem Raum die Nacht verbrachten, wollen ihn gesehen haben. Das Strassentier von Rathfarnham, das auf der Strasse zwischen Rathfarnham Castle und einer nicht weit davon entfernten Brücke auftritt, soll der Geist eines treuen Hundes sein, der seinen Herrn vor dem Ertrinken rettete. Diesem Hund ist 1841 sogar ein Denkmal errichtet worden, das aber, wie so manches geschichtliche Zeugnis, wieder abgeräumt worden ist (TOWNSHEND und FFOULKES 1994: 233).

Der schwarze Hund von Ballechin House, Perthshire

»Shortly before his death, Major Stewart, the then owner of the property, a great dog-lover, insisted that he would return to Ballechin in the body of his favourite black spaniel. Evidently his heirs did not wish to renew his acquaintance in ›doggy‹ form, so the spaniel, and fourteen other dogs, were shot immediately after the Major's funeral.

The ›removal‹ of the dogs resulted in their ghosts invading Ballechin, especially the library, where Major Stewart's niece felt herself pushed aside by them, and a visitor saw a black spaniel run across the room, greeted with evident pleasure by his own dog. Sounds of dog's feet, and the noise of tail ›wagging‹ on doors and woodwork were common occurences; real dogs would often be seen watching the movements of other dogs invisible to humans.«

Die Geschichte von Major Stewarts Hunden, die seit 1876 in Ballechin House herumgeistern, wurde in ganz England bekannt, nachdem die englische Zeitung »The Times« 1897 darüber berichtet hatte. 1936 erschien sie als erweiterte Fassung bei Hutchinson & Company (Marchioness Townshend und Maude Ffoulkes: True Ghost Stories. London 1936). Unser Auszug entstammt dem Reprint von 1994.

(TOWNSHEND und FFOULKES 1994: 232)

Mittwinterliche Masken-bräuche

Am 6. Januar ziehen in vielen Gemeinden die Heiligen Drei Könige von Haus zu Haus und lassen mit ihrem Besuch, den Liedern und dem Weihrauch die festliche Stimmung des Heiligen Abends noch einmal wach werden. Bevor sie weiterziehen, schreibt einer der drei mit weisser Kreide C+M+B+, die Anfangsbuchstaben der Namen Caspar, Melchior und Balthasar, auf den oberen Türbalken. An manchen Orten bleibt das Anbringen der Segensformel, die, um wirksam zu sein, jährlich erneuert werden muss, den Hausbewohnern überlassen.

In diesen Initialien verbirgt sich die Segensformel »Christus Mansionem benedicat«, »Christus segne dieses Haus«. An manchen Orten wird zu den Buchstaben C+M+B+ die Jahreszahl, links und rechts zu je zwei Ziffern, dazugeschrieben. Die drei Kreuze, welche die einzelnen Ziffern voneinander trennen, stehen für den Segen der Heiligen Dreifaltigkeit. An manchen Orten haben die Sternsinger das Amt der Heiligen Drei Könige übernommen.

Geweihtes Wasser schützt vor Hexen und Gespenstern

In katholischen Gegenden weiht die Kirche am Vorabend von Christi Erscheinung das Dreikönigswasser, das eine »wunderliche Crafft und Würckungh hat und erzeiget so woll nit allein bey den Mönschen, sonder auch bey dem unvernünftigen lieben Viech, wann es erkrankhet, durch Häxenwärk, Gespänstern, Ungewütter, für das Unzyffer in den Gärten, Matten, Fällderen und Heusseren und Scheunen« (Henggeler 1955: 112). Kaum noch bekannt ist der Brauch, Salz und Kreide segnen zu lassen. Wie Brot und Dreikönigswasser gelten beide als äusserst wirksame Schutzmittel, gegen Hexen und Gespenster. Besonders fürchteten die Hexen das Salz, weshalb man es dem Vieh vor der Alpfahrt und kranken Tieren als Mittel gegen Behexung verabreicht (Scheuber 1960: 405). Dementsprechend werden auf dem Hexensabbat die Speisen immer ohne Brot und Salz gereicht.

Wo die Sternsinger oder die Heiligen Drei Könige nicht zu Gast waren, nahm ein Familienmitglied selbst die Segnung des Hauses vor. Dazu ging man betend und Weihwasser sprengend durch die Räume und brachte mit der geweihten Kreide in den Stuben und Kammern die Segensformel an.

Auf dem Hexensabbat werden die Speisen ohne Brot und Salz gereicht

Im Jahre 1637 bekennt die in Sempach gebürtige Hexe Adelheid Wyss, »das sy zum alten schlos uf der burg zuo Wolhusen etliche mal griten, vil ihren unbekanten wybern daselbst 3 mal gefunden, auch nach verrichtung villen ihren zugemuothen sachen daselbst geesen, trunckhen, doch ohne brot und salz und danzet, auch den muotwillen mit dem bösen geist verbracht.«

Staatsarchiv des Kantons Luzern: Luzerner Turmbücher Band 20, S. 135 b.
(nach SCHACHER 1947: 18)

Zahlreiche Bräuche und Glaubensvorstellungen aus vorchristlicher Zeit haben dem Dreikönigsbrauchtum den Boden bereitet, auf dem sich die christlichen Traditionen entwickelten. Die Tage zwischen dem Heiligen Abend und dem Dreikönigstag, die *Rauhnächte* oder *Zwölften*, gelten an vielen Orten als Spukzeit. Die Dreikönigsnacht ist die letzte und zugleich die gefährlichste dieser Nächte. Die Segnung des Hauses am letzten Abend der Zwölften geht zurück auf den Glauben an den ewigen Kampf zwischen Gut und Böse. Mit besonderen Vorkehrungen schützt sich das Volk gegen die Bedrohungen aus der Welt der Dämonen und Abgeschiedenen: Das am Vorabend gesegnete Haus untersteht der Allmacht Gottes; mit Lärm vertreibt man die bösen Mächte der Finsternis.

Zwischen Weihnacht und Dreikönige finden zahlreiche Heische- und Lärmbräuche statt, die ursprünglich den Zweck hatten, Geister zu verjagen und Fruchtbarkeit zu wecken.

Im Kanton Schwyz steht der Dreikönigstag noch heute ganz im Zeichen der traditionellen *Greiflen*. In vielen Gemeinden des inneren Kantonsteils ziehen bis zu hundert oder mehr *Geislechlepfer* und *Trychler* in weissen Hirtenhemden und schwarzer Zipfelmütze durch die Dörfer. Angeführt wird der Zug von einem *Greifler*, der ein mit farbigen Bändern verziertes Tannenbäumchen trägt. Es ist ein Hinweis auf den alten Glauben, wonach Hexen, Feen und allerlei Naturgeister in Tannenwipfeln hausen. In Brunnen gingen früher am Dreikönigsabend und in der darauf folgenden Nacht zuerst die Buben, danach die Männer mit Geiseln, Blashörnern, Rätschen und Treicheln auf die Strasse. Unter Lärmen und Schreien, bei Fackel- und Laternenlicht formte sich bald ein Umzug. Das fastnächtliche Tun galt den beiden Waldfrauen *Strudeli* und *Strätteli*, die im Wasiwald oberhalb der Axenstrasse hausten (LÜTOLF [1862] 1976: 37). In den beiden Namen erkennt man unschwer die Begriffe Trud, Trude und Sträggele. Beides sind alte Wörter für Zauberin, Unholdin oder Hexe; *Strudeln* nannte man im bernischen Lauterbrunnental die Hexen.

Mit dem Strätteli oder der Sträggele verwandt ist die *Häggele* des Kantons Luzern. Sie ist die Herrscherin der Haggennasen-Nacht (30./31. Dezember). In dieser Nacht zogen früher die Burschen des Dorfes mit einem *Rossgrend* (einem hölzernen, von innen beleuchteten Pferdekopf mit beweglichem Unterkiefer) von Haus zu Haus. Mit Glocken und Peitschen vollführten sie einen Höllenlärm (HOFFMANN-KRAYER 1940: 80). Er galt den jagenden Geistern der Toten, die einem dämonischen Pferd ins Jenseits folgten.

Die Namen von Hexentieren und Dämonen sind Schimpfwörter für Frauen

In der Umgangssprache nehmen viele Schimpfwörter unterschwellig Bezug auf das scheinbar Hexenhafte und Dämonische der Frauen. Ein bekanntes Hexentier und gleichzeitig abschätzige Bezeichnung für eine hochnäsige Frau ist *Schnepfe*. Zauberinnen verwandeln sich in Schnepfen; das Geschrei der Vögel deutete man als das Gekreisch fliegender Hexen. Auch die Hühner (*dummes Huhn*) sind dämonische Tiere, und jene, die mit den Flügeln schlagen, gelten als besonders gefährlich. Man nennt sie *Wetterhexen* und muss sie abtun, damit über Haus und Hof kein Unglück hereinbricht. Mit *Hoogge* bezeichnet man hinter vorgehaltener Hand ein hässliches, boshaftes Mädchen. Das Wort hat nichts mit einem Haken zu tun, sondern es bezieht sich auf die *Häggele*, die ein mit dem *Schrätteli* oder der *Sträggele* verwandtes weibliches Nachtgespenst des Luzerner Hinterlandes ist.

Diese Bräuche stehen dem *Posterli-* und *Sträggelejagen* des Entlebuchs nahe. Posterli bedeutet Maske. Die Figur symbolisierte einen Winterdämon, den es zu vertreiben galt. In der Entlebucher Gemeinde Romoos fiel dieser Brauch auf den Donnerstag der vorletzten Woche vor Weihnachten, und damit in die Fronfastenzeit. Das Schreckgespenst bestand meistens aus einem fratzenhaften Menschengesicht, das aus einer ausgehöhlten Rübe geschnitzt wurde. Eine hineingestellte Kerze liess das Posterli in der Nacht weithin leuchten. Das Ganze befestigte man an einer Stange. Unter grossem Lärmen bildete sich darauf ein Zug, der das Posterli aus der Gemeinde jagte. Bei der Widigbrücke ging die Gestalt in Flammen auf. Was übrig blieb, warf man in die Schlucht. Nachdem das Treiben verschiedene Male ausartete, verschwand das Jagen gegen Ende des letzten Jahrhunderts.

Lange Nasen aus Eisen sind das Kennzeichen der Percht. Bereits 1393 entstand in Tirol das Gedicht »Von Berhten mit der langen nas«. An manchen Orten werden Nachbildungen der Percht hergestellt und an Touristen verkauft.

Posterlijagd im Entlebuch

»Am Donnerstag vor der Fronfasten im Advent pflegte ehemals im Entlebuch die Posterlijagd aufgeführt zu werden. Unter grässlichem Tumult mit allerlei knallenden und schallenden Instrumenten zogen die Junggesellen verabredeter Weise in eine benachbarte Gemeinde. Wer vor das Dorf hinaus entgegen gehen und horchen wollte, verhüllte das Gesicht. Einer aus dem Zuge spielte das Posterli, als alte Hexe, als Ziege oder als Esel verkleidet. Manchmal stellte bloss eine Fratze aus Stroh und Lumpen gefertigt das Gespenst vor, das man dann in einem Winkel des Ortes zurück liess. Ein fröhlicher Trunk endete die Geschichte.«

(Lütolf [1862] 1976: 36)

Als Fron- oder Quatemberfasten werden die viermal im Jahr einzuhaltenden Fastenzeiten bezeichnet. Sie beginnen jeweils am Mittwoch nach Aschermittwoch, nach Pfingsten, nach dem Fest Kreuzerhöhung (14. September) und nach dem Festtag der heiligen Luzia (13. Dezember). In der Fron- oder Quatemberwoche, die nach diesen kirchlichen Gedenktagen folgt, sind jedoch bloss Mittwoch, Freitag und Samstag Fastentage. In den Fronfasten Geborene gelten als geistersichtig.

Die mittwinterlichen Lärm- und Maskenbräuche haben mit dem in Deutschland bekannten Perchtenlaufen manches gemeinsam. Die *Perchten,* sagenhafte Gestalten weiblichen Geschlechts, entstammen einer Dämonenschar, vergleichbar dem Wilden Heer, womit das Seelenheer der Toten, das Nachtvolk gemeint ist. In den Maskenbräuchen um Neujahr und Dreikönige verkleiden sich die Burschen des Dorfes als Perchten, um die wirklichen Dämonen zu vertreiben. Und wie die Seelen der Verstorbenen werden auch die Masken in hübsche und hässliche, in gute und böse unterteilt.

Zu den Perchten sind der *Hübsch-Gäuggel* und der *Wüescht-Gäuggel* zu rechnen, die im luzernischen Grossdietwil um Neujahr mit Tanzen und Heischen ihr Wesen trieben. Beide hatten rote und grüne, der Wüescht-Gäuggel auch schwarze Zotteln am Kleid. Die Gestalten, die sich wie die Perchten in schöne und hässliche unterteilten, hatten Schellen und Peitschen als Lärminstrumente. Dazu trugen sie teufelsähnliche Holzmasken (HOFFMANN-KRAYER 1940: 82). In anderen Gemeinden des Luzerner Hinterlands kannte man den *Glungel,* eine vermummte Gestalt mit Stierkopfmaske und Peitsche, die den Dreikönigsumzug begleitete. Dem Glungel wurde das *Bauri,* eine hässliche, zerlumpte Weibsgestalt zugesellt (HOFFMANN-KRAYER 1940: 82). Im Freiamt hiess das gespenstische Wesen der Neujahrsnacht *Isengrind.* Wie unsere Sträggele raubte und verschleppte es unfolgsame Kinder. In der gleichen Nacht fanden auch hier Lärm-, Heische- und Rügeumzüge schwarz berusster Burschen statt, die mit Schellen und Klappern einen Höllenlärm vollführten.

Die Nacht auf Dreikönige wird schon um das Jahr 1000 als *perahtûn naht,* die leuchtende Nacht beschrieben. Das Wort geht zurück auf das althochdeutsche *perahta,* leuchtend. Daraus entwickelte sich die Perchtennacht, das heisst die Nacht der Frau Percht. Auch nach der Einführung des Christentums hat die »Göttin Perchta« ihren Platz im Volksglauben noch lange beibehalten. In einem Gedicht von Hans Vintler aus dem Jahre 1411 heisst es: »und etleich gelauben an die Fraun die da haisset Percht mit der eisnen nas«.

Aus dem Tirol stammt das um 1393 entstandene Gedicht »Von Berhten mit der langen nas«, in dem der Vater sein Kind mit der Gestalt der Percht erschreckt (REUPOLD 1979: 22). Die in diesem und anderen Gedichten zu findenden Hinweise auf die lange, eiserne Nase der Percht bringen die Isengrind-Nacht im Freiamt und die Haggennasen-Nacht des Kantons Luzern in Verbindung mit dem im bayerisch-österreichischen Alpenraum heute noch üblichen Perchtenlaufen. Und die Percht

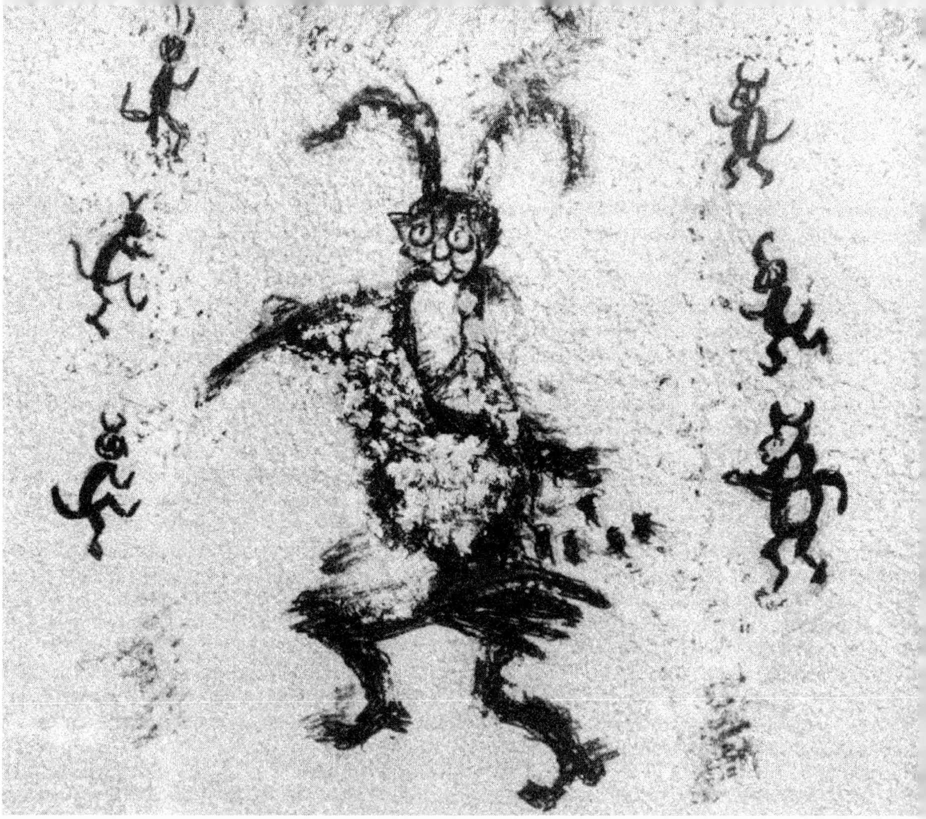

In der so genannten »Haberkirche« bei Griesbach im Rottal, einer natürlichen Felsbildung aus dem Endtertiär, befindet sich die tanzende »Habergoass«. Mit den sie umgebenden Gestalten ist sie eine besonders interessante Darstellung eines eiszeitlichen Maskenrundtanzes. Rekonstruktionszeichnung nach Reupold 1979.

als Schreckgestalt für unfolgsame Kinder deutet darauf hin, dass auch die Sträggele auf sie zurückgeht. Das Sträggelejagen wäre demzufolge eine Variante des Perchtenlaufens.

Das Häggele

»Ein weibliches Gespenst im Freienamte und Luzernerlande hat unter diesem Namen seine eigene Spuknacht, die Häggelennacht. Hagsch, ein Schimpfwort, bezeichnet ein verschmitztes Weib; Hagamsle nennt man ironisch eine Frau, bei deren Beschaffenheit etwas vom Teufelsvogel mit durchblickt.«

(Rochholz II [1856] 1989: 209)

Die Percht ist unter ihrem angestammten Namen in der Schweiz nicht mehr bekannt. Das bedeutet aber nicht, dass sie bei uns völlig fremd gewesen wäre. Wir kennen den Berchtoldstag, benannt nach dem heiligen Berchtold, den es in Wahrheit aber gar nicht gibt. Viel bekannter als das hochdeutsche »Berchtoldstag« für den 2. Januar sind die Mundartbegriffe *Bärzelis-* oder *Berchtelistag*. Berchteli ist abgeleitet von *berchteln*, das schmausend, heischend und verkleidet umherziehen bedeutet. Das Wort bezeichnet die mittwinterlichen Maskenbräuche, von denen besonders viele auf die Zeit um Neujahr und Dreikönige fallen (HOFFMANN-KRAYER 1940: 104).

Bärzelijagd

Noch um 1920 jagten in vielen Dörfern des Seetals in der Zeit um Neujahr die *Bärzeli*. Im Seetaler Dorf Hallwil, wo der im Eingehen begriffene Brauch 1949 neu belebt wurde, teilen sich die Bärzeli (Perchten) in Grüne und Dürre. Zu den Grünen zählen der weiss gekleidete *Herr* und die ebenfalls in Weiss erscheinenden *Jumpfere* (Jungfrau), dann der *Speelchärtler*, der mit rund siebenhundert französischen Spielkarten behangen ist, der in Tannengrün gekleidete *Tannreesig* und natürlich der stachelige *Stächpalmig*. Diese Figuren versinnbildlichen die Reinheit, die Tugend und das immerwährende Leben der Natur, das im Frühling zu neuem Leben erwacht.

Verwandt mit den Perchten sind die Appenzeller Silvesterchläuse, die am alten Neujahr von Hof zu Hof ziehen, um mit ihrem Zäuerlen, einer urtümlichen Abart des Naturjodels, die bösen Geister zu vertreiben und die guten anzulocken. (»Am alte Silveschter z'Urnäsch«, CD 91662, CSR Records, Zürich.)

Mittwinterliche Maskengestalten sind die »Bärzeli« von Hallwil, die am 2. Januar mit ohrenbetäubendem Lärmen in Erscheinung treten. Die Grünen, zu denen der »Stächpalmig« gehört, versinnbildlichen den Frühling, die Dürren den Winter. (Zeichnung des bekannten Künstlers und Grafikers Ludwig Suter, Beromünster.)

Im Gegensatz dazu stehen die Dürren, die symbolisch Laster, Hässlichkeit, Bosheit und die Unfruchtbarkeit des Winters darstellen (SUTER 1987). Als Lärminstrumente dienen Rätschen, die man in Hallwil *Räre* nennt. Wenn mit wachsender Ungeduld die Jungmannschaft am frühen Nachmittag des 2. Januar das Erscheinen der Bärzeli erwartet, ertönt plötzlich der Ruf: »Chömed cho luege, d'Bärzelibuebe!« Und wie aus dem Nichts tauchen die Gestalten auf: Wilden Hornissen gleich schwärmen die Bärzeli aus dem Gemeindehaus, stürzen sich auf die Zuschauermenge, locken mit ohrenbetäubendem Rären kreuz und quer durchs Dorf die Bevölkerung auf die Strasse oder zumindest ans Fenster (Suter 1987: 36). Die Bärzeli sind mit den schönen und schiechen Perchten im deutschen und österreichischen Alpenraum zu vergleichen. Auch sie treten um die Mittwinterzeit auf, um durch das wilde Treiben die Wintergeister zu verjagen und Fruchtbarkeit zu wecken.

Ein Sankt-Berchten- oder -Perchtentag ist in der Schweiz seit dem 14. Jahrhundert als Tag der ausgelassenen Festfreude bekannt. Für den Perchten- und den Dreikönigstag waren bestimmte Mahlzeiten vorgeschrieben. Traditionell gehörte besonders das rituelle Lebkuchen-und-Nidle-Essen dazu, bei dem auch die Schutzmächte des Hauses ihren Teil als Opfergabe erhielten. Frühe Kunde von diesem Brauch erhalten wir durch eine Notiz im 1567 erschienenen Weltbuch des Sebastian Frank: Am Tag der Heiligen Drei Könige backt der Hausvater einen Lebkuchen und knetet eine Münze in den Teig. Vom Gebäck erhalten die Familienmitglieder und das Hausgesinde ein Stück, ebenso Christus, Maria und die Heiligen Drei Könige. Wer in seinem Teil das Geldstück findet, wird zum König ausgerufen und dreimal mit Jubel in die Höhe gehoben. Jedesmal macht der Betreffende mit Kreide ein Kreuz an die Stubendecke. Das soll Unglück und Gespenster fernhalten. Die Sitte, vermerkt der Autor in seinem Weltbuch, werde überall gut beachtet.

Ein ähnlicher Brauch ist im luzernischen Ruswil nachgewiesen. Zwischen Weihnacht und Lichtmess luden sich die Nachbarn gegenseitig zu einer *Nidlespieleten* ein, bei der man im alten, durch das Jassen verdrängten Kaiserspiel um die *Nidel* kämpfte. Danach setzte man sich gemeinsam um den weiss gedeckten Tisch, und die Hausfrau trug die geschwungene *Nidel* auf. Während des Essens schleuderten die Gäste nach alter Sitte etwas davon an die hölzerne Stubendecke. Danach reichten die Gastgeber ein Gläschen Kirsch und den üblichen Lebkuchen, bevor sich die Gesellschaft im Tanz auflöste (Erni 1878: 43 f.).

Keinesfalls durfte mit diesem Brauch Unsinn getrieben werden. In einer Urner Sage bewarf sich die Abendgesellschaft gegenseitig mit *Nidel* und schleuderte, wie es Brauch war, einen *Schläck* nach dem andern an die Oberdiele und an die Wände. Der Frechste unter ihnen bewarf sogar das Bild des Gekreuzigten. Da entstand ein fürchterliches Gerumpel. Das Vieh rasselte mit den Ketten und brüllte unheimlich. Alles lief hinaus, um Nachschau zu halten, nur der Spötter blieb zurück. Als die andern zurückkamen, sahen sie mit Schrecken, wie ihn ein Gespenst auf dem Hausdach schindete.

Zu einer »Nidlete« gehört der echte Luzerner Lebkuchen

Im Gegensatz zu den Nürnberger Lebkuchen, die sogar ins Ausland exportiert werden, ist der Luzerner Lebkuchen kaum über die Grenzen der Innerschweiz hinaus bekannt. Er ist eine regionale Spezialität, die im Herbst und vor allem in der Mittwinterzeit auf zwei verschiedene Arten hergestellt wird. Der dunkle, fast schwarze Lebkuchen hat die Form eines runden Brotes. Man isst ihn mit geschwungener *Nidel* (Schlagsahne) und trinkt dazu Milchkaffee. Aus hellem Teig stellt man Lebkuchenkläuse her, ursprünglich Opferbrote, die in den Rauhnächten, also in der Zeit um die Wintersonnenwende, geopfert wurden. Sie waren als Abbild des Wintergottes Wodan geformt und leben heute noch fort in den Grittibänzen und Grättimannen, die aus Hefeteig hergestellt werden. Mit der Einführung des Christentums wurden diese Kultgebäcke ihres heidnischen Charakters entkleidet; an die Stelle des bärtigen Wintergottes trat nun der heilige Bischof Nikolaus.

Die ältesten Lebkuchenrezepte finden sich in den Aufzeichnungen des Luzerner Stadtschreibers und Apothekers Renward Cysat (1545–1614). Seine Rezepturen unterscheiden sich kaum von den heute gebräuchlichen. Lediglich der echte Honig wird im bäuerlichen Haushalt vielfach durch Birnenhonig (eingedickter Birnensaft) ersetzt, was dem Lebkuchen eine dunklere Farbe gibt. Für die Herstellung werden folgende Zutaten benötigt:

1 Tasse Rahm (halbsteif schlagen), 3 Esslöffel Birnenhonig, 1 Tasse Zucker, etwas abgeriebene Zitronenschale, 1 gehäufter Esslöffel Lebkuchengewürz, 1 gehäufter Kaffeelöffel Natron (in lauwarmer Milch auflösen und beifügen). Die Zutaten mit 400 bis 500 Gramm Mehl vermengen und nach Bedarf lauwarme Milch zugeben, bis der Teig noch dicklich von der Holzkelle läuft. 60 bis 70 Minuten bei 180 Grad backen. Mit Schlagrahm und einem Gläschen Kirschwasser auftragen.

Diese Bräuche gehören der Vergangenheit an. An die Stelle des Lebkuchens und des *Nidlespiels* ist in neuerer Zeit der vor allem bei Kindern beliebte Dreikönigskuchen getreten. Wer das Figürchen aus Hartplastik in seinem Stück findet, wird zwar nicht mehr in die Höhe gehoben, erhält aber als »König« die goldene Krone aus Halbkarton und ist an diesem Tag von den Hausarbeiten befreit.

Das Fastnachtstreiben

Im Zusammenhang mit den zumeist weiblichen Perchten, den Lärmbräuchen, dem Schmausen und Heischen ist die Fastnacht zu sehen, die in katholischen Gegenden in der Regel am 7. Januar (dem Tag nach Dreikönige) beginnt und am Dienstag vor Aschermittwoch endet.

Die 1998 gegründete Brauchtumsgruppe »Buchser Tuffloch-Sträggele« hat sich zum Ziel gesetzt, das alte Brauchtum der Mittwinterzeit wieder zu beleben. Die Sträggelen treten ausschliesslich an der Fastnacht auf. (Foto: Bruno Marti, Zofingen.)

Am Aschermittwoch beginnt die Fastenzeit. Daher kann der Begriff Fastnacht auch als die Nacht vor den Fasten gedeutet werden. Diese Annahme wird erhärtet durch Bezeichnungen der Fastnacht in anderen Sprachen. Das italienische Carnevale ist abgeleitet von *carnelevamen*, was mit »Abtragen des Fleisches« übersetzt werden kann (HOFFMANN-KRAYER 1940: 111).

Die Fastnacht ist nicht an den weltlichen Kalender gebunden, sondern richtet sich nach dem Ostertermin. Auf der Synode von Nicäa im Jahre 325 wurde Ostern auf den Sonntag nach dem ersten Frühlingsvollmond festgelegt. Den Frühlingsanfang setzte man verbindlich auf den 21. März fest. Somit kommen für den Ostersonntag die Tage vom 22. März bis und mit 25. April in Betracht. Zieht man vom Ostertermin die Fastenzeit ab, lassen sich Anfang und Ende der Fastnacht berechnen.

Durch die kalendarische Begrenzung des Ostertermins und die Länge der Fastenzeit fällt die Fastnacht fast immer in den Monat Februar. Das wilde Treiben steht deshalb in enger Beziehung zum Monat Februar, der in einigen Teilen Deutschlands *Weibermonat* oder *Altweibermonat* genannt wird. Besonders die Bezeichnung Altweibermonat deutet darauf hin, dass in diesem Monat mit Blick auf den kommenden Frühling die Heiratslust der *Jumpferen* (Jungfrauen) und die Fruchtbarkeit geweckt werden soll. Dies ist wiederum im Zusammenhang mit der Fruchtbarkeit des beginnenden Frühlings zu sehen: Im Februar beginnt das Liebesleben in der Natur neu zu erwachen – es drückt sich in der Tierwelt in der Balz und beim Menschen im Tanzen und tollen Treiben während der Fastnacht aus. Auch dort, wo der Name *Weibermonat* nicht mehr gebräuchlich ist, zeichnet sich der Februar durch allerlei Brauchtum aus, das den Frauen besondere Freiheiten und allerlei Vorrechte gibt. Die im Frühling erwachenden Triebe verführen die Männer zu allerlei närrischem Tun. An einigen Tagen in diesem Monat geniessen die Frauen bestimmte Vorrechte oder es wird ihnen besondere Aufmerksamkeit zuteil. Der Donnerstag vor der Fastnacht heisst an manchen Orten »Weiberdonnerstag« oder »Weiberfastnacht«; der Montag vor der Fastnacht »Weibermontag«.

Valentinstag

In neuerer Zeit haben sich die Zuwendungen, derer sich die Frauen im Februar besonders erfreuen, auf den Valentinstag (14. Februar) konzentriert. Die Sitte, die Frauen und Mädchen an diesem Tag mit Blumen und anderen Dingen zu beschenken, ist aus dem Norden zu uns gekommen. In England, Belgien und Nordfrankreich wird der Valentinstag schon seit je als Tag der Jugend und der Liebe begangen. Am Valentinstag sollen sich nach altem Glauben die Vögel paaren (MANNHARDT I 1904/1905: 495). Das ist auch für die Menschen ein Grund, den Liebhaber oder die Geliebte zu umwerben. In England treiben die Verliebten allerlei Neckereien, überhäufen sich gegenseitig mit Liebeserklärungen und machen sich kleine Geschenke. In Norfolk ist es Sitte, dass der Bursche an der Türe seiner Liebsten klopft und versucht, sein Geschenk oder den Liebesbrief unbemerkt in ihre Wohnung zu bringen.

Hexen und Wiiber als Fastnachtsgestalten

Die besondere Stellung der Frauen in dieser Zeit kommt in verschiedenen Fastnachtsgestalten zum Ausdruck. An der Luzerner Fastnacht fallen vor allem die *Krienser Hexen* und die *Berner Wöschwiiber* auf. Diese Figuren symbolisieren die Freiheiten, welche die Frauen im Februar geniessen. Die meist von Männern dargestellten *Wiiber* (Weiber) necken Passanten, machen Kapriolen und obszöne Gesten. An anderen Orten versucht man, die bei den Umzügen mitlaufenden alten Weiber zu schlagen und dadurch zum Springen zu verleiten, denn die *Wiiber* haben die Aufgabe, durch hohes Springen und Tanzen zu bewirken, dass der Hanf möglichst hoch wird und damit die Ernte ertragreich. Im Berner Jura tanzten am *Dimanche des brandons* die Mädchen und Frauen um die Dorfbrunnen (HOFFMANN-KRAYER 1940: 113). Auch das hatte den Zweck, das Wachstum des Hanfs günstig zu beeinflussen.

Aus diesen Bräuchen geht hervor, dass das närrische Tun an der Fastnacht ursprünglich den Zweck hatte, die Fruchtbarkeit zu wecken und allzu scheue und heiratsunwillige Jungfrauen zu einer Partnerschaft zu bewegen, denn Fortpflanzung und Fruchtbarkeit bei Mensch und Natur war die Voraussetzung für das Überleben der Sippe. Im närrischen Treiben, das die katholische Innerschweiz zwischen dem Schmutzigen Donnerstag und dem Aschermittwoch beherrscht, findet wir somit Reste alter Fruchtbarkeitskulte. Sie sind auch die Erklärung für die zwischenmenschlichen Freizügigkeiten, die an der Fastnacht mehr als sonst toleriert werden.

Im Zusammenhang mit den Fruchtbarkeitskulten und den brauchtümlichen Vorrechten der Frauen ist auch der *Meitlisonntig* zu sehen, der zu Jahresbeginn in Fahrwangen, Meisterschwanden und Seengen durchgeführt wird. An diesem Tag sind die Rollen vertauscht. Die Mädchen holen die Burschen zu Hause ab und bewirten sie. Um Mitternacht müssen die Männer den Heimweg antreten, während sich die Mädchen und Frauen noch bis in die Morgenstunden hinein vergnügen. Die weiblichen Schreckgestalten der Fastnacht geniessen auch das Vorrecht, die Menschen zu necken. An den mittlerweile selten gewordenen Maskenbällen machten die Mädchen zudem »Jagd« auf Männer, etwas, das zu einer anderen Jahreszeit undenkbar gewesen wäre.

Exkurs
Das Innerschweizer Chlausjagen

Vom Volk überlieferte Erzählungen und Bräuche haben sich in der Innerschweiz in ungewöhnlich grosser Zahl erhalten. Einer der Gründe ist die Bevölkerungsstruktur in diesem Teil der Schweiz, die bis in die neueste Zeit kaum fremden Einflüssen unterworfen war. Mehr oder minder abgeschlossen von der Aussenwelt blieben dörfliche Beziehungsnetze erhalten, die anderswo bloss noch der Überlieferung nach bekannt sind. Und mit ihnen überlebten auch Traditionen und Glaubensvorstellungen, deren Wurzeln weit in die vorchristliche Zeit zurückreichen. Archaische Elemente bestimmen auch das *Chlausjagen*, das in den ersten Tagen des Advents stattfindet. Höhepunkt ist der Sonntag vor dem Fest des heiligen Nikolaus von Myra (6. Dezember). Wenn Sankt Nikolaus unter Glockengeläute aus der Kirche auszieht, wird er draussen von seinem Geleit, dem Wilden Heer, in Empfang genommen. Auf dem Vorplatz der Kirche formiert sich darauf ein Zug, der von den *Treichlern* (Schellenträgern) in weissen Sennenkutten angeführt wird. Dann folgen Schüler mit selbst gebastelten Laternen. Ihnen schliessen sich Burschen an, die grosse, von innen beleuchtete Laternen tragen. Den Schluss bilden der heilige Nikolaus mit den »guten« Hutten- oder Gabenträgern und dem schwarzgekleideten *Schmutzli*, der mit seinem russgeschwärzten Gesicht, den rot umrandeten Augen und der Birkenrute das Dämonische des Chlausjagens verkörpert. Sobald die Kirchenglocken verstummen und im Dorf die Burschen mit dem *Geisselchlöpfe* (Peitschenknallen) beginnen, setzt sich der Zug in Bewegung. Das monotone, im Takt der Schritte gehaltene Schellen der Treicheln und die geschwärzten Gesichter der jagenden

Archaische Elemente bestimmen auch das Chlausjagen, das in den ersten Tagen des Advents stattfindet. Höhepunkt ist der Sonntag vor dem Fest des heiligen Nikolaus von Myra (6. Dezember).

Der heilige Nikolaus
Bischof von Myra.
Lith von Gebr. Benziger in Einsiedeln

Schmutzlis lassen erahnen, dass wir es mit ursprünglich heidnischen Riten zu tun haben.

In Ruswil wird das *Chlausjagen* in dieser Form seit 1930 gepflegt. Davor waren die *Samichlausjagden* nicht Sache der Kirche, sondern der Sankt-Nikolaus-Gesellschaften, ad hoc gebildeten Zusammenschlüssen junger Burschen. Eine Chlausjagd bestand in der Regel aus einem Präsidenten, dem St. Nikolaus, zwei Dienern, zwei Schmutzlis, drei oder vier Geisselchlöpfern, sieben bis acht Treichlern, einem oder zwei Handörgelern, einigen Laternenträgern und dem *Nachputz*. Der Nachputz war ein Schmutzli ohne Sack, der dafür zu sorgen hatte, dass niemand von der Chlausjagd in den besuchten Häusern zurückblieb. Bei der Jagd gingen die Geisselchlöpfer – wie es heute noch Brauch ist – voraus und stellten sich bei dem zu besuchenden Haus auf. Sobald der Zug nachgerückt war, gab der Präsident den Chlöpfern ein Zeichen, worauf diese mit ihren Schaubgeisseln zu knallen begannen. Nach einigen Takten verstummte das *Chlöpfe*, und die Treichler setzten mit ihrem Geschelle ein. Darauf trat Sankt Nikolaus mit seinem Gefolge ins Haus, wünschte der Familie Glück und gab den Kindern Zuspruch. Als Gegenleistung erhielt der Präsident etwas in die Gesellschaftskasse (Erni 1878). An diesem Ablauf

Sankt-Nikolaus-Gesellschaft aus Werthenstein, um 1920 (oben). Der heilige Nikolaus wird von Treichlern und Geisselchlöpfern begleitet. Am Boden liegend stösst der (ungeschminkte) Schmutzli mit dem Gäuggel auf die bevorstehende Jagd an. Am Sankt-Nikolaus-Brauchtum hat sich bis heute nur wenig geändert. Sankt-Nikolaus-Gruppe aus Ruswil, 1997 (unten; Foto: Adolf Bühler, Ruswil).

hat sich bis heute nur wenig geändert. Die Gruppen sind mittlerweile etwas kleiner geworden, und die Treichler treten nur noch beim Einzug des St. Nikolaus auf. Ganz weggefallen sind die Handörgeler, die im Anschluss an die Bescherung manchmal noch zum Tanz aufspielten. Meistens kamen sie ohnehin erst am Schluss der Samichlausjagd zum Einsatz, wenn in einem Bauernhaus der *Cheerus* gemacht, das heisst bei Kaffee-Schnaps und Tanz über die Jagd abgerechnet wurde.

Der in den Bauernhäusern früher gebraute Kaffee wird seit einiger Zeit als *Kafi-Luz* auch ausserhalb der Innerschweiz angeboten. Es handelt sich dabei um eine mehr oder minder schlechte Kopie des echten Luzerner »Husarenkaffees«, wie man den mit Schnaps versetzten Kaffee früher am Fuss des Pilatus zu nennen pflegte.

Wie man ein richtiges Kafi-Luz braut

Die Luzerner Bauern sind bekannt für ihre hoch entwickelte Kunst des Schnapsbrennens. Echter Bauernschnaps, die wichtigste Zutat des echten Luzerner Kaffees, ist selten geworden, und industriell hergestellte Produkte sind nur ein unzureichender Ersatz. Auch die traditionelle Art des Kaffeebrauens wird zunehmend verdrängt.

Zur Herstellung eines echten Bauernkaffees wird ein Topf mit Wasser zum Kochen gebracht. Dann gibt man frisch gemahlenes Kaffeepulver dazu und lässt das Ganze nochmals aufkochen. Man nimmt den Topf vom Herd, rührt mit einer Holzkelle leicht um und prüft die Farbe. Der Kaffee sollte so hell sein, dass man auf dem Grund der Pfanne die Holzkelle gerade noch sehen kann. Nun »erschreckt« man den Kaffee, das heisst, mit einem Schöpflöffel wird kaltes Wasser dazugegeben, damit das Pulver auf den Topfboden sinkt. Darauf wird der Kaffee durch ein Sieb in eine vorgewärmte Kanne gegossen. Anstelle der üblichen Tassen nimmt man in der Innerschweiz Kaffeegläser. Damit sie nicht springen, bleibt der Löffel beim Einschenken im Glas. Nun kann man den Kaffee *zwägmache*, das heisst, jeder fügt nach Belieben Zucker und Schnaps hinzu. Der Luzerner Kaffee passt ausgezeichnet zu Lebkuchen mit geschwungener Nidel (Schlagsahne).

Noch 1878, als Anton Erni seine »Geographische, statistische und geschichtliche Beschreibung der politischen Gemeinde Ruswil« verfasste, nahm die Jagd nicht in der Kirche, sondern bei der heute noch stehenden Nikolauskapelle am Weg zwischen Ruswil und Sigigen ihren Anfang. Von der Kapelle, die weder ein Sankt-Nikolaus-Patrozinium aufweist, noch eine Statue oder ein Bild des Heiligen besitzt, zog Sankt Nikolaus, gefolgt von seinen Dienern, mehreren Huttenträgern, Geisselchlöpfern,

Treichlern, Lastenträgern, den »bösen« Schmutzlis mit ihren Birkenruten, der Tanzmusik und dem Weibel (Präsidenten), gegen das Dorf. Konkurrenz erhielten die Dörfler durch Gesellschaften aus Althus, Geiss, Sigigen und Werthenstein, was manchmal zu Handgreiflichkeiten zwischen den einzelnen Gruppen führte. Dabei soll einst einer ums Leben gekommen sein, und zwar bei der Sankt-Nikolaus-Kapelle, die der Überlieferung nach aus diesem Grund 1811 gebaut wurde.

Mit Lärm werden die unruhigen Geister vertrieben

Unschwer lässt sich erkennen, dass wir es hier mit Brauchtumsformen zu tun haben, die dem nichtchristlichen Bereich entstammen, denn die verschiedenen Formen des Lärms galten von jeher den nicht fassbaren Wesen der Schattenwelt. Besonders die Nacht, die Zeit der Traumgestalten, ist nach altem Glauben erfüllt von feindlich gesinnten Geistern der Vergangenheit. Nach Einbruch der Dunkelheit streifen vor allem in kalten und stürmischen Winternächten ganze Schwärme von Dämonen und Totengeistern durch die Gegend. Auf dem Sigigerberg, ganz in der Nähe der Nikolauskapelle, jagt nach altem Glauben der Türst, der geisterhafte Zug der namenlosen Toten. Bereits der Luzerner Stadtschreiber Renward Cysat (1545–1614) berichtet vom jagenden Türst und seinen Gesellen, von dreibeinigen Hunden, welche die Wilde Jagd begleiten und mit ihrem Gekläff das Vieh vertreiben. In anderen Gegenden spricht man nicht vom Türst, sondern vom Wilden Heer oder vom Wuotisheer. Im Wallis kennt man das Nachtvolk oder den Gratzug und stellt sich auch dort einen Zug armer Seelen vor, der ähnlich dem Türst besonders in der Mittwinterzeit als Sturmwind auftritt und vorbestimmten Wegen folgt.

Zum Türst, dessen Auftreten in mancher Hinsicht dem Gefolge des Sankt Nikolaus gleicht, gehört die Sträggele, ein weiblicher Dämon, der wie der Schmutzli unfolgsame Kinder raubt und in der Luft zerreisst. Auch die Sträggele steht somit in enger Beziehung zum Chlausjagen und zur Reise der Seele ins Jenseits. Die Mutter, die ihr der Sage nach das unfolgsame Kind ausliefert, überlässt es nicht einer Nachthexe, sondern dem Tod. Das gleiche Motiv finden wir auch beim Geleit des Sankt Nikolaus. Noch in den fünfziger Jahren war es an manchen Orten der Innerschweiz üblich, dass der Schmutzli unfolgsamen Kindern nachjagte und jene, die er erwischte, in seinen Sack steckte. Weitere Anhaltspunkte für einen möglichen Zusammenhang zwischen dem Geleit des Sankt Nikolaus und den Vorstellungen von der Jagd des Wilden Heeres liefern uns die oben erwähnten Formen des mittwinterlichen Dämonenjagens und der Lärmumzüge, die mit dem Chlausjagen auffallend viel gemeinsam haben. Ein eigentliches Maskenlaufen war im Kanton Luzern das Sträggelejagen, das in bestimmten Nächten des Advents und um die Weihnacht stattfand. In der Sträggelenacht zogen die Trienger ins Ölerhölzli, um die Unholdin zu jagen und zu fangen (LÜTOLF [1862] 1976: 465). Im Entlebuch, im südwestlichen Teil des Kantons Luzern, war beim wilden Treiben oft eine Person mehr zugegen, als man anfänglich zählte, und doch konnte man nicht sagen, welche. In Schüpfheim vereinbarten einmal sieben Buben, in dieser Nacht im Namen des Türst und der Sträggele auf einem Schlitten bergab zu fahren. Kaum war ihr Gefährt in Bewegung, zählten die sieben mit Schrecken acht Schatten, die das fahle Mondlicht warf. Nur durch ein eiligst abgelegtes Gelübde konnte ein Unfall vermieden werden (LÜTOLF [1862] 1976: 464).

Über die ganze Erde verbreitet ist der Brauch, durch ohrenbetäubenden Lärm mit Glocken, Hörnern oder riesigen Peitschen Dämonen zu vertreiben und Fruchtbarkeit zu wecken. Er ist häufig Teil der Winter- und Frühlingsbräuche, vor allem aber des *Chlausjagens* und der Fasnacht, die im alpenländischen Raum noch ihren urtümlichen Charakter bewahrt hat. Viele der heute verschwundenen oder in die Fasnacht integrierten Figuren traten mit Peitschen oder Schellen lärmend auf oder hatten ein Gefolge, das mit Treicheln behängt oder mit Peitschen und anderen Lärminstrumenten ausgerüstet durch die Nacht jagte. Beinahe vergessen ist heute das *Andreeslen* im Luzerner Gäu (30. November), während das Chlaushornen, -jagen, -treicheln und -chlöpfen in Küssnacht, Kriens und anderen Orten zu einer festen Institution geworden ist. Zu erwähnen ist auch das *Klaus-Einschellen* im Kanton Glarus und das Treicheln zwischen Weihnacht und Neujahr im Berner Oberland und in Unterwalden. Auf den Silvester fällt das *Abetringele* (Hinunterschellen) in Laupen und das *Altjohrobedschelle* (Altjahrabendschellen) in Wartau, St. Gallen (HOFFMANN-KRAYER 1940). Bei der *Gräuflete* oder *Greiflet* im Kanton Schwyz zieht man mit Lärminstrumenten heute noch durchs Dorf, um den Winter zu vertreiben und Fruchtbarkeit zu wecken. Mit den Lärmumzügen verbunden oder für sich allein finden wir das ganze Winterhalbjahr über *Heischebräuche* (Bettelumzüge), denn die lärmenden Treichler und die Samichläuse erwarten Gaben, die man ihnen nicht verweigert, da sie mit ihrem Tun Schutz und Segen bewirken.

Mitunter artete das Ganze auch aus. Im Jahre 1572, in der Nacht auf Sankt Nikolaus, trieben junge Gesellen in Kriens (bei Luzern) ein »schändliches Wesen« beim Sträggelejagen. Sie verstellten den Leuten das Vieh, besonders aber hatten sie es auf den Leutpriester abgesehen, der, wie es heisst, das Jahr über zu lang predigte. Auch diese bei Renward Cysat (1545–1614) erwähnte Begebenheit deutet auf einen engen Zusammenhang zwischen dem Chlausjagen und der Jagd des Türst und seiner Begleiter. Noch im 19. Jahrhundert gab es in Kriens eine Klausengasse, auf der gleichzeitig auch der Türst mit seinem Gefolge durchzog, und es verwundert nicht, dass das Totenvolk auch in der Nähe der bereits erwähnten Nikolauskapelle in Ruswil auftrat. Die Gegend um dieses kleine Wegheiligtum gilt ohnehin als beseelt von Geistern und ruhelos wandelnden Seelen. Verschiedentlich soll eine kopflose Gestalt gesehen worden sein. Wenn man sie anredete, kam man nicht mehr los. Nur mit Fluchen konnte man sich aus ihren Fängen befreien (Lussi 1992: 102). Noch in den fünfziger Jahren wollte dort einer zu später Stunde einem einäugigen Hund begegnet sein, auch das ein Hinweis auf den nächtlichen Zug der ruhelosen Toten, denn einäugige Hunde führen den Türst bei seinen nächtlichen Jagden an. Das einst über das ganze Winterhalbjahr verteilte Maskenjagen, das Gabensammeln und die Lärmumzüge sind in der Innerschweiz bis auf das Chlausjagen, die Bräuche an Dreikönig und in der Fasnacht fast überall verschwunden. Während das fasnächtliche Treiben seine Eigenständigkeit bewahrt hat, kommen beim Sankt-Nikolaus-Brauchtum heidnische und christliche Elemente zusammen, wobei sich der kirchliche Nikolaus scheinbar über den heidnischen Untergrund geschoben hat, ohne mit diesem zu verschmelzen oder ihn zu verdrängen. Ausserhalb des kirchlichen Einflussbereichs trägt Sankt Nikolaus denn auch mehr die Züge einer nordischen Gottheit als die eines aus Kleinasien stammenden Heiligen.

Besonders deutlich wird dies zum Beispiel bei Jost Ammans Sankt Nikolaus (1588) oder bei den Lebkuchenbildchen, die den Nikolaus auch in katholischen Gegenden nur ausnahmsweise als heiligen Mann zeigen. Der strafende Schmutzli, der noch vor wenigen Jahrzehnten unfolgsame Kinder jagte und jene, die er erwischte, in einen Sack steckte, entspricht in Aussehen und Auftreten der kinderraubenden Sträggele, wie überhaupt schwarze Maskengestalten Totendämonen verkörpern. Auf einem Bild der Chlausjagd von Werthenstein hat der am Boden liegende (ungeschminkte) »schwarze« Schmutzli zudem noch einen »guten« Gäuggel als Begleiter. Die Symbiose von Gut und Böse finden wir auch in den bereits erwähnten Gestalten *Hübschgäuggel* und *Wüestgäuggel*, zwei den schwäbischen Perchten ähnliche Figuren, die in Grossdietwil (Luzern) um Neujahr mit Schellen und teufelsähnlichen Masken tanzten.

All dies gibt zur Vermutung Anlass, dass die traditionelle Chlausjagd im Laufe der Zeit verschiedene Gestalten übernommen hat, die ursprünglich selbständig auftraten. Diese Annahme wird bestärkt durch den Brauch der heute noch von Haus zu Haus ziehenden Appenzeller Silvesterkläuse, die mehr mit den Luzerner Chlausjagden gemeinsam haben als mit der Vita des heiligen Nikolaus von Myra. Unterteilt in schöne und hässliche *Chläuse* entsprechen sie den schönen und wüsten Perchten, die ebenfalls mit dem Seelenheer der Toten in Verbindung gebracht werden. Am alten Silvester, der nach dem julianischen Kalender auf den 13. Januar fällt, ziehen die Silvesterchläuse in *Schuppel* genannten Gruppen von *Wüeschte*, *Schöne* und *Schön-Wüeschte Chläus* vom Morgengrauen an von Hof zu Hof. Sie wünschen dem Bauern Glück und Segen. Das Ritual folgt seit Urzeiten einem genauen Ablauf: Mit Schellengeläute kündigt sich der Schuppel an. Sobald die Bewohner versammelt sind, stimmt der *Vorzaurer* eine Melodie, das *Zäuerli*, an, worauf die Gruppe einsetzt. Das *Zäuerli* ist eine im Appenzell bis heute gepflegte Variante des Naturjodels. Der wehmütig-melancholische Gesang hat eine magische Faszination. Mit ihm beschwören die Chläuse das Gute und vertreiben gleichzeitig das Böse.

Zusammenfassend kann gesagt werden, dass das Chlausjagen aus der Vermischung heidnischer und christlicher Brauchtumsformen entstanden ist. Erst im Laufe der Zeit sind die verschiedenen Elemente zu einem kaum mehr entwirrbaren Ganzen zusammengewachsen, das auch heute ständigen Veränderungen ausgesetzt ist.

Toggeli, Nachtmahr und andere Druckgeister

Das Toggeli ist ein Dämon, der in der Nacht durch Ritzen und Spalten in die Schlafkammern eindringt, sich der Sage nach zum Bett des Opfers schleicht, über die Decke auf seine Brust kriecht und ihm die Kehle zudrückt. Der Schlafende ist dem Nachtmahr ausgeliefert. Er sieht ihn trotz der Dunkelheit auf sich zukommen und spürt, wie das unheimliche Wesen von ihm Besitz ergreift und ihn plagt, bis er von Angst gepeinigt aufschreit. Mit dem Erwachen verschwindet auch das Toggeli, nicht langsam und schleichend, wie es gekommen ist, sondern unverzüglich, weshalb man es nur im Traum sehen kann.

Das Toggeli erscheint im Traum

Das Toggeli erscheint im Albtraum, der eine besondere Form des gewöhnlichen Traumes ist. Von ihm unterscheidet er sich durch seinen regelmässig wiederkehrenden Inhalt und seine besonderen Erscheinungsformen. Der vom Albtraum Befallene glaubt, dass ihn nachts ein heimtückisches Wesen in tierischer oder menschlicher Gestalt beschleiche und ihn bis zur Erstickungsgefahr drücke und würge. Er nimmt wirre Bilder wahr, befindet sich in einem Zustand hochgradiger Angst und glaubt, ersticken zu müssen, bis er endlich durch die Nennung seines Namens, durch einen Aufschrei oder eine energische, reflexartige Bewegung aus dem Albtraum erwacht oder traumlos weiterschläft.

Der Albtraum entsteht oder wird gefördert durch die Unterversorgung des Gehirns mit Sauerstoff. Dies kann durch das Zudecken von Mund und Nase mit der Bettdecke, durch das Schlafen in Bauchlage mit ins Kissen gedrücktem Gesicht oder durch eine Erkrankung der Atemwege geschehen.

Eine andere Ursache ist der abendliche Genuss schwer verdaulicher Speisen. Der Druck des gefüllten Magens auf das Zwerchfell bewirkt eine eingeschränkte Atmung, was zu einem zeitweiligen Sauerstoffmangel führen kann. Dazu kommen die mit der Verdauung schwerer Speisen verbundene Blutansammlung im Magen und das Schlafen auf durchhängenden Matratzen. Das Aussehen des im Traum gesehenen Wesens wird beeinflusst durch die Beschaffenheit der die Atemhemmung bewirkenden Gegenstände. Wolldecken können zu Erlebnissen mit haarigen und kratzenden, Leintücher zu Begegnungen mit glatten, haarlosen oder in Tuch eingewickelten Gestalten führen. Die Schnelligkeit, mit der die Atemnot eintritt, hat einen Einfluss auf die Angriffsweise der Wesen. Plötzlich ein-

Meistens kommt das Toggeli in der Nacht. Durch Ritzen und Astlöcher dringt es ins Haus, wo es die Schlafenden drückt und würgt, bis sie erwachen.
Alphütte im Simmental.

tretender Sauerstoffmangel bewirkt die Vorstellung von einem plötzlichen, katzenartigen Aufspringen. Das Gefühl des langsamen Beschleichens entsteht, wenn die Unterversorgung des Gehirns mit Sauerstoff langsam eintritt, wie das bei verbrauchter Luft in geschlossenen Räumen der Fall ist. Auf Letzteres geht die Vorstellung zurück, wonach das Toggeli nie durch ein offenes Fenster ins Schlafzimmer schleicht. Das Fenster wird nur geöffnet, um es anzulocken, zu fangen oder zu töten.

Ein Schmied fängt das Toggeli mit dem Schraubstock

»Ein Schmid wurde häufig vom Toggeli gedrückt. Er klagte seine Plage einem Bekannten, der ihm folgenden Rath ertheilte. In seiner Schlafkammer soll er ganz sauber wischen, nicht den geringsten Kehricht oder sonst einen Gegenstand darin dulden und über Nacht das Fenster offen lassen. Ferner, was immer am Morgen er im Zimmer finde und wär's auch nur ein Hälmchen vom Kehrwisch oder Besen, das soll er aufheben und drunten in der Schmiede in den Schraubstock klemmen. Wirklich fand der Schmied eines Morgens einen Halm auf dem Boden und that, wie ihm angerathen worden. Als er sich nachher wieder beim Schraubstocke umsah, fand er in demselben ein ihm unbekanntes Weibsbild eingezwängt und todt.«

(Lütolf [1862] 1976: 117)

Toggeli, Nachtmahr, Schrätteli

Obschon die Wissenschaft bereits in der Antike und im Mittelalter die Entstehung des Albtraums auf natürliche Weise zu erklären versuchte, hat der Volksglaube immer an der Realität des im Traum Erlebten oder Gesehenen festgehalten. Das Volk sah im Albtraum das Wirken eines Dämons, der je nach Landesgegend verschieden benannt wurde. In Sachsen, Hessen, Thüringen und Franken heisst das aufhockende Wesen *Alb.* In Bayern und in Österreich spricht man von *Trut* oder *Drud.* In Norddeutschland ist es ein *Nachtmahr*, und im schwäbisch-alemannischen Raum heisst der nächtliche Druckgeist *Schrat* oder *Schrätteli.*

In der Schweiz spricht man von einem *Doggi* oder *Toggeli.* Für die Entstehung des Begriffs sind wohl die niederen Naturgeister der germanischen Mythologie verantwortlich, die von der Kirche schon früh als böse Dämonen und Gespenster mit dem Teufel in Zusammenhang gebracht wurden. Diese Geister nennt man Elben oder Elfen. Davon abgeleitet ist die uns bereits bekannte Bezeichnung Alp oder Alb, die sich in den Wörtern Albtraum und Albdrücken erhalten hat.

Ein Schutzsegen gegen das Toggeli

»Vor Hexen, die das Vieh bezaubern, in dem Stall zu machen, oder vor böse Menschen oder Geister, die des Nachts alte und junge Leute plagen, an die Bettstätte zu schreiben, und die Menschen und Vieh dadurch ganz sicher befreyt sind.

›Trottenkopf ich verbiete dir mein Haus und mein Hof, ich verbiete dir meine Pferde und Kuhstall, ich verbiete dir meine Bettstatt, dass du nicht über mich tröste, tröste in ein ander Haus, bis du alle Berg steigest, und alle Zaunstecken zählest, und über alle Wasser steigest, so kommt der liebe Tag wieder in mein Haus, im Nahmen GOttes des Vaters, GOttes des Sohns, und GOttes des heiligen Geistes. Amen.‹«

Albsegen aus einem undatierten Romanusbüchlein im Besitz des Verfassers. Das Wort »tröste« ist mit »trotte«, das heisst trotten, schleichen, mahren zu übersetzen.

Toggeli ist vielleicht von *dök-alfar* (Dunkelelfe) abgeleitet, eine Annahme, die durch die altdeutsche Bezeichnung *tunkali* für Dunkelheit bestärkt wird. Dies erinnert uns daran, dass das Toggeli nur in der Nacht kommt, zwischen zwölf und eins, wie die von dieser Erscheinung Geplagten versichern (Lussi 1989: 85).

In der Schweiz wird das Toggeli als selbständig auftretender Dämon im Sinne eines Zwerges, eines Kobolds oder eines hexenartigen Wesens gedeutet. Frühe Kunde über sein Auftreten erhalten wir wiederum durch die Aufzeichnungen des Luzerner Stadtschreibers Renward Cysat (1545–1614). Er setzt das *Dogkelin* mit dem *Incubus* und dem *Schrätteli* gleich und sieht in ihm eine Krankheit, die auf dem Rücken schlafende Menschen »von schwärem melancholischem geblüet« befällt. Dabei habe der Schläfer das Gefühl, »es lege sich ettwas schwäres, mensch, thier, oder anderes vff jnne vnd trucke jnne so hart, dz er vermeine, es jnne erstecken wölle« (Schmid 1969: 4, 599).

Nach Cysat glaubte man, das Toggeli sei ein Geist in Gestalt einer Katze, die sich dem Menschen auf die Brust lege. Auch im Kanton Nidwalden sah man im Doggeli eine gespenstische Katze, die besonders Kindern und jungen Leuten nachstellte. Im Luzerner Hinterland gab es einen Brauch, der an dieser Vorstellung anknüpfte. Wenn die Kinder am Abend heimgingen, versuchten sie, sich gegenseitig einen leichten Schlag (»Zigge«) zu versetzen mit den Worten: »Nachtzigge, dass d'Chatz bi d'r ligge« (Lütolf [1862] 1976: 118). Jedes Kind war bestrebt, nicht als letztes den Schlag zu erhalten, denn mit »Chatz« war das Toggeli in Gestalt einer Katze gemeint. Das scherzhafte Übertragen oder Anzaubern des Toggeli gibt es in abgewandelter Form noch heute. Den Spruch kennen die Kinder nicht mehr und auch nicht seine Bedeutung, aber heute noch heisst das Spiel *Ziggis mache*.

Das Toggeli in der Gestalt einer Katze

Der Glaube, Katzen seien Hexentiere, ist überall verbreitet. Alte Katzen, heisst es, müssten aus dem Haus geschafft werden, weil sie zu Dämonen und Hexen geworden seien. Sie gehen auf den Hexensabbat und lernen dort, den Menschen Schaden zuzufügen (Wuttke 1925: 128). Ein Bursche aus dem Kanton Uri beobachtete, wie sich zwei nicht mehr ganz junge Frauen eine geheimnisvolle Salbe einrieben und durch den Kamin ihres Hauses fuhren. Er tat es ihnen gleich. Sogleich flog er mit unglaublicher Schnelligkeit an einen Platz, an dem Hexen tanzten. Mit Schrecken gewahrte er, dass unter den Tanzenden auch seine Katze war (Lütolf [1862] 1976: 202; siehe auch Seite 234 f.).

Als auf der Zuger Geissweid um 1650 vier Katzen gesehen wurden, die miteinander tanzten, schoss man auf sie, und eine wurde an der Pfote verwundet. Da sei des Ammans Frau hinkend geworden (Lütolf [1862] 1976: 213). Vor einer fremden Katze muss man auf der Hut sein, weil sie

Der Glaube, Katzen seien Hexentiere, ist überall verbreitet. Alte Katzen, heisst es, müssten aus dem Haus geschafft werden, weil sie zu Dämonen und Hexen geworden seien.

in Wirklichkeit eine verwandelte Hexe, ein *Trud* oder der Teufel selbst ist. In Acht nehmen muss man sich vor grossen Katzen, die in der Nacht herumschleichen und an verwunschenen Orten den Vorübergehenden auflauern. Es sind verwandelte Dämonen oder die Seelen Verstorbener, die ihre Ruhe nicht gefunden haben. Besonders gefährlich sind schwarze Katzen, wie Schwarz überhaupt eine dämonische Farbe ist; von daher erklärt sich auch die Auffassung, wonach die Begegnung mit einer schwarzen Katze Unglück bringt.

Eine unheimliche Begegnung mit einer gespenstischen Katze hatte im November 1950 ein Fuhrmann aus Altbüron. Beim *Steinigen Kreuz*, einem geisterhaften Wegstück zwischen Ebersecken und Altbüron (Kanton Luzern), vermochte sein Pferd den Karren kaum noch zu ziehen. Es war, als ob dem Wagen eine zusätzliche Last angehängt worden wäre. Als der Fuhrmann Nachschau hielt, sah er auf der Hinterachse des Wagens eine grosse Katze hocken, die er trotz der Dunkelheit ziemlich gut wahrnehmen konnte. Mit der Peitsche trieb er das Pferd, das vor Anstrengung keuchte, vorwärts. Als er ein weiteres Mal zurückblickte, sah er wieder die Katze, die nun neben dem Gefährt herging. Erneut gab er seinem Pferd die Peitsche, um von diesem unheimlichen Ort so schnell als möglich wegzukommen. Beim Steinigen Kreuz gab es einen Ruck, und es war ihm, als ob der Wagen von einer schweren Last befreit würde. Vorsichtig schaute er zurück. Von der Katze war nichts mehr zu sehen, und auch die Wagenlampe, die bei der ersten Begegnung mit der Katze erloschen war, brannte wieder (MARTI 1953: 75).

Im Wallis wird der Albdruck nicht von einer Katze, sondern vom »Nachttoggi« verursacht. Man versteht darunter ein unsichtbares, eigentümliches und rätselhaftes Wesen aus der Unterwelt, das bei seinem Besuch weder auf das Geschlecht des Betroffenen noch auf sein Alter Rücksicht nimmt. Es setzt sich dem auf dem Rücken liegenden Menschen aufs Herz, und obschon dieser glaubt, wach zu sein, kann er sich nicht bewegen. Der Atem stockt und man hat das Gefühl, ersticken zu müssen. Es gibt Leute, erzählt Pfarrer Moritz Tscheinen in seinem 1872 erschienenen Buch »Walliser-Sagen«, die das Herannahen des Toggi gehört haben wollen. Es gleiche dem schnellen Lauf einer Katze, die herbeirenne, um mit einem Satz auf den Menschen zu springen. Wenn der Schlafende sich sofort auf die Seite wende, werde das Gespenst vertrieben (TSCHEINEN/RUPPEN [1872] 1989: 62).

Einem Urner Ratsherrn starben immer wieder die Knechte, die bei Gurtnellen seine Liegenschaft besorgten. Als die Sache bekannt wurde, liess sich keiner mehr verpflichten. Ein Gespenst, hiess es, habe dort seinen Aufenthalt, weshalb auch niemand das verwaiste Gut kaufen wollte. Da kamen zwei furchtlose Walliser, die sich anerboten, das Gespenst zu verjagen und den Hof wieder zu bewirtschaften. An einem Abend, als ihnen das Gespenst Russ in die Pfanne warf, beschlossen sie, ihm den Garaus zu machen. Einer der beiden ging nach oben, um es mit einem Stock aufzuscheuchen und hinabzujagen. Der andere nahm einen Degen und versteckte sich hinter der Treppe. Plötzlich jagte eine schwarze Katze die Treppe hinunter. Der Walliser zog und hieb ihr mit dem Degen eine Pfote ab. Als er sie aufhob, sah er, dass die Pfote eine menschliche Hand war und an einem der Finger ein goldener Ring steckte.

Als am Tag darauf der Ratsherr kam, war er nicht wenig erstaunt, dass die beiden Burschen noch lebten. Sie erzählten ihm, was geschehen war, und zeigten ihm auch die Hand, die sie aufgehoben hatten. Mit Schrecken erkannte er, dass der Fingerring jener seiner Frau war. Und er erinnerte sich, dass sie seit dem Vortag krank im Bett lag und eine Hand verbunden hatte. Die Frau des Ratsherrn, heisst es, sei als Hexe verbrannt worden (Lütolf [1862] 1976: 210 f.).

Das Toggeli ist ein Geist

In ganz Europa verbreitet ist die Vorstellung, dass das in der Nacht aufhockende Toggeli weiblich ist. In vielen Sagen ist davon die Rede, dass sich die Männer in den Nachtmahr verlieben und mit ihm Kinder zeugen. Dabei kommt es immer wieder vor, dass das gespenstische Wesen so plötzlich verschwindet, wie es aufgetaucht ist. Sehr oft sieht sich der Alb als Geliebte des Mannes aus Hass, Lust oder innerem Drang genötigt, den Auserkorenen zu quälen. Den Vorgang dachte man sich so, dass die als Alb auftretende Person sich in ein Tier (Katze, weisse Maus oder Marder) verwandelt, in dieser Gestalt nachts umherschleicht, in Häuser eindringt und jene Opfer aussucht, die gegen das Albdrücken keine Vorsichtsmassnahmen getroffen haben.

Nach einer anderen Auffassung verlässt die Seele der albdrückenden Person den Körper durch den Mund. Ihr Leib wird starr und liegt wie tot da. Währenddessen schweift die Seele umher und sucht sich ihre Opfer (Wuttke 1925: 275). Die nächtlichen Irrfahrten kommen dem Menschen wie ein unruhiger Traum vor.

Das Toggeli als personifizierter Neid

Weit verbreitet ist die Meinung, dass das Toggeli von einem lebenden Menschen herrühre, der seinen Geist oder seine Seele aussende, weil er jemanden ständig beneide. Ein inzwischen verstorbener Gewährsmann aus dem Luzerner Surental war fest davon überzeugt, dass er Menschen, die ihm »bös« wollen, das Toggeli schicken könne. Dies tat er bisweilen auch. Bei einer derartigen Handlung benützte er seine an einer Kette hängende Taschenuhr als Pendel und hielt sie gegen ein aufklappbares Heiligenbild. Was er jetzt tue, sagte er, richte sich gegen eine Person, die ihm Unterlagen entwendet habe. Ob seine Bemühungen Erfolg hatten, war nicht mehr in Erfahrung zu bringen. Jedenfalls schien sich der Mann wirklich auf etwas zu konzentrieren, denn nachdem er seine Formeln gemurmelt hatte, war er völlig erschöpft.

Dem entspricht, dass viele Menschen, die schon einmal »etwas« mit dem Toggeli hatten, glauben, es sei von einem schlecht gesinnten Menschen ausgesandt worden. In diesem Sinne wäre das Toggeli ein blosses Werkzeug, mit dem einer den andern plagen kann.

Das Toggeli als übertragbarer Neid

»Eine Zeitlang hatte ich eine Sache mit dem Doggeli. Das ist etwas wie ein übertragbarer Neid, wie eine Fernhypnose, wo man einen andern plagen kann. Das war vor vielleicht fünfzehn Jahren. Da war ich im Bett, und dann kam oft das Doggeli. Dann spürst du es auf der Bettdecke von unten heraufkriechen, es raschelt, kommt höher, packt dich am Nachthemd und würgt dich. Da bist du bei klarem Verstand, kannst aber keine Zehe, kein Glied, gar nichts bewegen. Und sehen kannst du auch nichts. Und fast jede Woche kam das Doggeli. Ich wurde langsam verrückt, weil einer mich ständig beneidete. Oft sagte ich zur Frau, wenn ich den erwische, der mir jede Nacht das Doggeli schickt, dem geht's schlecht nachher.«

(Koch 1982: 22 f.)

Aus dem Körper des Menschen, der jemanden plagen will, entschlüpft die Seele oder der Geist in der Gestalt eines Seelenwesens, das dann als Toggeli über den Geplagten kommt. Das Wesen selbst wird in der Innerschweiz als weiblich empfunden. Durch einen Zauber kann man ihm die Rückkehr verwehren, was für jene Person, die das Toggeli aussendet, den Tod zur Folge haben kann. Das gefangene Toggeli verwandelt sich manchmal in eine junge Frau, die vom Geplagten geheiratet wird. Mit der Auflösung des Zaubers verschwindet es mit den Kindern, die es zur Welt gebracht hat. In diesen Geschichten verbergen sich unterdrückte erotische Fantasien und die Sehnsucht nach erfüllter Liebe: »Wenn ein junger Mann stark an seine Liebste denkt, kommt sie in der folgenden Nacht als Mahrt [Nachtgespenst] zu ihm«, sagte man in der Gegend von Mecklenburg-Vorpommern (Bächtold-Stäubli 1987: 1, 290).

Die Vorstellung, wonach der Mensch in der Nacht von heimtückischen Druckgeistern beschlichen und von diesen gewürgt wird, rücken das Toggeli in die Nähe der Nachzehrer und Vampire. Diese Auffassung wird bestärkt durch die Zerschlagenheit und die ständig zunehmende Schwächung des vom Albtraum Geplagten wie auch die erotischen Bilder, die dabei auftauchen. Von diesen Zusammenhängen wird im Exkurs (siehe Seite 151) noch die Rede sein.

Ruhelose Tote

Ein weiteres Indiz für die Annahme, dass das Toggeli die alpenländische Version des serbischen Vampirs ist, ergibt sich aus dem an manchen Orten verbreiteten Glauben, wonach der nachts aufhockende Alb der Geist eines unerlöst Verstorbenen ist. Als »untoter Toter« findet er im Grab keine Ruhe. Nachts schmatzen die lebenden Toten in den Gräbern, nagen am Leichentuch, stöhnen und jammern. Schon vor der Beerdigung erkennt man sie am frischen Aussehen und den fehlenden Zeichen einsetzender Verwesung. Diese Toten können den Lebenden gefährlich werden. In Geiss, im Kanton Luzern, hiess es: »Wenn eine Leiche nicht steif wird, so muss innert Jahresfrist ein weiteres Mitglied der betreffenden Familie sterben« (mündlich).

In diesem Zusammenhang haben die verschiedenen Formen des Totenkults den Zweck, sich vor unruhigen Verstorbenen zu schützen. Zu diesen Vorsichtsmassnahmen gehört die rituelle Speisung der armen Seelen, dazu gehören auch die Lichter und die Gebete, die zu ihrem Heil geopfert werden. Auch im kleinen Gebet »Ruhe in Frieden«, das auf den in der Zentralschweiz *Leidhöugali* genannten Sterbebildchen und auf Grabsteinen steht, steckt mehr als nur der fromme Wunsch, die Seele des Verstorbenen möge in der jenseitigen Welt ihren Frieden finden. In ihm wird die Angst vor einer Rückkehr des Toten spürbar, weshalb es vor allem auch den Charakter eines dringenden Anliegens, einer Beschwörung hat.

Von quälenden Totengeistern befreit man sich, indem man zum Heil ihrer Seelen Messen lesen lässt, Gebete spricht oder den Geist mit geweihten Gegenständen vertreibt. Die vielen Sterbebildchen, die zu Tausenden in Gebetbücher, an gerahmte Heiligenbilder und Spiegel gesteckt oder zu den persönlichen Andenken gelegt werden, sind aus diesem Grund nicht nur eine Erinnerung an den Verstorbenen. Bis heute dienen die mit einem Bild des Toten versehenen Epitaphe aus Papier zwar der frommen Erinnerung »an unsern innigstgeliebten Gatten, Vater, Sohn, Schwiegersohn, Schwager & Onkel«, wie es zum Beispiel auf dem Sterbebild des am 18. Dezember 1918 verstorbenen Josef Amrein-Troxler heisst. Darüber hinaus sollen fromme Verse die Hinterbliebenen trösten und den Toten an der Rückkehr hindern. Die ebenfalls aufgedruckten Ablassgebete sind dazu da, die Läuterung der Seele des Verstorbenen zu beschleunigen, damit sie möglichst bald den Zwischenzustand verlassen und in den Himmel eingehen kann.

Die aufhockenden Nachtgespenster werden mit Messern, kleinen Sicheln und Degen vertrieben. Diese steckt man in die Wand oder legt sie unter das Bett, damit sich die anschleichenden Dämonen daran verletzen. (Sammlung des Verfassers.)

Das Toggeli in der Stadt Luzern

Der nachfolgende Erfahrungsbericht über den Besuch des Toggeli stammt von einem jüngeren Mann, der 1989 von der Innerschweiz in die Stadt Luzern gezogen war. Seine neue Wohnung befand sich damals in einem Haus, das zwischen der Eisenbahnlinie und einer Durchgangsstrasse eingeklemmt war.

Etwa ein Jahr nach dem Einzug wurde der Erzähler das erste Mal von einem für ihn unerklärbaren Albdruck geplagt. Die dafür typischen Anzeichen, das Würgen und die Atemnot, ziehen sich wie ein roter Faden durch seine Schilderungen. Für ihn hatte das Erlebte zuerst eine rational erklärbare Ursache. Dann nahm er an, das Ganze könnte mit seiner Psyche zusammenhängen. Erst als seine Suche nach den natürlichen Ursachen zu keinem Ergebnis führte, begann er über andere Entstehungsgründe nachzudenken.

Die Schilderungen, die so wiedergegeben werden, wie sie am 29. Oktober 1993 vom Betreffenden aufgezeichnet wurden, vermitteln uns eine Vorstellung davon, wie Albträume nach und nach mit dem Wirken von Dämonen und Geistwesen in Zusammenhang gebracht werden. Abgesehen davon erfahren wir wertvolle Einzelheiten zu den Vorgängen, die während des Albtraumes und unmittelbar danach für den Betroffenen ablaufen. Der Text ist gekürzt und in sprachlicher Hinsicht geringfügig korrigiert worden.

Etwa ein Jahr nach Bezug der Wohnung spürte ich im Halbschlaf einen energetischen Griff um meinen Hals. Ich schreckte auf und beruhigte mich erst nach einer Stunde so weit, dass ich weiterschlafen konnte.

Vielleicht zwei Monate später erwachte ich erneut und fühlte im Halbschlaf etwas auf meinem Körper liegen. Es drückte mich nieder, und ich hatte grosse Mühe, die Herrschaft über meinen Körper zu bekommen. Sobald ich diese wieder hatte, verschwand der Druck. Zuvor war ich ausserstande, auch nur mit der Wimper zu zucken.

Das wiederholte sich nun öfters. Es gab Zeiten, da wurde ich durch das Zittern meines Körpers geweckt, der die Wesenheit wahrnahm, bevor sie mir zu Bewusstsein kam. Das Zittern hörte nach dem Erwachen erst allmählich auf, und ich konnte eine gute Stunde nicht mehr weiterschlafen. Bei den folgenden »Besuchen« wurde der Druck immer heftiger; ich wurde regelrecht auf das Bett hinuntergedrückt. Mein Körper war völlig gelähmt, und nur mit grösster Willenskraft, manchmal bis zu zehn Minuten kämpfend, »bekam« ich meinen Körper wieder zurück. Immer wenn ich den Druck abgeschüttelt hatte, meinte ich das »Ding« in Richtung Badezimmer verschwinden zu spüren.

Immer mehr wurde das nächtliche Drücken und Würgen von merkwürdigen Wahrnehmungen und Verhaltensweisen begleitet.

Einmal versetzte der Geplagte seiner damaligen Freundin im Schlaf unbewusst eine »Ohrfeige«, ohne dass er mit ihr eine Auseinandersetzung gehabt hätte. Diese Ohrfeige, wohl eine unwissentlich gemachte reflexartige Bewegung, führte der Erzähler auf die Strahlung versteckter Wasseradern zurück, die seine Psyche beeinflussten. Zu dieser Auffassung kam der junge Mann, weil sich die Symptome verstärkten, je länger er in dieser Wohnung weilte. Zudem verlagerten sich seine Traumerlebnisse immer mehr in den Wachzustand. Traum und Wirklichkeit gingen allmählich ineinander über.

Einmal erwachte ich und sah an der Zimmerdecke dunkle Spritzer, die ich zuerst für Blutflecken hielt. Langsam lösten sie sich auf. Ich schloss die Augen. Als ich sie nach einer Weile wieder öffnete, waren die Flecken wieder da. In einer anderen Nacht spürte ich, wie sich vor dem Einschlafen von der Decke ein Tropfen löste und auf meine Wange fiel. Als ich die Wange befühlte, stellte ich fest, dass sie trocken war. Zwei Tage später nahm ich neben dem Bett einen grossen Wasserflecken wahr, der meine Hefte und Bücher durchfeuchtete. Unwillkürlich suchte ich nach einer Erklärung. Hatte ich ein Glas Wasser umgestossen? War die Bodenheizung defekt? Nach einiger Zeit war alles wieder wie vorher.

Als ich mich einmal im Schlaf gegen die Erscheinung, die das Gesicht einer früheren Arbeitskollegin hatte, wehren und ihr den »Meister« zeigen wollte, kam mir ein Energieschwall entgegen, dem ich nichts entgegensetzen konnte. Ein andermal erschien mir ein Gespenst mit einer hässlichen Fratze (verschrumpelte Nase, böse rot funkelnde Augen). Die Fratze kam mir immer näher und ich geriet in Panik. Als ich den Widerstand aufgab, verschwand die Erscheinung. Während vier Tagen hatte ich jedoch das Gefühl, dieses »Ding« in mir zu haben.

In einem anderen Traum wurde ich von Leuten angesprochen, die ich kannte. Hinter ihren Stimmen vermeinte ich jedoch eine zweite, fanatische und bedrohliche Stimme zu vernehmen. Im Augenblick des Wahrnehmens schob sich die bedrohliche Stimme über die tatsächliche. Ich erwachte, was mir die Anwesenheit des Gespenstes bewusst machte, denn in diesem Augenblick hörte ich ein Knistern, das wie elektrische Entladungen in der Luft klang. Das Geräusch konnte ich zwar im Raum orten, gleichzeitig schien es aber auch in meinem Kopf stattzufinden.

Immer mehr verstärkte sich für den Erzähler das Gefühl, die Erscheinung, von der er jedoch nie einen »Schein« wahrgenommen hatte, sei weiblicher Natur. Dieser Hinweis ist von besonderer Bedeutung, denn fast immer handelt es sich bei den nächtlichen Traumerlebnissen um gegengeschlechtliche Begegnungen, die nicht selten einen erotischen Charakter haben. Frauen werden von männlichen Wesen heimgesucht, Männern, und zwar meist jungen, erscheint oft ein nacktes hübsches Mädchen. Dasselbe gilt für die Begegnung mit Vampiren, wie sich hier auch die Zeichen des Auftretens und die Gegenmittel gleichen.

Als sich die Erscheinung über zweieinhalb Jahre fortsetzte, nahm der Mann an, womöglich treibe hier irgendein Geist sein Unwesen.

Ich ging zum Abwart des Hauses und fragte ihn, ob ihm bekannt sei, dass in meiner Wohnung einmal jemand gestorben sei. Er macht den Job seit zwanzig Jahren, und ihm war nichts bekannt. Aber er wurde neugierig und wollte den Grund meiner Frage wissen. Ich erklärte ihm, ich hätte das Gefühl, in meiner Wohnung spuke es, worauf er bemerkte: »Ist es wieder da!« Der Hauswart zeigte grosses Interesse und befreite mich damit von der Unsicherheit, als Spinner vor ihm zu stehen. Dann erzählte er mir, dass die Frau, die vor mir in der Wohnung lebte, dreimal die Polizei gerufen hätte, weil sie überzeugt war, jemand habe einen Schlüssel zu ihrer Wohnung, schleiche sich nachts hinein und mache sich an ihrer Wäsche zu schaffen, die sie am Morgen regelmässig in Unordnung vorfand. Nachdem man ihr versichert hatte, niemand habe einen Schlüssel zur Wohnung, glaubte sie, dass sich in der Wohnung ein Gespenst herumtreibe.

Am folgenden Tag kam der Abwart zu mir und berichtete, er sei bei seinem Vorgänger gewesen. Von ihm habe er erfahren, dass vor seinem Antritt der Abwartstelle tatsächlich jemand in meiner Wohnung gestorben sei. Das sei jetzt [1993] vielleicht zweiundzwanzig Jahre her. Es sei eine Frau gewesen, die etwa zwei Tage in ihrem Badezimmer gelegen habe, bevor sie von ihrem Sohn gefunden worden war.

Der Erzähler nahm mit einem Pater Kontakt auf, der ihm versprach, mit seinen Mitbrüdern für die Seele der Verstorbenen zu beten. Später kam der junge Mann zur Überzeugung, dass seine Erlebnisse auf fehlende innere Ausgeglichenheit zurückgeführt werden könnten.

Ich sehe die Erscheinungen jetzt eher als ein Produkt meiner innerseelischen Prozesse, als etwas, das sich mir zur Kenntnisnahme aufdrängt. Das ändert aber nichts an der Realität der Erscheinung, die ich weiterhin sinnlich wahrnehme und deren Bedrohung anwächst. So erwachte ich einmal und spürte, auf dem Rücken liegend, dass mein Körper an den Oberarmen umklammert und auf das Bett niedergedrückt wurde. Ich öffnete die Augen und meinte im Dunkel des Zimmers sehr verschwommen die Umrisse eines Mannes wahrzunehmen, der über mir kniete, mich niederdrückte und mich anstarrte. Doch war die Wahrnehmung der Gestalt sehr schwach, so wie sich Schwarz gegen etwas weniger Schwarz abhebt. In der Augengegend waren zwei Punkte etwas heller. Genau kann ich es nicht beschreiben. Dennoch starrte ich in die Gegend seines Gesichtes und kämpfte mich los aus der Erstarrung, indem ich mir immer wieder sagte, dass ich mich schon bewegen könnte, wenn ich wirklich wollte.

Die Abwehr des Toggeli

Dem Phänomen des Toggeli liegen zwei verschiedene Auslöser zugrunde. Einerseits ist die Entstehung des Phänomens, wie bereits erwähnt, auf natürliche Ursachen zurückzuführen wie Sauerstoffmangel, Genuss schwer verdaulicher Speisen, weiche Betten, Rückenlage beim Schlafen, über das Gesicht gezogene Wolldecken, enge Kleider oder geschlossene Fenster. Dementsprechend ist das wichtigste Heilmittel gegen Albträume die Beseitigung dieser Störfaktoren. Unter die Matratzen gelegte Bretter verhindern das Durchhängen, und leichte Mahlzeiten anstelle der früher üblichen fetten und vor allem im Winter im Übermass genossenen Speisen sorgen für einen ruhigen und ungestörten Schlaf. Gutes Lüften im Schlafzimmer sorgt für genügend Sauerstoff, weshalb in den Sagen immer wieder betont wird, dass das Toggeli zwar durch Ritzen und Löcher, nie aber durch das geöffnete Fenster eindringe. Ebenso finden sich in den zahlreichen Ratgebern »für gesunde und kranke Tage« Rezepte, wie dem Albdrücken beizukommen ist.

Natürliche Heilmittel gegen das Albdrücken

1. 15 g kohlensaure Magnesia, je 10 g Rhabarberpulver und kohlensaures Natron, 2 g Sirup und 1 Teelöffel voll Pfefferminztee werden gemischt und morgens nüchtern (1 Esslöffel voll davon) genommen.
2. Abends leichtverdauliche Speisen geniessen. Vor dem Schlafengehen trinkt man 1/2 Tasse Tee von gleichen Teilen Baldrian und Anis.
3. Vor dem Schlafengehen 1 Glas Zucker- oder Zitronenwasser trinken.
4. Auch kalte Umschläge auf den Leib oder kalte Sitzbäder von 1–2 Minuten Dauer vor dem Schlafengehen haben sich als vorteilhaft erwiesen.

(Dinand 1920: 42)

Weitaus häufiger ist die Vorstellung, das Toggeli habe unnatürliche Ursachen. Unvermutet auftretende Depressionen, der plötzliche Tod eines auf dem Rücken liegenden Kindes und Krankheiten ohne erklärbare Ursachen werden auf das Wirken von Geistern zurückgeführt, die den Menschen anfallen und ihn drücken oder würgen, bis er stirbt. Wie lebendig diese Vorstellungen sind, zeigt sich aus der kaum überschaubaren Fülle der magischen Mittel, die das Toggeli abwehren, vertreiben oder mit denen es gefangen werden kann.

Ein Rezept, das Toggeli zu fangen

Wann das Doggeli die Leut plaget so warte und wenn es aber eines Abends kommt und es ab dir geht so gehe alsbald auf und züble [uriniere] in ein Güterli und verpütschiere [verschliesse] es fein und wann es verpütschiert ist so thue es in ein Schaft und verpütschiere den auch fein so wirst du bald erfahren und sehen müssen wer dich geplaget hat denn sie werden kommen müssen und dir anhalten das du das Gütterli heraus nehmest sonst müssen sie sterben so nim es heraus und vergrabe es in ein Tachtrauf so wirst du Ruhe haben.

Aus dem Zauberbuch des Christian Abbühl in Wilderswil, 1823. Der Wunderdoktor geht davon aus, dass das Toggeli kein selbständiger Dämon ist, sondern ein Geist, der von jemandem ausgesandt wird.
(Ritschard 1982: 21)

Ein ähnliches Mittel

Die vom Toggeli gequälte Person giesse ihr Wasser in ein Fläschchen, versiegle solches und lege ein offenes Messer unter das Bett, so wird, wenn das Toggi eine Hexe ist, diese ihre Nothdurft so lange nicht mehr verrichten können, bis sie sich flehend einstellt und offenbart.

(Lütolf [1862] 1976: 118)

Die meisten dieser Mittel haben den Zweck, den Schlafenden vor dem in der Nacht eindringenden Geistwesen zu schützen. Bekannte Abwehrmittel sind Spinnwirtel und Lochsteine, die den vom Toggeli befallenen Kindern an die Wiege gehängt wurden. Häufig dienen auch Pentagramme der Abwehr, die fünfzackigen Sterne, die man in alten Bauernhäusern in die Wände eingeritzt oder aufgemalt findet. Besonders wirksam sind spitze Gegenstände aus Eisen, Messer vor allem, aber auch geschliffene Degen, Bajonette und Hanfhecheln mit ihren spitzen Eisenzähnen. Um dem Toggeli den Zutritt zur Schlafkammer zu verwehren, stopfte man geweihte Wergknäuel in die Ritzen und Astlöcher der Schlafkammern. Weniger zahlreich sind die Mittel, die das eingedrungene Toggeli vertreiben, wie zum Beispiel die Anrufung des Geplagten mit dem Taufnamen. Dazu kommen verschiedene Zauberhandlungen, mit denen man das Toggeli fangen oder töten kann.

Loch- oder Trudensteine

In der Gegend von Horw im Kanton Luzern hängte man noch bis in die zweite Hälfte des 19. Jahrhunderts einen Spinnwirtel an die Wiege der Kleinkinder. Man glaubte, das Toggeli mache sich am Wirtel zu schaffen und werde dadurch vom schlafenden Kind abgelenkt (Lütolf [1862] 1976: 116). Der Brauch ist sehr alt. Er ist bereits bei Cysat bezeugt: »Wol hand ouch vnsre wyber jren wohn, das diss Dogkelin den sugenden jungen kinden nachts vberlegen vnd sy an jren brüstlinen suge, davon jnen die brüstlin und wertzlin ettwan geschwällent, ja ouch milch gebent. Darfür nun sy, die wyber, sollichs abzetryben einen wirten an die wiegen henckend, dises Dogkelin mitt sollchem klottern dess wirtens abzetryben« (SCHMID 1969: 4, 599). An anderen Orten benützte man stattdessen Toggeli-, Truden- oder Lochsteine (LÜTOLF [1862] 1976: 118). Man versteht darunter Steine mit natürlichen Erosionserscheinungen, wie man sie an der Küste von Südengland heute noch findet. Unter dem Begriff Trudenstein sind aber auch Konkretionen mit Löchern, prähistorische Artefakte oder fossile Hahnenkammaustern zu verstehen (RÄTSCH/GUHR 1989: 70).

Das Wort *Trud, Trude*, ist eine Abwandlung des keltischen Wortes Druide (*druid* = »die Hochweisen«). Als Druiden bezeichnet man die Mitglieder der keltischen Priesterkasten in Gallien, Britannien und Irland. In den Kreis der Druiden wurden nur die auserwählten Söhne vornehmer Geschlechter nach einer Jahre umfassenden Ausbildung und einem anschliessenden Noviziat aufgenommen. Als Hüter der Religion waren die Druiden im Besitz einer Geheimlehre. Sie besassen ein ausserordentliches Wissen über die Zauberkräfte von Pflanzen und das Zusammenwirken kosmischer Kräfte. Das Wissen der Druiden wurde nur mündlich weitergegeben; die Vermittlung des Wissens konnte Jahrzehnte dauern und erforderte vom Schüler ein grosses Durchhaltevermögen. Fest steht, dass die Druiden nicht nur Wissende waren, sondern auch einen Kult praktizierten, zu dem vielleicht auch Menschenopfer gehörten. Hauptbestandteil ihrer Lehre waren die Vorstellung von einem Weiterleben der Seele nach dem Tod und die Seelenwanderung. Als Gelehrte und Weise waren die Druiden auch als Richter, Magier, Ärzte und Astronomen tätig. Die Priesterkaste wurde von den römischen Kaisern verboten und verfiel zusehends. Im 4. Jahrhundert sind die irländischen Druiden vermutlich nach und nach im Mönchtum aufgegangen.

Im Volk hielt sich noch lange Zeit das ursprünglich von den Druiden gehütete Wissen von der Zauberkraft bestimmter Steine und Pflanzen. Viele in der Volksmagie verwendete Zaubersteine wurden nach ihnen benannt. Trudensteine sind weit verbreitete Amulette. Sie werden im Haus und im Stall aufgehängt, um das Böse, namentlich das Toggeli, abzuwehren. Über dem Bett aufgehängt vermitteln Truden- oder Lochsteine einen ruhigen Schlaf. Sie halten das Toggeli davon ab, dem Schlafenden auf die Brust zu kriechen, ihn zu drücken und zu würgen. Die Abwehrkraft ergibt sich aus der Vorstellung, dass die gelochten Steine »Mühlsteine der Elben« sind. Die Steine sollten die Aufmerksamkeit des

Im Stall, am Bett oder an der Wiege aufgehängte Lochsteine wehren das Toggeli und letztlich alles Böse ab. Die Löcher sind natürliche Erosionserscheinungen. (Sammlung des Verfassers.)

Toggeli erregen, es zum Spielen verleiten und dadurch von seinem Opfer ablenken.

Der Trudenfuss, das Pentagramm oder Pentalpha

Ein häufig zu findendes Schutzzeichen gegen das Toggeli ist das Pentagramm. Der durch fünf Alphas gebildete Stern wird bereits in der Antike als Zeichen für Gesundheit an Leib, Leben und Seele verwendet. Bei den Pythagoräern war das Pentagramm ein Gruss- oder Erkennungszeichen. Es wird oft in Zusammenhang mit dem Siegel Salomons gebracht, da nach der Überlieferung der König das Zauberzeichen auf dem Grundstein des Tempels anbringen liess. Die Nachzeichnung des Pentagramms in einem Zug erinnert an den fünfzackigen Stern der Kabbala, einer mystischen Weltanschauung und Welterklärung, die auf das spätantike Judentum zurückgeht. Das Wort *Kabbala* (Cabbalah, Qabbala) wird mit Überlieferung, Tradition übersetzt. Im engeren Sinn ist darunter eine im Mittelalter entstandene mystisch-theosophische Geheimlehre zu verstehen. Die Kabbalisten sehen sich als die Bewahrer eines nur den Eingeweihten bekannten Wissens. Dennoch hat die Kabbala in einer umfangreichen Literatur ihren Niederschlag gefunden.

Überall im Haus finden sich magisch wirkende Schutzzeichen. Mit dem Pentagramm versehene Dachziegel verhindern, dass Hexen und Dämonen unbemerkt ins Haus eindringen können (Beromünster).

Schon früh fand die Kabbala Eingang in die abendländische Denkweise. Nach der Erfindung des Buchdrucks wurde sie weiteren Kreisen zugänglich. 1486 schrieb Conte Giovanni Pico della Mirandola (1463–1494) sein Werk *Conclusiones cabbalisticae*, Reuchlin 1517 *De arte cabbalistica*, und 1677 verfasste Knorr von Rosenroth seine *Kabbala denudata*. Auf die Kabbala gehen viele Amulette mit Gottes-, Engel- und Dämonennamen zurück, ebenso Psalmenzauber, Zauber mit Sprüchen des Alten Testaments, Zauberquadrate, Salomonssiegel, die zum Teil von der älteren Kabbala übernommen wurden und dann allmählich in den deutschen Zauberglauben eindrangen. Viele alte Zauberbücher enthalten kabbalistische Elemente oder berufen sich auf die Kabbala als Quelle. Einige der magischen Formeln, Zeichen und Namen aus der Kabbala lassen sich noch im 19. Jahrhundert in den Zauberformeln und Rezepten der Wunderdoktoren nachweisen.

Als Schutz gegen Dämonen ritzten die Bauern in Bayern das Pentagramm in die Stalltüren. In Luthern, Kanton Luzern, wurde es als Hexen abwehrendes Zeichen an der Aussenwand eines Spychers angebracht. Nach Alois Lütolf soll zudem auch im Korridor des ehemaligen »Chaibenturms« in Zug ein Trudenfuss abgebildet gewesen sein (LÜTOLF [1862] 1976: 556). Um das Toggeli fernzuhalten, brachte man den Trudenfuss auf Türen, Betten oder Wiegen an, wobei das Zeichen sauber gezogen sein musste, um seine Wirkung als Schutzmittel zu entfalten. In Johann Wolfgang von Goethes »Faust, der Tragödie erster Teil« erbittet der Teufel (Mephistopheles) von Faust die Erlaubnis, den kurz zuvor betretenen Raum wieder verlassen zu dürfen. Das nach alter Tradition auf die Schwelle gemalte Zauberzeichen hatte seine Wirkung verfehlt, weil es nicht exakt gezeichnet worden war.

Ein schlecht gezeichneter Trudenfuss verliert seine Schutzwirkung

Mephistopheles:
Gesteh ich's nur! Dass ich hinausspaziere,
verbietet mir ein kleines Hindernis,
Der Drudenfuss auf Eurer Schwelle –

Faust:
Das Pentagramma macht dir Pein?
Ei sage mir, du Sohn der Hölle,
Wenn das dich bannt, wie kamst du denn herein?
Wie ward ein solcher Geist betrogen?

Mephistopheles:
Beschaut es recht! es ist nicht gut gezogen;
Der eine Winkel, der nach aussen zu,
Ist, wie du siehst, ein wenig offen.

Aus: Johann Wolfgang von Goethe: Faust, der Tragödie erster Teil.

Ins Wappen des Johann Fabri von Hailbrun eingefügtes Pentagramm. (Aus: »Vil schoener andechtiger und Christenlicher Gebett«. Dillingen, 1562.)

Johannes (Georg) Faust, der Schwarzmagier aus Knittlingen

Der um 1480 in Knittlingen geborene und 1536 oder kurz vor 1540 in Staufen (Breisgau) verstorbene Faust war Arzt, Astrologe und Schwarzkünstler. Zeitlebens führte er ein unstetes Wanderleben. Schon vor seinem Tod rankten sich um seine Person Legenden, die durch die Übertragung alter Zaubersagen auf ihn zusätzlich Auftrieb erhielten. In vielen dieser Geschichten tritt Faust als Toten- oder Geisterbeschwörer auf. Sein plötzlicher Hinschied, von dem man bis heute nicht weiss, ob er gewaltsam eingetreten sei, liess die Legende entstehen, der Teufel habe ihn geholt.

Die sich um ihn rankenden Geschichten wurden in einem 1587 erstmals gedruckten Volksbuch zusammengefasst. Das älteste überlieferte Faustdrama, »The tragical history of Doctor Faustus«, erschien 1604 in England. Von dort kamen die Faustspiele durch in Deutschland auftretende englische Komödianten auf den Kontinent. In der von Goethe stark veränderten und 1790 veröffentlichten Fassung wird die Geschichte des Doktor Faust zum Menschheitsdrama. Die Endfassung des Werkes erfolgte 1808 (Teil I) bzw. 1832 (Teil II).

Relikt einer Zauberhandlung

Ein Pentagramm, das sich in die Zeit vor 1705 datieren lässt, kam anlässlich der Renovation eines in seinen ältesten Teilen aus dem 16. Jahrhundert stammenden Luzerner Bauernhauses zum Vorschein. In der auch tagsüber düsteren ehemaligen Knechtekammer im ersten Stock des Hauses stiess man beim Umbau auf ein seltsames, mit schwarzer Farbe auf die Holzbalken gemaltes magisches Zeichen.

Die noch gut erkennbare Zeichnung wird aus drei Zeichen gebildet. In der Mitte sieht man einen in der Umgangssprache *Schrätteli-* oder *Drudenfuss* genannten fünfzackigen Stern, der von einer geschlossenen Kreislinie umgeben ist, die ihrerseits wieder von einem neun Halbkreise umfassenden Kranz umschlossen wird. Während jedes der drei magischen Zeichen für sich betrachtet mit der Abwehr oder der Bannung von Geistern und Dämonen zu tun hat, ist die Bedeutung der Zusammenfassung aller drei Zeichen zu einer einzigen magischen Figur nicht geklärt.

Der Kreis könnte mit einer Geisterbeschwörung zu tun haben. Die im 16. und 17. Jahrhundert in der Zentralschweiz tätigen Geisterbeschwörer, wie der schon erwähnte Magier Hans Ris, der am 15. Juli 1577 hingerichtet wurde, benutzten zur Bannung von Geistern einen Kreis, wie aus den Aufzeichnungen des Luzerner Stadtschreibers Renward

Dieses in einen Kreis gelegte Pentagramm wurde 1991 beim Umbau eines barocken Bauernhauses in Ruswil entdeckt. Vielleicht ist es im Zusammenhang mit der Pest zu sehen, die in der ersten Hälfte des 17. Jahrhunderts diese Gegend mehrfach heimsuchte.

Cysat ersichtlich ist. Bei seinen Geisterbeschwörungen hatte Hans Ris »in der stuben ein kreyss gemacht«, das Gespenst zitiert und ihm befohlen zu sagen, was es zu seiner Erlösung begehre (SCHMID 1969: 4, 624).

Der Kreis als Mittel zur Beschwörung von Geistern findet sich in fast allen Zauberbüchern. Die mit einem blanken Säbel, einer (geweihten) Kreide oder bloss durch eine kreisförmige Bewegung gezogene Kreislinie bewirkt eine Trennung des Kreisinnern von der Umgebung, also eine Zweiteilung des Raumes. Durch das rituelle Einschliessen in den Kreis bekommt man das Eingeschlossene in seine Gewalt. Alte Rechtsbräuche, wie etwa die Besitzergreifung von Land durch Umkreisen desselben, haben sich in den heute noch üblichen Waldumgängen und Umritten erhalten.

Die Zweiteilung des Raumes durch den Kreis kann aber auch benützt werden, um alles Böse und Feindliche auszuschliessen, indem die Kreislinie als magische Grenzlinie gedacht wird, die selbst die teuflischsten Mächte nicht zu überschreiten vermögen. In diesem Sinn ist der Kreis bei magischen Handlungen nicht mehr ein Bann-, sondern ein Schutzkreis, in den sich der Beschwörer bei seiner gefährlichen Betätigung begibt.

Im oben erwähnten magischen Zeichen, das in einem Bauernhaus gefunden wurde, ist das Pentagramm von neun Halbkreisen und neun Punkten umgeben. Die neun Halbkreise symbolisieren neun Halbmonde; die neun Punkt neun Sterne. Auch dies sind magische Zeichen. Zum Schutz vor Nachtgeistern war es in gewissen Gegenden Tirols üblich, an der besonders gefährdeten Türe neun Halbmonde als Abwehr- und Schutzzeichen anzubringen. Auch auf magischen Messern, mit denen man das Toggeli und andere Nachtgeister abwehrte, sind zur Verstärkung ihrer Wirkung neun Halbmonde und neun Sterne eingraviert. Diese Messer, die im Alpenraum vor allem im 18. Jahrhundert in Gebrauch waren, dienten ausschliesslich zu magischen Zwecken. Der profane Gebrauch hätte sie ihrer magischen Kraft beraubt.

Jedes der drei magischen Zeichen Pentagramm, Kreis und Halbmondkranz hat eine magische Wirkung gegen Geister und Dämonen aller Art. Die Vereinigung aller drei Zeichen zu einem einzigen muss dennoch nicht die Verdreifachung der schützenden Kräfte zur Folge haben. Das im Kreis eingeschlossene fünfzackige Pentagramm verliert seine Wirkung durch den Kreis, unabhängig davon, ob es sich dabei um einen Bann- oder einen Schutzkreis handelt. Das Pentagramm als Schutzzeichen wäre überflüssig. Welchen Zweck könnte das magische Zeichen in der Knechtekammer sonst noch gehabt haben? Ist dieses Zeichen vielleicht das Relikt einer Geister- oder Teufelsbeschwörung? Ist im Kreis das Toggeli oder ein unruhiger Geist magisch eingeschlossen?

Eine Deutungsmöglichkeit ergibt sich durch die Ausrichtung des Trudenfusses. Auf den Kopf gestellt, so dass zwei Spitzen nach oben weisen, wird er in der Kunst der Romanik zum Symbol des Teufels. Die zwei nach oben deutenden Spitzen des Pentagramms stellen die Hörner dar, die nach unten weisende ist das Kinn, und die beiden Zacken links und rechts sind die Ohren. Würde dies zutreffen, wäre auch die Bedeutung der

Damit der Schutzzauber von Hexen nicht aufgehoben werden kann, ist die Kreislinie durch neun Stacheln und neun Halbmonde geschützt. (Rekonstruktionszeichnung des Verfassers.)

anderen Zeichen geklärt: Der Teufel, dargestellt durch den fünfzackigen Stern, wird in einen Kreis gebannt. Einen zusätzlichen Schutz erhält die Kreislinie durch neun Halbmonde und neun Sterne, die zusammen einen geschlossenen Abwehrkranz bilden. Damit sollte vielleicht anderen Dämonen der Versuch erschwert werden, sich an der Kreislinie zu schaffen zu machen, den Zauber zu brechen und den im Kreis eingeschlossenen Dämon zu befreien.

Der Trudenfuss schützt vor Hexenwerk

»Ist ein Stier behext, was man bald merkt, indem er entweder wüthet und tobt oder gleichsam gelähmt ist und nichts fressen will, so schreibe man von Aussen und Innen an die Stallthüre ein sogenanntes Alpkreuz oder Druidenfuss, mache auf dem Herd Feuer an, werfe Gras oder Blumen vom Friedhof hinein und schlage, während dieses gethan wird, die Kuh mit einem Stock, woran Dörner sich befinden. Am andern Tag wird die Zauberei aufhören und die Hexe in ihrem ganzen Gesicht kennbar genug gezeichnet sein.«

Aus: Pfyffer zu Neueck: Unglaube und Aberglaube. Eine Volksgeschichte. Luzern 1848, S. 64.

Damit stellt sich die Frage, ob dieses Bauernhaus der Schauplatz einer Teufels- oder Geisterbeschwörung war. Zeitlich liesse sich dieses Ereignis aufgrund der von der Denkmalpflege durchgeführten dendrochronologischen Untersuchungen eingrenzen. Die Balken, auf denen das Zeichen aufgemalt ist, stammen noch vom Vorgängerbau, der in der Zeit um 1520 bis 1530 entstanden sein dürfte. Beim barocken Umbau von 1705 sind die Balken des alten Hauses wiederverwendet worden. Dabei wurde das Zeichen, das sich über zwei Balken erstreckte, getrennt. Das könnte ein Hinweis darauf sein, dass man 1705 die Bedeutung des Pentagramms nicht mehr kannte oder ihm keine magische Funktion mehr zumass. Aus diesem Grund muss die magische Handlung eine geraume Zeit vor 1705 vorgenommen worden sein. Vielleicht steht sie in Zusammenhang mit der Pest von 1612. Nicht nachgewiesen werden konnte ein Zusammenhang zwischen dem Zauberzeichen und der Tätigkeit des Hans Ris, der nach Renward Cysat in dieser Gegend als Geisterbeschwörer tätig war, bevor er am 15. Juli 1577 hingerichtet wurde.

In Süddeutschland wird das Pentagramm oft aus einem roten, am Abend vor dem Dreikönigstag geweihten Wachsstock geformt und an die Tür gehängt. Als Schutz gegen Hexen wird es zudem an Türen und Bettstellen aufgemalt.

Aus eingeschlagenen Nägeln geformt finden wir das Zeichen auf einem Brett, mit dem man früher das Warmhaltefach eines Kachelofens verschloss. Hier verleiht das Eisen der Nägel einen zusätzlichen Schutz gegen die Nachtgeister und armen Seelen, die sich nach der Überlieferung in kalten Winternächten im Ofen aufhalten.

Dieser Glaube ist auch in einem Bauernhaus in der Nähe von Nottwil, Kanton Luzern, nachgewiesen. Als man den alten, noch aus dem 18. Jahrhundert stammenden Kachelofen abbaute, um ihn neu zu setzen, entdeckte der Hafner in seinem Innern eine grosse Zahl rostiger Hufeisen. Keines dieser Hufeisen war ganz. Noch heute wird das Hufeisen als Glücksbringer betrachtet. Es bringt Glück, weil es Hexen, Nachtgeister, arme Seelen, ja überhaupt alles Dämonische vertreibt. »Ein auf der Strasse gefundenes Hufeisen, welches auf die Haustür- oder Stallschwelle genagelt wird, mit der offnen Seite nach aussen, ist eine mächtige Schutzwehr gegen allen bösen Zauber, gegen Blitz und Feuer (allg.); bisweilen wird es am Giebel aufgehängt; auf die Schwelle eines Kaufladens genagelt, bringt es viele Käufer u. guten Gewinn, umgekehrt angenagelt bringt es Unglück« (WUTTKE 1925: 130).

Im 20. Jahrhundert hatte der bekannte englische Schwarzmagier Aleister Crowley das Pentagramm für die Anrufung und Bannung

The Pentagrams of Air.

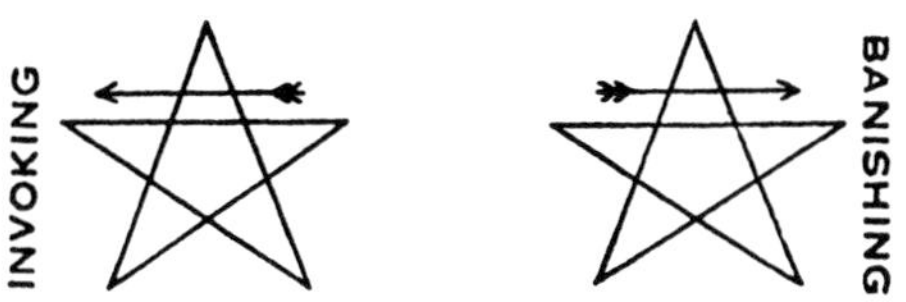

Name I H V H (Ye-howau).

The signs of 2°=9□. Stretch both arms upwards and outwards, the elbows bent at right angles, the hand bent back, the palms upwards as if supporting a weight. (See illustration).

(The Grade of 2°=9□ is particularly attributed to the element Air; it refers to the Moon, the path of ת is attributed to this degree. For other attributions see "777" lines 9 and 11).

Im 20. Jahrhundert benützte der englische Schwarzmagier Aleister Crowley das Pentagramm zur Anrufung von Geistern. (Aus: »Magick in theory an practice by the Master Therion«. New York 1991.)

von Geistern benutzt. Er unterschied zwischen dem kleineren und dem grösseren Pentagrammritual (»The Lesser Ritual of the Pentagram« und »The Greater Ritual of the Pentagram«). Crowley, der sich »Master Therion« nannte, hat sein magisches Wissen in einem Buch zusammengefasst, das erstmals in Paris veröffentlicht wurde und seither im angelsächsischen Raum immer wieder neu aufgelegt wird. Der letzte dem Verfasser bekannte originalgetreue Nachdruck des Werkes erschien 1991 in New York (ALEISTER CROWLEY: *Magick in theory and practice by the Master Therion*. New York 1991).

Magische Zeichen sind Brücken zur Geisterwelt

»Now there is a traditional correspondance, which modern experiment has shown to be fairly reliable. There is a certain natural connexion between certain letters, words, numbers, gestures, shapes, perfumes and so on, so that any idea or (as we might call it) ›spirit‹, may be composed or called forth by the use of those things which are harmonious with it, and express particular parts of its nature.«

Aus der Einleitung zu Aleister Crowleys Buch »Magick in theory and practice«.

In neuerer Zeit hat das Pentagramm durch einen »Vandalenakt« Aufsehen erregt. Am 5. Mai 1988 berichtete die »Basellandschaftliche Zeitung« über die Entfernung eines schmiedeisernen Pentagramms aus dem Beschlag der Sakristeitüre der Kirche von Lausen (Kanton Baselland). Der Siegrist hatte das Zeichen eigenmächtig aus dem Eisenbeschlag herausgelöst und weggeworfen. Auf Anfrage beteuerte der Kirchendiener, er habe es nicht länger verantworten können, dass sich im Gotteshaus ein Satanssymbol befinde. Die Bedeutung sei ihm erst durch eine »Musikzeitschrift« klar geworden, in der er das »heidnische Zeichen« gesehen habe (EWALD 1989: 103 f.).

Hanfhechel

Nach dem Volksglauben sind beinahe alle spitzen Gegenstände geeignet, das Toggeli abzuwehren oder gar zu töten. Bei Lütolf finden wir die Geschichte eines Mädchens, das oft vom Toggeli geplagt wurde. Die Gotte (Patin) riet ihm, am folgenden Abend eine Hanfhechel auf die Brust zu legen und dabei die Zinken dem Leib zuzukehren. Das Mädchen befolgte den Rat, richtete aber die Zinken nicht gegen die Brust, sondern von sich weg. Am Morgen darauf bemerkte es mit grossem Entsetzen, dass seine Gotte tot in der Hechel hing. Da wusste es, dass die Gotte selbst das Toggeli gewesen war (LÜTOLF [1862] 1976: 117).

Die Hechel ist ein Werkzeug, das früher der Verarbeitung von Hanf und Flachs diente. Der mit den Wurzeln gerntete Hanf wurde zuerst unter dem Vordach der Scheune oder in der Laube getrocknet. Dann befreite man ihn mit einem *Reffkamm* von den Samenkapseln. Im Herbst, wenn sich in der Nacht Tau bildete, begann man mit dem *Rossen*, einem Vorgang, bei dem die Hanfstengel einem Verrottungsprozess unterworfen wurden. Nach dem *Rossen* wurden die Hanffasern über einem Feuer getrocknet. Anschliessend bearbeitete man sie so lange mit der *Rätsche*, dem Brechbock, bis sie geschmeidig waren. Damit die Fasern weiter verarbeitet werden konnten, mussten sie noch gleichmässig ausgerichtet werden. Dies geschah mit der Hechel. Man hat darunter ein mit eisernen Zähnen versehenes Brett zu verstehen. Bei diesem Vorgang blieben zudem die zum Spinnen ungeeigneten Fasern in der Hechel hängen (ZIHLMANN 1982: 124).

Als wirksames Abwehrmittel gegen Hexen und Albgeister ist die Hechel mit ihren spitzen Stacheln im gesamten Alpenraum nachgewiesen (WUTTKE 1925: 285). Man musste sie mit den Spitzen nach oben vor die Tür legen oder den vom Albdruck befallenen Personen auf die Brust legen. Die Geschichte vom Mädchen, das auf Anraten der Patin eine Hechel mit ins Bett nahm, findet ihre Ensprechung in einer badischen Sage: In Gottmadingen wurde einem mit einer hohen Brust zur Welt gekommenen Kind eine Hechel auf die Brust gebunden. Eine Frau, die sich daran verletzte, wurde so als Hexe entlarvt (MEYER 1900: 559). Manchmal schlug dieses Abwehrmittel auch fehl, indem das Toggeli die Falle bemerkte und die Hechel heimlich wieder umdrehte. Dann erging es dem Menschen, dem sich die Stacheln der Hechel in die Brust bohrten, umso schlimmer (WUTTKE 1925: 285).

Die Hechel spielt im alpenländischen Zauberglauben keine Rolle mehr, weil nach dem Zweiten Weltkrieg nur noch vereinzelt Hanf zur Fasergewinnung angebaut wurde und die Hechel demzufolge in Vergessenheit geraten ist.

Geweihter Werg

In alten Bauernhäusern der Zentralschweiz findet man häufig in Ritzen und Astlöcher gestopftes Werg, das heisst Knäuel aus Flachs- oder Hanffasern. Dieses Abwehrmittel stützt sich auf den Glauben, wonach der Alb nur auf demselben Weg hinaus kann, auf dem er hereingekommen ist. Dazu kommt, dass der Alb immer die gleichen Öffnungen für seine Besuche benützt. Gelingt es, ihm den Weg zu versperren, hat man vor ihm Ruhe. Die kirchliche Weihe verstärkt die apotropäische Kraft des Wergs, ebenso wie vor Ritzen und Astlöcher gestellte Gesangs- und Andachtsbücher das Toggeli fernhalten.

Messer, Degen, Bajonette

Der Glaube an die antidämonischen Kräfte des Messers ist über ganz Europa verbreitet. Besondere Wirksamkeit wird ihm in der Bannung von Nacht- und Totengeistern zugeschrieben. Um zu verhindern, dass sich ein Verstorbener in einen Vampir verwandelt, stecken in Serbien die Frauen dem Toten am Begräbnistag ein altes Messer in die Brust. In diesem Zusammenhang muss ein auf dem Gemeindegebiet von Ramsen, Kanton Schaffhausen, geschehener Vorfall betrachtet werden. Ende September 1911 wurde dort die Leiche eines Ausländers gefunden, der in einem wenig tiefen, schmalen Graben ertrunken war. Die Leiche war nackt, das Gesicht halb im Wasser und die Arme waren gegen den Boden gestemmt. Etwa einhundert Meter oberhalb des Ertrunkenen lagen wohlgeordnet seine Kleider. Darunter stak ein Taschenmesser in der Erde (Bächtold-Stäubli 1987: 6, 190).

Ähnlich wie der Vampir wird auch der Werwolf gebannt. Sobald sich der Werwolf nähert, nimmt man einen Degen und stösst ihn so in die Erde, dass die Spitze dem Werwolf zugekehrt ist. Er muss dann stehen bleiben, bis er sich wieder in einen Menschen zurückverwandelt. In Kärnten schützt man sich gegen den Albdruck, indem man ein Messer oder eine Schere unter das Kopfkissen oder auf die Brust legt (Wuttke 1925: 285). Dieser Glaube ist vor allem auch in der Schweiz verbreitet. Im Sommer 1980 sah der Verfasser in der Schlafkammer eines Nidwaldner Alphirten zufällig ein Messer, das am Kopfende des Bettes in die Balken geschlagen war.

Ein Messer schützt vor dem Albdrücken

Man schützt sich vor Alpdrücken, wenn man sein Taschenmesser halb zugeklappt unter das Kopfkissen legt oder wenn man die Schuhe so vor das Bett stellt, dass sich ihre Spitzen berühren.

Aus: Das sechste und siebente Buch Mosis, Dresden, um 1930.

Im Kanton Luzern benutzte man anstelle des Messers manchmal einen geschliffenen Degen oder ein Bajonett, um den Alb abzuwehren. Eine Frau in einem Altersheim im Luzerner Rottal hat in ihrem Bett noch heute ein mit einer Mullbinde umwickeltes Bajonett, das mit der Spitze gegen das Fussende gerichtet ist. Auf die Frage des Verfassers, wozu dies gut sei, sagte die betagte Frau, das helfe gegen das Toggeli, das in der Nacht regelmässig versuche, sie zu plagen. Das Pflegepersonal versicherte, die Frau liege nachts immer auf dem Rücken. Zum Bajonett lege sie eine Kernseife. Eine Nachfrage bei der Frau ergab, dass das Toggeli, falls es sich trotz dem Bajonett heranwage, darauf ausrutsche (1992).

Gegen den Besuch des Toggeli schützt ein geschliffener Säbel

»Es geht übrigens die Sage, dass man solchen lästigen Besuchen vorbeugen könne, wenn vor dem Schlafgehen gehörige Vorkehrungen getroffen werden. Wider dieses Unding helfe aber alles Gute nicht, weder Beten, Kreuzzeichen noch Weihwasser, sondern einzig, wenn man einen gut geschliffenen Säbel oder ein scharfes Messer zu sich ins Bett nehme. In diesem Falle sei der Schlaf ruhig und vom Toggi nicht im Geringsten etwas zu fürchten.«

(Tscheinen/Ruppen [1872] 1989: 62)

Der Gebrauch der Kernseife als Abwehrmittel gegen das Toggeli erfuhr Jahre später eine unerwartete Bestätigung. Dem Enkel einer betagten Frau im Kanton Zürich fiel auf, dass seine Grossmutter auf dem Nachttisch immer eine alte und allem Anschein nach nie benutzte Kernseife hatte, die offensichtlich schon seit geraumer Zeit dort lag. Als er sie einmal nach dem Zweck der dort liegenden Seife fragte, versicherte sie ihm, dass dies gegen das »Tüfeli« schütze, das in der Nacht manchmal komme, um sie zu plagen. Sie war überzeugt, dass das Tüfeli (Toggeli?) darauf ausrutschen würde, wenn es sich in die Nähe wagte.

Eine Nachfrage ergab, dass die Frau im Kanton Luzern aufgewachsen und erst mit der Heirat in den Kanton Zürich gezogen war. Bis zu

Ritzen und Astlöcher wurden mit geweihtem Werg verstopft, um dem Toggeli den Zutritt zu verwehren (Wolhusen).

Bei der Renovation einer alten Mühle im aargauischen Freiamt kam 2001 unter dem Verputz eine Nische zum Vorschein. Darin lagen ein verrostetes Messer und ein Tierknochen. Ob es sich dabei um die Relikte eines Abwehrzaubers handelt, konnte nicht geklärt werden.

ihrem Tod im Jahre 1991 bestand sie darauf, die Kernseife auf dem Nachttisch unberührt zu lassen (mündlich aus Zürich, Herbst 2000).

Exkurs
Der serbische Vampir

Kaum ein Kind, das Dracula, den blutsaugenden transsylvanischen Vampir, nicht kennt. Er hat nach hinten gekämmtes Haar, ein bleiches Gesicht und trägt einen schwarzen Umhang. Mit den spitzen Eckzähnen öffnet er die Adern seiner Opfer und saugt gierig ihr Blut, bevor er im Morgengrauen in seine nach Moder riechende Gruft zurückkehrt. Dracula hat kein Spiegelbild. Er fürchtet nichts mehr als Knoblauch und Kruzifix, und er ist unsterblich, zumindest als schaurig-schöne Hauptfigur in unzähligen Vampirfilmen.

Das Bild des transsylvanischen Grafen mit dem latenten Hang zu jungen und meist besonders schönen Frauen ist ein Produkt der Romantik. Draculas Schöpfer ist der 1847 in Clontarf bei Dublin geborene und 1912 verstorbene irische Schriftsteller Abraham (Bram) Stoker. Stoker hatte sich schon früh fürs Okkulte interessiert, wodurch er früher oder später auf Transsylvanien stossen musste, ein Land, das nach James Frazer wie kaum ein anderes eine wahre Fundgrube des Vampirismus ist (James Frazer: *The Golden Bough*. London 1890). Den eigentlichen Anstoss für die Konzeption des später weltberühmt gewordenen Vampirromans scheint jedoch die Begegnung mit dem ungarischen Orientalisten Hermann Vambery gegeben zu haben (Märtin 1991: 166). Von Vambery erfuhr Stoker vom unglücklichen Grafen Vlad III. Tzepes (1431–1476 oder 1477), genannt Dracula. Wegen seinen Grausamkeiten, die wohl kaum wesentlich über das zu jener Zeit Übliche hinausgingen, erhielt Dracula den Beinamen »der Pfähler« (Harmening 1983: 17).

Geschichte machte der historische Dracula nicht als Vampir, sondern als heldenhafter Verteidiger des Abendlandes wider die anstürmenden Türken. Der Dank war gering. Schon zu seinen Lebzeiten wurden gegen ihn Verleumdungskampagnen angezettelt. Flugblätter aus dieser Zeit zeigen ihn als grimmig dreinblickenden Walachenfürsten. In den dazugehörigen Texten wird in allen Einzelheiten die »graussemliche erschrockenliche hystorien von dem wilden wuetrich Dracole wayde« geschildert. Als ihn die Türken endlich zu fassen kriegten, schlugen sie ihm das Haupt ab und legten es zur Konservierung in Honig. Schon von daher hätte sich der wahre Dracula, alias Vlad III. Tzepes, wohl kaum als Vampir geeignet. Kopflose Vampire gibt es nicht.

Was den Erfolg von Bram Stokers »Dracula« ausmacht, ist die Verbindung des transsylvanischen Vampirglaubens mit der »histori von dem posen Dracol«. Zudem gelang es Stoker, das Übersinnliche wirklichkeitsnah zu schildern und das Authentische glaubwürdig mit der Fiktion zu einem Gesamtwerk zu verbinden. Durch die Erzählform – Tagebuchauszüge, Briefe, Zeitungsnotizen und Protokolle – erhält der Leser den Eindruck, es werde vor ihm Stück für Stück ein durch Dokumente belegter authentischer Fall ausgebreitet.

Lucy Westenraa wird zum Vampir

Auszug aus Dr. Sewards Tagebuch

»Dann aber kam plötzlich jene seltsame Veränderung, die mir schon in der Nacht aufgefallen war. Ihr Atem wurde keuchend, der Mund öffnete sich, und das bleiche, zurückgezogene Zahnfleisch liess die Zähne überaus lang und spitz erscheinen. Suchend, unbewusst, wie eine Nachtwandlerin, öffnete sie ihre Augen, die zugleich hart und trübe aussahen, und sagte mit leiser, wollüstiger Stimme, wie ich sie noch nie von ihr gehört: ›Arthur, mein Geliebter, ich bin so froh, dass du gekommen bist! Küsse mich!‹ Arthur beugte sich hastig über sie, um sie zu küssen. Aber im gleichen Augenblick sprang van Helsing, der, wie ich, über den Klang ihrer Stimme erstaunt war, auf ihn zu und riss ihn am Genick packend, mit beiden Händen weg.«

Aus: Bram Stoker: Dracula. München 1967.

Vamprismus in Osteuropa

Der Weg des Vampirs vom hässlichen Blutsauger zum geheimnisvollen Grafen Dracula in Francis Ford Coppolas schaurig-schönem Filmepos ist lang.

Die Vorstellung von Toten, die nachts als Geister die Gräber verlassen, um den Lebenden das Blut auszusaugen, lässt sich schon im antiken Griechenland nachweisen. Auch später taucht der Vampir vor allem bei den Bewohnern Südosteuropas auf.

Die Herkunft des aus dem Serbokroatischen stammenden Wortes liegt im Dunkeln. Vielleicht geht es zurück auf *upirina* (Gespenst), wie auch in Polen die Vampire als *upyr* und *upierzyca* ihr Unwesen treiben

Vlad III. Tzepes, genannt Dracula. Nürnberger Druck um 1520. Ehemalige Preussische Staatsbibliothek. (Nach HARMENING 1983.)

(PETZOLDT 1990: 168). Bei den Griechen heissen die Blutsauger *broukalakas*. Das sind Verstorbene, die zu Lebzeiten Fleisch von Lämmern genossen haben, die von Wölfen gerissen wurden (MEYER 1884: 345). Aber auch Verfluchungen und sündhaftes Leben können dazu führen, dass bestimmte Menschen nach dem Tod als Vampire umgehen müssen.

Die slowenische Ausformung des Vampirs ist der *Strigon*. Davon abgeleitet ist die Bezeichnung *Strega* für die italienische Hexe. Auch die *Strräggele*, der weibliche Totendämon des Luzerner Hinterlandes, geht auf den *Strigon* zurück, mit dem sie hinsichtlich des Auftretens vieles gemeinsam hat. Zu dieser Gruppe ist auch das in der Nacht aufhockende *Schrätteli* zu rechnen, das bei uns *Toggeli* genannt wird. Überhaupt ist das Phänomen des Vampirismus nicht auf Osteuropa beschränkt. In Nordmähren und Schlesien sind noch im 18. Jahrhundert vermeintliche Vampire ausgegraben und exekutiert worden. In Ostpreussen sprach man von Blut- oder Doppelsaugern, an anderen Orten nannte man sie schlicht Nachzehrer. Das serbische Wort Vampir als allgemeine Bezeichnung für Blutsauger hat sich erst im Zusammenhang mit Bram Stokers »Dracula« bei uns eingebürgert.

Das Grenzland zwischen Ostpolen und Weissrussland ist die Heimat der polnischen Vampire Upyr und Upierzyca.

Gegen die nachts herumstreifenden Nachzehrer schützen Kreuze und Kruzifixe. Mit Holzschindeln gebildetes Kreuz an einem Bauernhaus in Ruswil. (Sammlung des Verfassers.)

Als Vampire umgehende Verstorbene wurden vernichtet, indem man die Toten ausgrub, ihnen mit einem Spaten den Kopf abschlug und durch ihr Herz einen Holzpflock trieb. Den Kopf legte man dem Toten zwischen die Beine. Noch im Jahre 1732 wurden in Serbien dreizehn Vampire ausgegraben und nach der oben beschriebenen Weise unschädlich gemacht. Selbst im 20. Jahrhundert sind Fälle von Leichenschändungen bekannt geworden, bei denen der Glaube an die Wiederkehr des Toten als Vampir den Ausschlag gegeben hatte. Auch Lucy Westenraa findet in Bram Stokers »Dracula« schliesslich dieses Ende: »Ich werde ihr den Kopf abschneiden, den Mund mit Knoblauch füllen und ihr dann einen Pfahl durch den Leib treiben«, sagt van Helsing mit Blick auf die nun schon eine Woche im Grab liegende Lucy, deren Körper noch keinerlei Anzeichen von Verwesung zeigt.

Zu verändern begann sich das Bild des Vampirs bereits in der ersten Hälfte des 19. Jahrhunderts. Aus den hässlichen rohen Kreaturen, die Vampire nach dem Volksglauben sind, wurden geheimnisvolle Gestalten mit einem Hauch von Erotik und Unnahbarkeit. Dichter wie Goethe, Baudelaire und Lord Byron entdeckten die Blutsauger als literarische Gestalten. Die Untoten wurden Mode. Aber erst durch Bram Stoker entstand jene Gestalt, die als Graf Dracula durch unzählige Filme geistert.

Der Vampir bei Lord Byron

»Darwell, der dem Anscheine nach in früheren Jahren ungewöhnlich stark gewesen sein musste, nahm seit einiger Zeit immer mehr und mehr ab, ohne dass doch eine bemerkbare Krankheit eintrat: er hatte weder Husten noch Schwindsucht, und dennoch wurde er täglich schwächer. Seine Lebensart war mässig und Anstrengungen vermied er weder, noch beklagte er sich darüber; doch er magerte augenscheinlich ab, entbehrte des Schlafes, wurde immer schweigsamer und schweigsamer, und änderte sich zuletzt so gänzlich, dass meine Besorgnis mit der Gefahr wuchs, in der er mir zu sein schien.«

Aus: George Gordon Byron: Fragment des Vampyr. Deutsch von Adolf Böttger. Leipzig 1850.

Vampirismus als besondere Form des Albtraums

Zu Beginn des 18. Jahrhunderts drang das Phänomen des serbischen Vampirismus nach Wien, wo es eine erste Welle von Vampirdiskussionen auslöste. Den Ausschlag dazu gab der Fall des verstorbenen Serben Paole

Plogojewitz, der als Vampir wiedergekehrt und im Zeitraum von acht Tagen neun Personen heimgesucht hatte, die alle innerhalb von vierundzwanzig Stunden starben. Die seltsame Geschichte beschäftigte auch den Wiener Hofkriegsrat, und zwar, weil das Problem bei den nichtdeutschstämmigen Siedlern an der auch nach dem Frieden von 1718 unsicheren Grenze des Habsburgerreichs zum Osmanenreich auftrat.

In der Folge haben sich bedeutende Gelehrte mit der Frage des Vampirismus befasst. Ihre Berichte sind besonders aufschlussreich, weil sie die als »Krankheit« bezeichneten Fälle aus der Sicht des interessierten Wissenschaftlers genauestens beschreiben. Klaus Hamberger hat die Dokumente gesammelt, mit Kommentaren versehen und 1992 in einem unfangreichen und höchst aufschlussreichen Werk publiziert.

Die frühesten Berichte beschreiben verschiedene konkrete Fälle von Vampirismus. Dann folgen Untersuchungen und Briefwechsel, in denen die Gelehrten ihre Theorien zu den Ursachen des Vampirismus darlegen. Dazu die folgenden Textauszüge:

Im 6. Buch der »Topographia Carolinae« berichtet der österreichische Landeshauptmann Johann Weichard Freiherr von Valvasor 1689, dass man in Slowenien gewisse Zauberer und Hexenmeister, die den Kindern das Blut aussaugen, *Strigon* nenne. »Wann nun solcher Strigon einmal verreckt, so halten sie dafür, er gehe gegen Mitternacht im Dorf herum, klopffe und schlage an die Häuser, und aus selbigem Hause, da er angeklopfft, werde in den Tagen einer sterben. Und alsdenn jemand daraus stirbt, sprechen die Bauern, der Strigon hat ihn gefressen« (nach Hamberger 1992: 72).

Aus dem Pariser »Mercure Galant« von 1693/1694 erfahren wir, wie das »Fressen« tatsächlich geschah: »Man sagt auch, die Vampiren haben Hunger und verzehren sogar das Leintuch, in welches sie gewickelt seynd: sie (oder der böse Geist in ihrer Gestalt) kommen aus ihrem Grab bey der Nacht zu ihren Verwandten, drucken diesselben und saugen ihnen das Blut dergestallten aus, dass sie gäntzlich darvon erschwächen und sterben« (vollständiger Text bei Hamberger 1992: 77).

Ähnlich wie beim Toggeli klagen die vom Vampir heimgesuchten Personen insbesondere über Atemnot und allgemeine »Brustbeschwährnusse«. In den Berichten ist die Rede von Beklemmung, einer Trübung der Augen, schwachem Puls, Mundtrockenheit, hitzigen Aufwallungen und der Verengung der Atemwege. Nach dem 1733 gedruckten Werk »Vernünftige und christliche Gedancken über die Vampirs oder blut-saugenden Toten« des Braunschweiger Professors und Theologen Johann Christoph

Harenberg (1696–1774) vermeinten die Betroffenen, »dass ihnen eine unsichtbare Gewalt auf der Gurgel gespielet, und ihnen die Brust zusammen gezogen habe«. Da noch kein gesunder Mensch einen Vampir zu Gesicht bekommen hat und der Dämon zudem nur in der Nacht auftritt, hält Harenberg den Vampirismus für eine besondere Form des Albtraums: »Denn welcher Gesunde hat ein würgendes Wesen um sie gesehen? Die Krancken selbst sind aus dem Schlaffe aufgefahren, und haben sofort geklagt, dass sie diesen oder jenen im Schlaffe gesehen, von welchen sie gewürget würden« (nach Hamberger 1992: 122).

Eine Parallele dazu ergibt sich im bereits geschilderten Fall des jungen Mannes, der im Toggeli eine ehemalige Arbeitskollegen zu erkennen glaubte (siehe Seite 131: Das Toggeli in der Stadt Luzern). Unzweideutig hat diese Begegnung einen erotischen Aspekt, wie er auch im Vampirglauben zu beobachten ist. Männer erfahren das Toggeli oft als nackte hübsche Frau, wie auch Frauen vermeinen, mit dem Vampir Geschlechtsverkehr zu haben. Dazu nochmals ein Auszug aus Valvasors »Topographia Carolinae« von 1689: »Was noch mehr ist, so glauben auch diese vielglaubenden Bauern, dass solche umgehende Strigons ihnen bey nächtlicher Weile ihre Weiber bekriechen, und würcklich beschlaffen, wiewol kein einziges Wort dabey reden. Ich besorge aber, dass auch offt wol die Witwen, zumal wann sie noch jung und schön seynd, von recht fleischlichen Geistern recht würcklich und wachsamlich beschlaffen werden. Also seynd sie der gäntzlichen Meynung, es werde ihnen diss Gespenst keine Ruhe lassen, bevor sie ihm einen Pfahl von Dorn-Holz durch den Leib schlagen« (nach Hamberger 1992: 72).

Der Leipziger Mediziner Johann Christoph Meinig vergleicht den Vampirismus mit dem Albdruck, wenn er in seiner Schrift »Besondere Nachricht von denen Vampyren oder sogenannten Blut-Saugern« (Leipzig 1732) sagt: »Ich bin gewiss versichert, dass wer von dieser Krankheit des Alp-Drückens befallen gewesen, wird wissen, mit was vor Angst, Furcht und Schrecken er umgeben, wie lebhafft ihm die Fantasie eine Person, welche sich auff ihn legt, und ihn drücket, darstellet, da solches doch vom Geblüthe und von einer spasmodica musculorum thoriacis contractione [krampfartiges Zusammenziehen der Muskeln], welche mit einer anxia et valde laboriosa respiratione [beschwerliche Atmung] verknüpfft, eigentlich seinen Ursprung genommen, und wenn wir dieses auf unseren vorhabenden Casum appliciren, sehen wir hier eine ziemliche Gleichheit mit dieser Kranckheit. Denn erstlich kömmt unsern Patienten eben das im Schlaffe vor, nehmlich dass sie gedrückt und geplagt werden, was denen, welche der Alp drücken soll, begegnet« (nach HAMBERGER 1992: 121).

Vieles deutet folglich darauf hin, dass besondere Vorstellungen im alpenländischen Volksglauben in engem Bezug zum Vampirismus stehen. Ein Beispiel ist der weit verbreitete Glaube an ein Nachsterben, wenn der Leichnam eines Toten nicht starr wird oder der Verstorbene ein frisches, »lebendiges« Aussehen hat, wie auch die Unverweslichkeit ein besonderes Merkmal des Vampirs ist. Dazu ein Auszug aus dem Bericht des französischen Botanikers Pitton de Tournefort (1656–1708), der vom wieder ausgegrabenen Leichnam eines verstorbenen griechischen Bauern, der als Broukalakas den Lebenden nachstellte, schreibt, dass der »Körper nicht erstarret gewesen sey, als man ihn von dem Felde in die Kirche brachte, um ihn daselbst zu begraben, und dass er folglich ein wahrer Vroucolacas sey« (HAMBERGER 1992: 68).

Wie man die Nachzehrer erkennt

»Stirbt Jemand aus einem Hause und wird die Leiche nicht steif, so ist das eine Anzeige, dass binnen 3 Monaten aus derselben Familie noch eine Person hinscheiden werde. (Lucern)«

Wie man in Erfahrung bringen kann, wer im nächsten Jahr sterben muss

»Von welchem Stand, Geschlecht oder Alter am Neujahr Leichen da sind, von eben derselben Art wird es die meisten Todten geben dieses Jahr hindurch. (Lucern)«

(LÜTOLF [1862] 1976: 552)

Ein wesentlicher Unterschied zwischen dem nächtlichen Besuch des Toggeli und jenem des Vampirs besteht in den Folgen, welche mit dem Besuch des Dämons verbunden sind. Während das Toggeli bloss Angstzustände und Schlaflosigkeit bewirkt, führt die Begegnung mit einem Vampir in der Regel nach kurzer Krankheit zum Tod des Befallenen, wobei sich auch hier die Phänomene des Albdrucks und des Vampirismus gegenseitig überlagern.

Die traditionellen Auffassungen von Krankheit und Besessenheit

Nach altem Glauben werden Krankheiten von bösartigen Dämonen, Wiedergängern und Hexen verursacht. Mit heiligen Zeichen, Segenstexten und Amuletten versuchte man, diese Wesen zu vertreiben und die Menschen von Krankheiten zu befreien.

Nach der Vorstellung vieler Völker sind Krankheiten personifizierte Dämonen. Sie haben körperliche Gestalt, können sprechen, handeln und vom Menschen Besitz ergreifen. In einem Märchen aus dem Tibet kommt ein an der Wassersucht leidender Mann in einen Hain, in dem ein Dämon haust. Als dieser den Vorübergehenden packen will, tritt aus dem Körper des Mannes die Wassersucht und sagt: »Was bedrohst du diesen Menschen, den ich schon in Besitz genommen habe?«

Die gleichen Vorstellungen lassen sich auch im europäischen Volksglauben nachweisen. Sogar Luther machte den Teufel und verschiedene Dämonen für die Entstehung einer Reihe von Krankheiten verantwortlich. Auch in unserer Sprache kommt die Auffassung eines körperlich gedachten Krankheitsdämons zum Ausdruck. Der Mensch wird nicht einfach krank, sondern die Krankheit fällt den Menschen an, packt oder ergreift ihn und wirft ihn nieder. Sie nagt, zehrt und rüttelt an ihm, bis er stirbt. Sie kann den Menschen aber auch wieder loslassen oder durch geeignete Mittel aus dem Körper des Kranken vertrieben werden. Als koboldartiges Wesen springt die Fallsucht (Epilepsie) ihre Opfer an und wirft sie zu Boden. In den verzerrten Gesichtern der Kranken glaubte man die Fratze und in den unkontrollierten Bewegungen das Wirken des Dämons zu erkennen.

Auch Nachtgeister wie das Jütel in Sachsen, der Nachtmahr in Süddeutschland oder das bei uns bekannte Toggeli gelten als Erreger von Krankheiten. In der Dunkelheit schleichen sich diese besonders heimtückischen Dämonen heran. Wie Katzen springen sie plötzlich auf die Brust des Schlafenden und beginnen ihn zu drücken und zu würgen, bis der Gepeinigte mit einem Aufschrei erwacht oder sich in halbwachem Zustand dreht und wieder in einen unruhigen Schlaf fällt.

Dämonische Tiere als Erreger von Krankheiten

Magenschmerzen und das Reissen und Wühlen in den Gedärmen schrieb man nagenden und sich windenden Tieren zu, die sich im Körper des Menschen aufhalten. Die angeblichen Laute der in den Gedärmen hausenden dämonischen Schlangen, Eidechsen und Fröschen wie auch das

Von jeher werden Ammoniten, die fossilen Überreste schalentragender Tintenfische, ihrer Form wegen als Schlangensteine bezeichnet. Schlangensteine schützen vor Krankheit, Behexung und Blitzschlag. (Sammlung des Verfassers.)

seltsame Knurren und Gluckern sind nichts anderes als Geräusche, die als Folge einer gestörten Verdauungstätigkeit auftreten.

Noch um die Mitte des 19. Jahrhunderts glaubte man in Schwaben, dass Kröten und Frösche im Leib wachsen würden, wenn man den Laich dieser Tiere mit dem Trinkwasser erwische. Dazu schrieb 1864 ein schwäbischer Arzt, er habe mehrere »solche Leute mit Fröschen, die man quaken hört, untersucht, die meisten litten an organischen Herzfehlern (Verwachsungen); der Schrei, welchen man allerdings deutlich hört und der mit einem Lurchlaut Ähnlichkeit hat, geht immer synchronisch mit dem Herz- oder Pulsschlag« (Buck 1865: 20).

Um sich mit den im Leib hausenden Wesen zu versöhnen oder um sie los zu werden, brachte der Mensch schon in vorchristlicher Zeit besondere Opfer dar. Aus der Bronzezeit stammen die in St. Moritz gefundenen Weihegaben, und in die Zeit der Römer zurück reichen die Votivbeilchen, die an verschiedenen Orten der Schweiz ausgegraben wurden (Durrer 1982: 10).

Unter dem Einfluss dieser archaischen Vorstellungen hat sich im christlichen Kult der Glaube an Heilung durch Opferung erhalten. Bei Darmgicht, Krämpfen, Koliken, Geburtsschmerzen und Bauchweh opferte man an vielen Orten in Wachs geformte Haspeln, die man

»Erasmuswickel« nannte. Sie nehmen Bezug auf das Martyrium des heiligen Erasmus, der bei Unterleibsbeschwerden angerufen wird. Man glaubte, dem Heiligen seien bei lebendigem Leib die Gedärme mit einer Haspel aus dem Bauch gerissen worden. Davon weiss die Vita des Heiligen jedoch nichts. Eine aus dem 8. Jahrhundert stammende Darstellung zeigt ihn stattdessen in einem Kessel mit siedendem Öl. Neben dem Kessel sind seine frühesten Attribute Engel, die ihn besuchen, und Raben, die den Eingekerkerten ernähren. Das Missverständnis entstand aufgrund der im Mittelmeerraum schon früh verbreiteten Verehrung des heiligen Erasmus als Schutzpatron der Seeleute. Um ihn als Patron der Schiffer kenntlich zu machen, stellte man ihn mit einer Schiffswinde und dem um sie gewickelten Schiffstau dar. Als sich die Verehrung des Märtyrers im späten Mittelalter auf die Binnenländer nördlich der Alpen ausdehnte, verstand man dieses Attribut nicht mehr. Aus der Schiffswinde wurde eine Haspel und das Schiffstau deutete man als die aufgewickelten Därme des Heiligen. Durch diese Verwechslung entstand die Vorstellung von seinem Martyrium und seiner »Zuständigkeit« bei Unterleibsbeschwerden (JUNGBAUER 1934: 166).

Bei Halsschmerzen, die das Sprechen erschweren, sagt man noch heute, man habe eine »Kröte« (*Chrott*) im Hals. In diesen Vorstellungsbereich gehört auch die Auffassung, wonach die Gebärmutter ein im menschlichen Körper lebendes selbständiges Wesen ist. Im deutschsprachigen Raum hat dieses Tier die Gestalt einer Kröte, die im Innern aufsteigt, beisst und nagt. In späterer Zeit wurde die im Unterleib sitzende Kröte nicht nur für Gebärmutterschmerzen, sondern allgemein für Bauchleiden, Magenkrämpfe und Koliken verantwortlich gemacht. An Wallfahrtsorten geopferte Kröten aus Eisen oder Wachs sind wie die Erasmuswickel ein Hinweis, dass man an diesen Orten Heilung von Unterleibsleiden erhoffte.

Das Krötenopfer ist in der Innerschweiz an verschiedenen Orten nachgewiesen. In der Schlosskapelle von Wartensee bei Neuenkirch im Kanton Luzern hinterlegte man noch im 19. Jahrhundert Kröten aus Blech und Holz als Dank für erlangte Heilung. Auf einem der Votivtäfelchen, die dort nebst den Kröten hinterlegt wurden, stand:

»Mi Bärmuotter das bös Thier,
Hed mi ufg'frässä schier.«

(LÜTOLF [1862] 1976: 351)

Nach altem Glauben ist die Gebärmutter ein im Körper der Frau lebendes Wesen, das die Gestalt einer Kröte hat. An Wallfahrtsorten geopferte Kröten aus Wachs sind ein Hinweis, dass man an diesen Orten Heilung bei Gebärmutterleiden erhoffte. (Abguss nach einem Model des 18. Jahrhunderts, Pfaffenhofen, Deutschland.)

In die Kapelle Sankt Mauritius in Schötz, die heute vor allem bei Beinleiden aufgesucht wird, ging man offenbar auch bei Unterleibskrankheiten. Nach einer Eintragung im auf 1492 datierten Mirakelbüchlein der Kapelle opferte eine gewisse Anna Brodbeckin aus Cham zwei Pfund Wachs. Daraus formte man »ein hertz vnd ein krott« (ZIHLMANN 1985: 48).

Wie bei Jeremias Gotthelf hat die Pest oft die Gestalt einer schwarzen Spinne. Sie wird gefangen, in Balken gebannt oder eingetäfert. Wird das Tier mutwillig oder aus Unachtsamkeit befreit, bricht die Seuche von neuem aus. In einer Sage aus dem Kanton Luzern wird der Pestdämon als blauer Dunst wahrgenommen. Er schlüpft in einen Spalt, dessen Öffnung mit einem Keil verschlossen wird.

Die Pest wird verkeilt

»Eine verheerende Pest entleerte das eine Stunde von Lucern entlegene Pfarrdorf Meggen. Da sahen eines Tages im Loch, einem alten von Holz gebauten Hause am See die Leute ein kleines blaues Räuchlein daher schweben und in eine kleine Spalte der Stubenwand hineinfahren. ›Das ist die Pest‹, sagte einer der Anwesenden, ging und trieb einen Keil in selbe Öffnung. Von Stund an hörte im Orte das Übel auf. Nach vielen Jahren zog ein Glied der Familie in fremden Kriegsdienst. Als der Soldat einst wieder nach Hause kam, erinnerte er sich, wie sein Auge auf eben jene Stelle der Wand blickte, des Vorfalls und scherzend sprach er: ›Will doch sehen, ob das Räuchlein noch da drinnen ist.‹ Im gleichen Momente zog er, obwohl ihn eine Person dringend abmahnte, schnell den Zapfen und das blaue Räuchlein huschte hinaus. Die Pest, wieder befreit, streckte gleich den Vorwitzigen als erstes Opfer dahin, machte dann jenes ganze Haus aussterben und raffte viele Andre im Dorfe weg.«

(Lütolf [1862] 1976: 114)

Verpflöckungen, in die Geister, der Teufel und Krankheitsdämonen gebannt wurden, findet man oft beim Umbau alter Bauernhäuser. Einige dieser Zeugnisse alten Volksglaubens gelangten ins Landwirtschaftsmuseum Burgrain. An ihrem angestammten Platz geblieben ist die Verpflöckung im Keller des Museums Ronmühle in Schötz (siehe Seite 64 und Abbildung Seite 65).

Magisch-religiöse Schutzmittel

Gegen die vom Teufel und bösartigen Dämonen verursachten Leiden helfen die Segnungen der Kirche. Aber auch Christus, der durch den Tod am Kreuz die Mächte der Finsternis besiegte, wird um Beistand angerufen. Die auf vielen Kreuzigungsbildern abgebildete Schlange personifiziert deshalb das besiegte Böse und das Teuflische. Wer sich unter den Schutz Gottes und seiner Heiligen stellt, ist gegen die Angriffe der Dämonen gefeit. Wird der Mensch dennoch von einem Krankheitsdämon gepackt, ist dies die Strafe für seine Verfehlungen gegenüber den Gesetzen Gottes.

Vor dem bösen Blick und vor Verzauberung schützen Benediktusmedaillen. Man erkennt sie an den vielen Buchstaben, die auf den ersten Blick keinen Sinn ergeben. Die Umschrift lässt jedoch keinen Zweifel offen, wozu sie »gut« sind: Die Buchstaben »V. R. S.«. sind die Abkürzung eines lateinischen Bannsegens, der mit »Vade retro Satana«, »Weiche zu-

Gesegnete Benediktusmedaillen schützen gegen die Anfechtungen des Teufels, gegen Behexung und Zauberei. Sie vertreiben die Verzweiflung und beruhigen besessene Personen. (Sammlung des Verfassers.)

rück, Satan«, beginnt. Der eigentliche Segenstext gibt Aufschluss darüber, dass sich der Teufel in der Gestalt einer Schlange des Menschen bemächtigt, wenn es auf den Kreuzbalken heisst: »Crux Sacra Sit Mihi Lux Non Draco Sit Mihi Dux.« Übersetzt lautet der Spruch: »Das heilige Kreuz sei meine Licht (meine Zuflucht), damit mich der Drache (der Teufel) nicht beherrscht.« Auf der Rückseite der Medaille ist der heilige Benedikt abgebildet. Noch heute können diese Medaillen an Wallfahrtsorten gekauft werden. Ihre schützende Kraft können sie nur entfalten, wenn sie vor dem Gebrauch von einem Geistlichen gesegnet wurden.

Der Ursprung der Benediktusmedaille reicht zwar nicht, wie viele Überlieferungen besagen, in die Zeit des heiligen Benedikt zurück, des Gründers des nach ihm benannten Ordens der Benediktiner. Trotzdem ist der Gebrauch von Medaillen als vielfältige Schutz- und Heilmittel sehr alt, zumindest der Legende nach. Nach einem 1865 datierten Ablasszettel erhielt die Verehrung durch eine wundersame Begebenheit Aufschwung: Bruno Graf Eguisheim-Dagsburg, der spätere Papst Leo IX. (1049–1054), erkrankte als Jüngling an den Folgen eines ihm »von einer scheusslichen Kröte beigebrachten giftigen Bisses«. Zwei Monate lag er auf dem Krankenbett und war, der Sprache bereits nicht mehr mächtig, dem Tode nahe. »Da sah er«, heisst es auf dem erwähnten Gebetszettel, »von seinem Bette eine lichtvolle Leiter bis zum Himmel reichen und auf ihr einen ehrwürdigen Greis im Mönchsgewande, den heiligen Benedikt, niedersteigen, welcher, ein strahlendes Kreuz in der Hand haltend, mit demselben sein giftgeschwollenes Angesicht berührte, hiedurch ihn plötzlich heilte und wieder verschwand.« Seither wird die Medaille als »Schutzwache gegen alle Nachstellungen des bösen Feindes« um den Hals getragen, auf Futterkrippen genagelt oder an Rosenkränze und Amulettketten gehängt. Beim Kauf einer Medaille erhielt man früher einen Zettel, auf dem die Wirkungen der Medaillen und die päpstlichen Ablässe aufgeführt waren.

Wirkungen der St.-Benediktus-Medaillen

1) Dienen sie wider alle Zauberei und Nachstellungen des Satans.
2) Verhindern sie den bösen Leuten allen Zutritt an die Orte.
3) Behüten sie vor dergleichen Unheil das Vieh.
4) Machen sie, dass man sicher den Butter rühren kann.
5) Beruhigen sie die besessenen Personen.
6) Widerstehen sie allem Betrug und Verblendung des Satans und seiner Gehülfen.
7) Helfen sie wider die Anfechtungen.
8) Vertreiben sie die verzweifelnden Gedanken und schädlichen Gesinnungen.

Man trägt sie am Hals oder sonst bei sich, begräbt sie unter der Thürschwelle oder heftet sie an die Thürschwelle; lege es dem bezauberten Vieh ins Wasser, wovon es trinkt.

Man soll dabei ein festes Vertrauen auf Gott, die Verdienste Jesu Christi und die Fürbitte des heil. Vaters B. [Benedikt] setzen.

O. A. M. D. G.
(Omnia ad majorem dei gloriam)
(Alles zur grössern Ehre Gottes)

Abschrift eines Zettels, den man beim Kauf einer Benediktusmedaille erhielt. Aus: Pfyffer zu Neueck: Unglaube und Aberglaube. Eine Volksgeschichte. Das 1848 in Luzern gedruckte Traktat befindet sich im Besitz des Verfassers.

Am Original berührte Kopien des Loretokindls und die wahre Länge des Sarner Jesuskindes helfen bei den verschiedensten Leiden. (Foto: Stephan Kölliker, Ruswil.)

Im Kloster der Kapuzinerinnen in Salzburg kann man sich bei den verschiedensten Anliegen das »Loretokindl« aufsetzen lassen. Das »Kindl« ist ein winziges, nur knapp zehn Zentimeter hohes Elfenbeinfigürchen. Es wird in einem Holzkästchen aufbewahrt, das »Stammenhaus« oder »Stammhäusel« genannt wird (Zenetti 1987: 110). Beim so genannten Aufsetzen wird das Gnadenkindlein mitsamt dem Kästchen auf den Kopf oder die erkrankte Stelle der betreffenden Person aufgelegt. Anschliessend wird mit dem Gnadenbild der Segen erteilt.

Sehr beliebt beim Volk sind auch vom Loretokindl berührte Kleidchen, Stoffandenken und Bildchen, die als »wundertätig« angesehen werden. Die vom Kloster in alle Welt verschickten Figürchen oder Bildchen des Loretokindleins werden vor dem Versand gesegnet und mit ihnen das Original berührt. Beim »Aufsetzen« muss das mitgegebene Gebet gesprochen werden, wobei an den im Gebet mit einem Kreuz bezeichneten Stellen mit dem Figürchen oder dem Bild ein Segenskreuz gemacht werden muss.

Segensgebet beim Aufsetzen des Gnadenkindleins von Loreto in Salzburg

»Es segne Dich Gott † der Vater, der dich erschaffen, † der Sohn, der Dich erlöst, † der Heilig Geist, der dich geheiligt hat. Der Segen der heiligsten Dreifaltigkeit sei mit Dir auf allen Deinen Wegen und bewahre Deinen Leib und Deine Seele vor allem Unheil. Amen.

Mit Deinem göttlichen Kindlein segne uns, o Du allerreinste Jungfrau-Mutter Maria! O allmächtiges Jesulein, in dem die ganze Fülle der Gottheit wohnt, das Du ganz Liebe und Güte bist, reich für alle, die dich anrufen. Du Quelle des Lebens und der Heiligkeit, des vollkommenen Trostes, Du unser Friede, unsere Versöhnung, Du Rettung aller, die auf Dich hoffen, Deinem Herzen vertraue ich an (diese Seele, dieses Anliegen, dieses Leid ...). Blicke darauf und dann tue, was Deine Liebe Dir eingibt! – O liebreichstes Jesulein, das Du schon durch unzählige Gnadenerweise Dein Wohlgefallen an der Verehrung Deiner heiligsten Kindheit in diesem Bilde geoffenbart hast, erbarme Dich unser! – Verherrliche Deinen heiligsten süssesten Namen auch an uns! Sei uns Jesus! Sei uns Heiland! Amen.«

Gebetszettel zum Loretokindlein in Salzburg. Verlag Anton Pustet in Salzburg.

In diesem Zusammenhang ist auch der Gebrauch von geweihten Linnen zu sehen, die am Sarner Jesuskind anberührt und von vielen Menschen bei allen möglichen Leiden als magisch wirkendes Schutz- oder Heilmittel verwendet werden.

Die Legende des Sarner Jesuskindes, in ihrer ältesten Form von einer Klosterfrau 1634 aufgeschrieben, berichtet uns, dass einst am Abend vor dem Weihnachtsfest eine »gottselige Schwester« so krank darnieder lag, dass es ihr unmöglich war, die Weihnachtsmesse zu besuchen. Da bat sie eine ihrer Mitschwestern, man möge ihr das Jesuskind bringen und auf das Krankenbett legen. Dann verbrachte die fromme Nonne die folgenden Stunden in Betrachtung der Menschwerdung Christi. Plötzlich geschah es, dass sich das Kind bewegte. In einem 1818 gedruckten Andachtsbuch zur Verehrung der Kindheit Jesu »bey St. Andreas zu Sarnen« heisst es: »Und siehe, während sie so bethete, veränderte sich die Gestalt des Bildnisses. Der rechte Fuss des Kindleins hob sich in die Höhe, und indem sich der rechte Arm mit der Weltkugel in der Hand auf das emporgezogene Knie senkte, drückte sich die linke Hand holdselig an das Herz«. (»Das Kind Jesus und der kindlich-demüthige Christ oder fromme Andachtsübungen zur Ehre der Kindheit Jesu«. Herausgegeben vom Kloster St. Andreas zu Sarnen. Sarnen 1818.)

In der Folge wurde das Sarner Jesuskind zu einem Gnadenbild, zu dem das Volk über Jahrhunderte hinweg in allen möglichen Anliegen Zuflucht nahm. Unzählige Bitten sind im Laufe der Zeit erhört und in den vom Kloster St. Andreas herausgegebenen Andachtsbüchern veröffentlicht worden. So bezeugen im oben erwähnten Andachtsbüchlein von 1818 Johann Karl Amstalden und seine Frau Anna von Kägiswil, »dass ihr dreyjähriges Kind im Jahre 1714 seinem, ein Jahr älter, in der Wiege liegenden Brüderchen, ein mit Messing gefasstes Zeichen, an welchem ein metallenes Ringlein war, in den Mund gestossen«. Der Anhänger blieb im Hals stecken und das Kind drohte zu ersticken. »Zum Schrecken und ohne zu wissen, was geschehen, ruft sie Jesum um Hülfe an.« Auf eine Eingebung hin hob sie das Kind an den Beinchen in die Höhe. Sogleich fiel das Messingzeichen aus dem Hals und der Bub war gerettet.

Von Leinenstückchen, mit denen das Gnadenbild berührt und die als wundertätige Heilmittel nach Hause genommen wurden, ist in den frühesten Berichten noch nicht die Rede. Als Opfergabe für das Jesuskind brachte 1812 eine Frau ein Stück Stoff ins Kloster. Sie erfüllte das Versprechen einer Bekannten, die zweimal ein Kind tot zur Welt gebracht hatte. In Erwartung des dritten Kindes hatte die unbekannte Mutter in höchster Bedrängnis gelobt, dem Sarner Jesuskind die Taufwindeln ihres dritten Kindes zu schenken, wenn dieses lebend zur Welt komme (*Das Kind Jesus* 1818: 240).

Erst im 19. und im 20. Jahrhundert ist in den Dankesbriefen regelmässig von wundertätigen Leinwandstücken die Rede, die man auf Geschwüre und schlecht heilende Wunden legte. In einem Brief vom 24. Mai 1925 heisst es: »Im Januar dieses Jahres musste ich mich einer schweren Operation unterziehen. Nach mehrwöchigem Leiden wollte die septische Wunde immer noch nicht heilen. In dieser trostlosen Lage legte ich gesegnete Linnen auf. Schon nach wenigen Tagen musste der Arzt zu seinem grossen Staunen vollständige Heilung konstatieren« (Eberle 1932: 30).

In der Volksmedizin schrieb man auch der ungeweihten Leinwand heilende Kräfte zu. Leinwandstücke dienten als Zwischenträger von Krankheiten. In Sachsen bestrich man damit Warzen, Ausschläge oder Flechten. Die gebrauchten Lappen mussten anschliessend in einen Sarg gelegt werden. Sobald sie verfault waren, verschwand auch die Krankheit (Seyfarth 1913: 210). In Norddeutschland gebrauchte man Stücke von Leinwand zur magischen Heilung von Gelbsucht. In Landshut vergrub man die Stofffetzen, die zuvor auf Warzen oder schlecht heilende Wunden gelegt worden waren, unter der Dachtraufe.

Dankesbrief vom 13. Juni 1925 über die Heilung eines Kindes

»Mein erstes Kind, ein Knäblein von zwei Monaten, wurde plötzlich von heftiger Magen- und Darmentzündung befallen. Es musste alles erbrechen. Zwei Ärzte behandelten das Kind. Ich fürchtete das Schlimmste. In dieser Not bat ich das Gnadenkind von Sarnen um Hilfe, liess zwei heilige Messen lesen, eine Novene halten und gebrauchte die gesegneten Linnen. Bald trat Besserung ein. Dass mein Kind nun wieder gesund ist, schreibe ich dem göttlichen Gnadenspender von Sarnen zu.«

(EBERLE 1932: 32)

Eine Gebetskette als Schutzmittel gegen Fallsucht und Besessenheit

In diesen Vorstellungen kommt der in die vorchristliche Zeit zurückreichende Glaube an einen Kampf des Guten gegen das Böse zum Ausdruck. Die für die Heilung von Kranken benutzten magisch-christlichen Formeln und Gegenstände haben den Zweck, sich des Guten zu versichern und den Menschen in seinem Kampf gegen die Krankheitsdämonen, die Werkzeuge des Bösen, auf einer anderen Bewusstseinsebene zu unterstützen.

Diese Auffassung entspringt der Erkenntnis, dass viele Krankheiten die Folge seelischer Unausgeglichenheit sind. Die durch Sünden und Ausschweifungen geschwächte Seele verliert ihre Abwehrkraft gegen das Böse. Dabei können die scheinbar christlichen Rituale und Praktiken nicht darüber hinwegtäuschen, dass sich das Christentum bloss über einen archaischen Untergrund geschoben hat, der in der Schweiz besonders im Alpenraum noch immer das kulturelle Unterbewusstsein bildet.

Ein interessantes Beispiel für die Vermischung von Magie und christlichem Glauben ist das grosse *Bätti* in der medizinhistorischen Sammlung der Stiftung Dr. Edmund Müller in Beromünster. Das *Bätti* ist eine Amulettkette, in der magisch wirkende Segenszeichen und Bilder des Leidens Christi zu einem Kompositamulett zusammengestellt wurden. Bezüglich Bedeutung, Herkunft und Zusammenstellung wird dieses Exemplar mit dem so genannten Bätti von Melchior Lussi (1529–1606) und dem Leidenspsalter des Landammanns von Obwalden, Wolfgang Stockmann (1571–1644), verglichen (vgl. RÄSS 1956). Alle drei Ketten bestehen aus verschiedenen Teilen, die aus Rosenkränzen aus dem Heiligen Land, Wallfahrtsandenken und Amuletten zu einem Ganzen zusammengefügt worden sind.

Die Fraisenkette in der medizinhistorischen Sammlung der Stiftung Dr. Edmund Müller in Beromünster. Aus der christlichen Gebetszählschnur ist durch das Hinzufügen von magisch wirkenden Schutzzeichen eine Amulettkette geworden. (Foto: Stephan Kölliker, Ruswil.)

Sowohl Melchior Lussi als auch Wolfgang Stockmann pilgerten zu den Stätten des Leidens und Sterbens Christi in Palästina. Wie es heute noch Brauch ist, brachten sie von ihrer Reise Andenken mit, darunter auch aus Holz gedrechselte Rosenkränze. In seinem 1590 bei Abraham Gemperlin in Freiburg gedruckten »Reissbuch gen Hierusalem« erwähnt Melchior Lussi als Erinnerungszeichen ein Steinstück aus der Geburtshöhle Marias, ein Aststück von einer umgefallenen Zeder und einen aus Terebinthenholz hergestellten Rosenkranz. (»Terebinthen« ist ein in den Reiseberichten oft verwendeter Sammelbegriff für verschiedene Pistacia- und Pinusarten, besonders *Pinus pinaster* Solander). Über dessen Herkunft schreibt Lussi auf Seite 40: »Item / auff halber Strass zwischen Bethlehem und Hierusalem zeigt man uns an der Strass einen alten holen Terebinth-Baum / under welchem Maria die wuerdige Muetter Gottes / wann sie von oder gen Hierusalem gangen offtermalen geruehet (…) es pflegen auch etwann andaechtige Pilger umb gedechtnuss der sachen und unser lieben Frawen Ehr willen sich zu bemuehen / dass sie Pater Noster auss Holtz dises Baums bekommen / welches ich meins theils auch gethan / und ein solch Pater Noster bekommen / welches mir so lieb und angenem / als ein koestlich Kleinot«.

In anderen Reiseberichten über die im 16. und 17. Jahrhundert in hoher Blüte stehenden Wallfahrten zählten die Autoren ebenfalls ihre Andenken auf. Viele brachten Dornen heim, die sie in der Umgebung von Jerusalem schnitten, andere sammelten Erde von heiligen Orten, erwarben bedruckte Zettel und Stoffe mit den darauf verzeichneten Abmessungen des Heiligen Grabes, füllten Jordanwasser in kleine Fläschchen und kauften Blumen und Kreuze, mit denen zuvor das Heilige Grab berührt worden war. Praktisch nie fehlten Rosenkränze und Paternoster, die aus dem Holz der auf dem Ölberg wachsenden Olivenbäume, aus Perlmutter, Edelsteinen, oder, wie der Rosenkranz von Melchior Lussi, aus dem wohlriechenden Terebinthenholz hergestellt waren.

Auch Teile des *Bätti* von Beromünster stammen vermutlich von Rosenkränzen, die Pilger aus dem Heiligen Land mitbrachten. Mit ziemlicher Sicherheit lässt sich dies vom Kreuzanhänger sagen, der zu den seit der Mitte des 18. Jahrhunderts aufgekommenen Stationenkreuzen gehört. Wesentliches Merkmal dieser Kreuze sind die durch Perlmuttereinlagen sinnbildlich dargestellten 14 Leidensstationen Christi. Die Metalleinfassung und die knopfartigen Abschlüsse der Kreuzbalken, die bei späteren Exemplaren fehlen, weisen auf einen frühen Typus hin. Stationenkreuze wie dieses kamen erst in Gebrauch, als sich um die Mitte des 18. Jahrhunderts die Unterteilung des Leidensweges Christi in 14 Stationen durchgesetzt hatte (KNELLER 1908: 104 f.). Sie wurden in Jerusalem in grosser Zahl hergestellt und als Wallfahrtsandenken an die Pilger verkauft. Sowohl durch ihre Herkunft als auch durch ihre Betonung des Passionalen standen die Stationskreuze in enger Beziehung zu den Stätten christlicher Andacht im Heiligen Land. Sie dienten nicht nur der Erinnerung, sondern auch der persönlichen Frömmigkeit.

Die aus der mittelalterlichen Passionsmystik hervorgegangene Kreuzwegandacht verlangte, wie das heute noch vorgeschrieben ist, die Betrachtung des im Bild dargestellten Leidens Christi. Dies kann durch den wirklichen oder geistigen Besuch eines Stationenweges (abgeleitet von lat. *statio*, still stehen) geschehen. Dabei geht der Gläubige von Bild zu Bild, spricht jedesmal ein Gebet und verharrt eine gewisse Zeit in der Betrachtung des Leidens Christi. Bei der häuslichen Andacht genügt es, die 14 Stationen in den in grosser Zahl gedruckten und an Wallfahrtsorten zum Verkauf angebotenen Andachtsbüchern zu betrachten oder sich die einzelnen Szenen anhand des Stationenkreuzes im Geist zu vergegenwärtigen.

Dass das Stationenkreuz im *Bätti* von Beromünster ausschliesslich diese Funktion erfüllte, kann in Frage gestellt werden. Zweifellos wurde zur Herstellung von Stationenkreuzen Perlmutter verwendet, da diese in der christlichen Zeit mit der Gottesmutter Maria identifiziert wurde, und sicher sind diese Kreuze vor allem aus religiösen Gründen gekauft worden. Andererseits wurden der Perlmutter seit je Dämonen abwehrende Kräfte zugeschrieben.

In der volksmedizinischen Praxis wirkte die glänzende Perlmutter gegen Krankheiten aller Art, gegen den bösen Blick und gegen Zauberei. Vom bösen Geist besessene Kinder glaubte man zu heilen, indem man ihnen einen glänzenden oder schillernden Gegenstand vor die Augen hielt. In einem Schutzamulett, das sich in der Schenkung Dr. Josef Zihlmann befindet, ist neben magisch wirkenden Stoffen, Pflanzen, Exorzismen und Segenszeichen auch ein Kreuz aus Perlmutter eingeklebt.

Stationenkreuze können deshalb auch die Funktion von Amuletten haben. Bestärkt wird diese Auffassung durch den Aufbau und die Zusammensetzung der Kette, die beide nicht den kirchlichen Bestimmungen entsprechen. Die Kette kann also nicht in erster Linie als Andachtsgegenstand verwendet worden sein, denn schon im 15. und 16. Jahrhundert gab es für die Gebetszählschnüre feste Formen. Rosenkränze bestanden einheitlich aus fünf, Psalter aus fünfzehn Dekaden. Eine Einteilung, die einem dieser Muster folgen würde, ist hier nicht feststellbar. Es fehlt die bei vollständigen Exemplaren übliche Unterteilung, bei der nach jeweils zehn kleinen Ave-Maria-Perlen eine grössere Paternoster-Perle folgt. Dazu kommt, dass die einzelnen Perlen aus allen möglichen Materialien bestehen, die alle im Zauberglauben eine bestimmte Bedeutung haben.

Aus dem Gewirr von Perlen und christlichen Segenszeichen lassen sich dennoch zwei Gebetszählschnüre rekonstruieren, nämlich ein Leidenspsalter von ursprünglich fünfzehn Dekaden, zu dem die Leidenswerkzeuge gehörten, und ein Fünfwunden-Rosenkranz von fünf Dekaden, der an den eingefügten Händen und Füssen zu erkennen ist. Beide hat man in späterer Zeit mit weiteren Rosenkranzperlen und Schmucksteinen unbekannter Herkunft zu dieser Kette zusammengestellt. Dadurch sind die ursprünglich der persönlichen Passionsfrömmigkeit dienenden christlichen Zeichen zu Amuletten umfunktioniert worden.

Die Kette als Ganzes diente somit magischen Zwecken; sie war ein Heil- und Abwehrmittel gegen angezauberte Krankheiten und ist folglich nicht mehr der christlichen Religion, sondern dem Volksglauben zuzuordnen. Ketten dieser Art waren »gut« gegen die *Frais*, ein Sammelbegriff für Krankheiten, die mit Besessenheit in Zusammenhang gebracht wurden. Damit stellt sich einerseits die Frage nach der Art der Krankheit und andererseits, welcher Zusammenhang zwischen ihr und dem Leiden Christi besteht.

Frais als Krankheitsbegriff

Der vom althochdeutschen Wort *freisa* abgeleitete Name *Frais* oder *Freis* bedeutet so viel wie Not, Schrecken, Angst, Zorn oder Wut. Der Begriff steht für krankhafte Zustände konvulsivischer Art wie Krämpfe, panischer Schrecken und epileptische Anfälle. Aus dieser allgemeinen Bedeutung hat sich eine eigene Krankheitsbezeichnung gebildet, die unter dem Begriff *Frais* nahezu alle Furcht und Schrecken erregenden Wut- und Zornanfälle zusammenfasst, wie sie besonders bei Epileptikern charakteristisch sind. Ein auffälliges Merkmal schwerer epileptischer Anfälle ist das Torkeln und plötzliche Hinfallen des Patienten, wobei sich sein Gesicht verkrampft und aus dem Mund Schaum austritt. Aus diesem Krankheitssymptom entwickelte sich in der Umgangssprache der Name Fallsucht, der ein Synonym für Epilepsie ist. Unter derselben Bezeichnung wird gelegentlich aber auch der Schlaganfall verstanden, der ebenfalls plötzliches Hinfallen bewirkt.

Wie bei vielen anderen unerklärlich auftretenden Krankheiten, der Gelbsucht und der Schwindsucht zum Beispiel, wird auch bei der Fallsucht von einer »Sucht« gesprochen. Der Begriff kann aber auch für das Leiden selbst stehen, wie das mundartliche *Gsüchti*, mit dem in der Schweiz das Rheuma bezeichnet wird. Neben der in mittelalterlichen Quellen gebräuchlichen lateinischen Bezeichnung *morbus caducus* stehen schon früh entsprechende Ausdrücke wie *daz fallende übel*, *fallendes Weh*, *schedelnde Gottestraf*, *böse Kranckheit* oder *böses Wesen*.

Wie die Fallsucht auftritt und was dabei zu tun ist

»In dem Anfalle selber sind sehr wenige Mittel zu versuchen. Man kann einen Anfall vom bösen Wesen durch nichts verkürzen, auch nicht einmal vermindern. Folglich muss man nichts vornehmen, um so viel weniger, da die Mittel oft das Übel verschlimmern. Man muss nur für die Sicherheit des Kranken sorgen, und verhindern, dass er sich keine heftige Stösse gebe. Es ist auch dienlich, dass man, wenn es möglich ist, eine kleine Rolle Leinwand zwischen die Zähne lege, wodurch man verhindert, dass die Zunge nicht in einer heftigen Zuckung gefährlich verletzt werde.

Der einzige Fall, welcher einige Beyhülfe erfordert, ist, wenn der Anfall so heftig scheint, der Hals so geschwollen, und das Gesicht so roth ist, dass man einen Schlagfluss befürchten muss, welchem man durch einen Aderlass am Arm, von acht bis zehn Unzen vorbauet.

Da diese fürchterliche Krankheit auf dem Lande häufig ist, so erweiset man den unglücklichen Schlachtopfern derselbigen einen wesentlichen Dienst, wenn man sie erinnert, wie gefährlich es für sie sey, allen Mitteln, die man ihnen räth, blindlings zu folgen. Wenn irgends eine Krankheit ist, die eine vorsichtige Behandlung erfordert, so ist es diese. Es giebt einige Gattungen derselben, die unheilbar sind, auch die heilbaren fordern alle Sorgfalt der geschicktesten Ärzte. Folglich sind diejenigen, welche alle, die mit Epilepsien (Anfällen vom bösen Wesen) behaftet sind, mit einem und demselben Mittel curieren wollen, Unwissende oder Betrüger, oft beydes zugleich.«

S.A.D. Tissot: Anleitung für den gemeinen Mann, in Absicht auf seine Gesundheit; Oder gemeinnützziges und bewährtes Haus-Arzeney-Buch. Mannheim 1775.

Als Ursache vermutete man wie bei fast allen Krankheiten auch hier das Wirken bösartiger Dämonen, die den Menschen anfallen, in ihn hineinschlüpfen oder ihn plötzlich niederschlagen. In einer Handschrift des 17. Jahrhunderts, die zu einem Rezept »vor die fallend sucht« die

Krankheit erläutert, wird der Epileptiker »als besessen mit dem bösen geist« beschrieben (Franz 1909: 544).

Derartige Vorstellungen haben sich bis ins 20. Jahrhundert erhalten, und selbst in der Gegenwart werden Fallsucht und Wahnsinn gelegentlich mit Besessenheit gleichgestellt. Damit ist gesagt, dass Krankheiten nach dem Glauben des Volkes das Werk schiessender, schlagender oder aufhockender Dämonen und Hexen sind. In den Erzählungen des Volkes haben sich diese Vorstellungen bis heute erhalten. In einer Erzählung aus Ruswil greift ein Kobold einen Knecht des Hofes Schübelberg an. Zuerst kann der kräftige Mann den Dämon abwehren. Doch dann erlahmt sein Widerstand. Erst einem eilends herbeigerufenen Kapuziner gelingt es, den Mann durch Gebete und vielleicht auch Exorzismen vom Krankheitsdämon, der von ihm Besitz genommen hat, zu befreien.

Ein Knecht aus Ruswil wird von einem Dämon angegriffen

In der Nähe von Houete [Name einer Liegenschaft in Ruswil] stand um 1930 ein Bildstöcklein. Die Tafel darin stellte die Muttergottes dar, die auf ihren Armen das Jesuskind trug. Die eine Hand hielt sie warnend empor. Vor einigen Jahren ist das mit der Jahrzahl 1879 versehene Wegheiligtum erneuert worden. Die nachfolgend erzählte Geschichte spielt sich nicht zufällig bei diesem Bildstöcklein ab, denn die Gegend dort gilt seit jeher als verrufen und unheimlich.

Beim erwähnten Heiligtum hatte einst ein Knecht aus Schübelberg eine Begegnung mit einem geisterhaften Kobold. Der Mann hatte am Abend davor in einem Wirtshaus geprahlt, er könne jeden zu Boden schlagen, der sich ihm in den Weg stelle. Als es Zeit war, sich auf den Heimweg zu machen, versicherte er den Umstehenden: ›Heute kann kommen wer will, und wenn es der Teufel ist, ich werde ihn zu Boden schlagen!‹ Als er beim Spitzwäldli in den Fussweg einbog, der zur Liegenschaft seines Meisters führte, stellte sich dem Knecht wie aus dem Nichts ein Männchen in den Weg, das sofort anfing, mit ihm zu kämpfen. Der Mann behielt gegenüber dem Kobold dreimal die Oberhand und warf die seltsame Gestalt jedes Mal in den Mühlebach. Der Teufel aber wurde immer grösser und stärker. Nun war es der Knecht, der zweimal nacheinander im kalten Wasser landete. Und als er zum dritten Mal in den Bach geworfen wurde, konnte er nicht mehr aufstehen. Es wird erzählt, dass man einen Kapuziner holen musste, um den Mann aus den Händen des Teufels zu befreien. Nach seinem nächtlichen Abenteuer habe dieser nie mehr mit seinen Kräften geprahlt.

(Lussi 1992: 119)

Nicht immer verliefen diese Begegnungen, die man als »Anfälle« oder »Angriffe« bezeichnete, so glimpflich. Meist hatten die Betroffenen noch

Wegstück zwischen Ruswil und Schübelberg. Ganz in der Nähe begegnete ein spät in der Nacht heimkehrender Knecht einem dämonischen Kobold.

Jahre darunter zu leiden. Oft traten Tage, Wochen oder Monate nach dem erstmaligen Auftreten weitere »Anfälle« ein, denen man mit Gebeten, Bussübungen oder frommen Werken begegnete. Unheimliche Erlebnisse, etwa die Begegnung mit nächtlichen Lichtern, die man für unerlöst wandelnde Seelen hielt, konnten auch den Tod zur Folge haben. In Ruswil sah um 1910 ein deutscher Zimmergeselle um Mitternacht einen flackernden Lichtschein, der einer Hecke entlang zu wandern schien. Darüber erschrak der Geselle offenbar derart, dass er wenige Tage später an den Folgen des erlittenen Schocks verstarb (Lussi 1992: 96). In Tissots »Anleitung für den gemeinen Mann« von 1775 wird deshalb gewarnt, Kinder vorsätzlich zu erschrecken, weil die Fallsucht »oft die schröckliche Folge eines thörichten Scherzens und boshaften Verirens ist. Die Hälfte der Anfälle vom bösen Wesen, die kein Erbschaden sind, rührt davon her, und man kann den Kindern nicht genug einschärfen, sich niemals unter einander zu erschrecken« (Tissot 1775: 529).

Fallsucht als Folge eines Schreckens

»Johann Filliger und Catharina Filliger von Sins hatten ein fünfjähriges Knäblein, welches von Geburt an heftige Gichter und die fallende Sucht hatte. Diess war vermuthlich die Folge eines grossen Schreckens, den die Mutter hatte, als neben ihr eine Person mit der nämlichen Sucht befallen wurde. Das Übel nahm in diesem Kinde von Jahr zu Jahr so heftig zu, dass es innert 24 Stunden über hundertmal befallen wurde. Da nahmen die Eltern ihre Zuflucht zu Jesus, versprachen eine Wallfahrt und Opfer, und gaben mit Vertrauen dem Kinde geweihtes Wasser zu trinken; worauf das Übel, ohne mehr zurückzukehren, alsobald verschwunden. Diess geschah im Jahre 1796.«

Aus: »Das Kind Jesus und der kindlich-demüthige Christ oder fromme Andachtsübungen zur Ehre der Kindheit Jesu.« In der Vertreibung des »bösen Wesens«, wie die Fallsucht an manchen Orten genannt wurde, spielten die kirchlichen Mittel eine wichtige Rolle.

Bei den Schutz- und Abwehrmassnahmen nehmen auch bei der Fallsucht die kirchlichen Mittel eine wichtige Rolle ein. Mehr als anderen Dingen werden ihnen antidämonische Kräfte zugeschrieben. Durch die enge Verflechtung der Fallsucht mit der Besessenheit stehen Austreibungen an erster Stelle; kirchliche Exorzismen wurden also auch bei Epilepsie gebraucht.

Weil Christus durch seinen Tod am Kreuz über das Böse triumphierte und ewiges Leben erlangte, ist alles, was mit seinem Leiden und Sterben in Zusammenhang steht, von ganz besonderer Kraft. Gebete, religiöse Übungen und Segenstexte wirken mehr, wenn sie den Namen Christi enthalten. Manchmal genügt die blosse Nennung heiliger Namen. Das bekannte *Jessesmaria* (Jesus Maria) ist ein Ausruf des Schreckens und gleichzeitig eine Abwehrmassnahme, weil sich der Mensch durch die Anrufung unter den Schutz der Gottheit stellt. So heilte der im Kanton Luzern als Gottesmann verehrte Niklaus Wolf von Rippertschwand (1756–1832) im Jahre 1828 einen Hauptmann nur dadurch von der Fallsucht, indem er ihn auf »die wunderthäthige Kraft des heiligsten Namens Jesu« aufmerksam machte (*Die Macht des christlichen Glaubens, dargestellt im Leben des durch auffallende Gebetserhörungen merkwürdig gewordenen Nikolaus Wolf von Rippertschwand. Von einem vertrauten Freund des Seligen.* Luzern 1833: 62).

Eine besondere Rolle in der Abwehr von Krankheiten aller Art spielten Amulette und Segenstexte. Wie vielfältig die Auswahl beispielsweise im 16. Jahrhundert war, zeigt »Tabernaemontanus Artzneybuch«, wo allein die Aufzählung der gegen die Fallsucht wirkenden Mittel drei grosse Folioseiten füllt. Dementsprechend haben natürlich auch die Fraisenketten als Kompositamulette eine Zauberwirkung, die sich gar nicht auf die Heilung einer einzigen Krankheit beschränken kann. Aufgrund des angehängten Stationenkreuzes liegt bei der Fraisenkette von Beromünster dennoch die Vermutung nahe, dass sie in erster Linie

In Zeiten der Gefahr stellt sich der Mensch unter den Schutz Gottes. Alles, was mit Gott und den Heiligen in Beziehung steht, besitzt magische Kräfte. (Sammlung des Verfassers.)

zur Heilung der Fallsucht verwendet wurde. Zu untersuchen ist auch, ob der Leidensweg Christi, der durch die in dieser Kette eingeflochtenen Zeichen der Passion besonders betont wird, im Heilzauber eine besondere Bedeutung hatte.

Das Mysterium des Leidens

Nach dem Konzil von Trient, das in drei Etappen von 1545 bis 1563 tagte, entstanden im katholischen Alpenraum unzählige Kreuze, Kreuzwegstationen, Plastiken und Bilderfolgen, die den gesamten Passionszyklus zum Inhalt hatten. Von »Jesus wird von Pilatus verurteilt« bis zur

»Kreuzigung auf Golgatha« reichte das Passionale, das bis heute in österlichen Mysterienspielen, der Karfreitagsliturgie und der Kreuzwegandacht seinen lebendigsten Ausdruck findet. In engem Zusammenhang damit stehen die verschiedenen Andachtsformen zum Leiden und Sterben Christi.

Die Verehrung der Leidenswerkzeuge, der *Arma Christi*, ist aus der spätmittelalterlichen Passionsmystik hervorgegangen. Dazu betete man Leidenspsalter, eine Bezeichnung, die auch für die dazu verwendeten Gebetszählschnüre galt. Ebenfalls aus der mittelalterlichen Verehrung des Leidens Christi hervorgegangen ist die Fünfwundenandacht, die durch die Stigmatisation des heiligen Franziskus (1224) massgeblich gefördert wurde. Vor allem die deutschen Mystiker sahen in der Verehrung des Leidens Christi und im Leiden selbst den vornehmsten Weg zu Gott: »Wer sunder lieb von got will han der soll in laid billich san«, heisst es auf einem 1482 von Anton Sorg in Augsburg gedruckten Holzschnitt, der den vor dem Kreuz Christi knienden Mystiker Heinrich Suso zeigt. Weil die Dominikaner und Franziskaner eine Verknüpfung der Rosenkranz- mit der Fünfwundenandacht erstrebten, wurden die fünf Wunden, zwei Füsse, zwei Hände und das Herz, in die Rosenkranzbilder einbezogen. Von hier war es nur noch ein kleiner Schritt, in die Rosenkränze anstelle der Paternoster-Perlen die aus Blei, Bein oder Messing gefertigten Fünfwundenembleme einzufügen, wie wir sie auch bei der Fraisenkette von Beromünster finden.

Die Fünfwunden-Embleme stehen für das Ertragen des menschlichen Leidens, das nach christlichen Glaubensvorstellungen im Leiden Jesu sein Vorbild findet. Von seinem Wesen her ist der Mensch zwar zu einem glückseligen Leben im Einklang mit seiner Umgebung berufen, dennoch erfährt er täglich vielerlei Formen des körperlichen oder seelischen Leidens, wobei die Krankheit die häufigste und gleichzeitig die am meisten gefürchtete Form des menschlichen Leidens ist. Angesichts dieser Tatsache stellt sich der Mensch die Frage, warum er leidet und wozu. Hat sein Leiden, mit dem er sich täglich aufs Neue auseinander setzen muss, letztlich einen Sinn? Kann die Erfahrung psychischen oder physischen Leidens und das Durchleben seiner Erscheinungsformen zu neuen Erkenntnissen und innerer Zufriedenheit führen? Solche Fragen haben sich die Menschen seit je gestellt, sei es im Augenblick des persönlichen Leidens, bei der Genesung, vor einem chirurgischen Eingriff oder beim Anblick eines Menschen, der leidet und dennoch jene innere Ruhe und Lebensfreude ausstrahlt, die wir bei gesunden Menschen oft vermissen.

Durch die Auseinandersetzung mit dem persönlichen Leiden treten an die Stelle von Bedrückung und Angst Gefühle der inneren Ruhe und des Friedens. Diese Wandlung äussert sich in einem immer stärker werdenden Mitgefühl für andere. Der Leidende wird zum Tröstenden. Aus dieser Perspektive erhalten die verschiedenen Formen des Leidens eine tiefe und hoffnungsvolle Dimension. Das Leiden wird als integraler Bestandteil des Lebensprozesses erfahren und kann so Anstoss sein für die Annäherung an das Numinose.

In enger Beziehung zum Leiden Christi wie auch zum persönlichen Leiden stehen die Kreuz- oder Stationenwege. Der Geist der Gegenreformation war nicht zuletzt auch ein Geist der Busse. Kirche und Volk schienen zu spüren, dass sie in der Vergangenheit Schuld auf sich geladen und für vieles Sühne zu leisten hatten. Aus dieser Haltung erwuchs das Verlangen nach Bussübungen in Anlehnung und Nachahmung des Leidens Christi. Im 16. und 17. Jahrhundert entstanden in der Folge überall Bilder der Leidensstationen, die sich zuerst noch an den heiligen Stätten in Palästina orientierten. Aus den einzelnen Kreuzwegkapellen, in denen die verschiedenen Szenen durch Figurengruppen dargestellt waren, entstanden nach und nach Stationenbildstöcke, die meist zu einem auf einer Anhöhe gelegenen Heiligtum führten. Im 18. Jahrhundert reduzierte sich die Darstellung auf Gemälde und Kupferstiche, die man in Kirchen und Kapellen zu Kreuzwegen von 14 Bildern zusammenstellte.

Allerdings war die Kreuzwegandacht, wie wir sie heute kennen, zu dieser Zeit noch weitgehend unbekannt. Man sprach nicht von den Leidensstationen, sondern den Fussfällen Christi. Der elsässische Priester Gregor Rippel erwähnt in einem 1723 erschienenen Buch alle zu seiner Zeit üblichen katholischen Gebräuche. Von den 14 Stationen sagt er nichts, sondern spricht nur von den »sieben Fussfällen, die man stationsweise zu verehren pflegt«. Auch andere geistliche Autoren fassen die einzelnen Szenen des Schmerzensweges zwar unter dem Begriff »Stationen« zusammen, sprechen aber, wenn es sich um die Andacht handelt, ebenfalls von den »Fussfällen« Christi (KNELLER 1908: 93).

In diesen Fussfällen liegt die Erklärung für die Verwendung der Fraisenkette gegen die Fallsucht, denn alles, was mit »fallen« zu tun hatte, galt als wirksames Mittel gegen diese Krankheit. Der heilige Valentin ist wegen des Gleichklangs seines Namens mit der »fallenden Sucht« der Patron der Epileptiker. In geschnitzten oder gemalten Werken wird der um 470 in Meran gestorbene Heilige regelmässig mit einem an Epilepsie leidenden Knaben dargestellt. Geiler von Kaysersberg erwähnt den

Wie die Kreuze aus Perlmutter schützen auch Bilder der Heiligen Drei Könige gegen die Fallsucht. Gleichzeitig sind sie auch die Patrone der Reisenden. (Museum Klösterli, Ettiswil.)

Gebrauch von Valentinswasser gegen die fallende Sucht (Franz 1909: 215). Auch die Hirnschale des Märtyrers diente der Heilung von Fallsüchtigen, ein Hinweis darauf, dass nach den Vorstellungen der mittelalterlichen Ärzte »der vallendt siechtumb von kranckheit des hirnes« kommt, wie es auch in Geilers Evangelienbuch heisst: »vnd die ederli, die zuo dem hirn gond, wenn sie gantz verstopffet sein von wuost, so werd sant Veltins siechtag daruss« (Liebrecht 1879: 352). Bei den Heiligen Drei Königen, die ebenfalls Patrone der Fallsüchtigen sind, hat nicht der Name, sondern das »Niederfallen« vor dem Jesuskind dazu geführt, dass sie von Epileptikern um Beistand angerufen werden. Ihr Patronat ist schon für das 5. Jahrhundert bezeugt. In einem Fallsuchtsegen, der sich auf Matthäus 2, 11 bezieht, heisst es:

> »Caspar fert myrrham, thus Melchior, Balthasat aurum;
> Haec tria qui secum portabit nomina regum,
> Solvitur a morbo Christi pietate caduco«
>
> (Meyer 1884: 259)

In magisch-religiösen Schutzamuletten finden sich fast immer auch Gebetszettelchen mit einer Darstellung der Heiligen Drei Könige. Sie schützen, wenn er sie bei sich trägt, den Reisenden vor Gefahren. Auf manchen findet sich ein Hinweis, wonach diese Segenszettel auch vor der »fallenden Sucht« schützen.

In diesem Zusammenhang müssen die »Fälle« Christi gesehen werden und mit ihnen die Marterwerkzeuge und der Leidensweg. Hierher gehört auch das aus Dänemark bezeugte fallsuchtheilende Andenken des fünfmaligen Falls Christi mit dem Kreuz (Bächtold-Stäubli 1987: 2, 1180). Wie Christus von den »bösen« Juden zu Fall gebracht wurde, so wird auch der an der fallenden Sucht Leidende von dämonischen Mächten niedergeworfen. Letztlich hat aber Christus den Sieg über das Böse errungen. Und durch den Beistand Christi wird auch der Fallsüchtige den Anfällen des »bösen Wesens« widerstehen.

Um gegen alle Gefahren gewappnet zu sein, sind der besprochenen Kette Perlen aus Halbedelsteinen, Glas und anderen Materialien eingefügt worden. Jede dieser Perlen hat ihre besondere Funktion im Zauberglauben. Insgesamt schützen aber auch sie gegen jede Form der Behexung und unterstützen die Wirkung der Schutzzeichen christlicher Herkunft.

Zusammenfassend können wir festhalten, dass die Fraisenkette von Beromünster aus verschiedenen Rosenkränzen, Psaltern und Schmuckperlen zusammengesetzt ist. Als Teil eines Kompositamuletts bezieht sich das Stationenkreuz auf die »Fussfälle« Christi, während die Leidenswerkzeuge auffordern, das persönliche Leiden im Sinne der Nachfolge Christi zu ertragen. Als Ganzes haben die verschiedenen Elemente ihre Funktion als Andachtsgegenstand im kirchlichen Sinn jedoch verloren.

Durch den Bezug auf die Fussfälle Christi ist die Kette in ihrer jetzigen Zusammenstellung ein Amulett gegen die Fallsucht und gleichzeitig ein klassisches Beispiel für die untrennbare Vermischung von Magie und christlicher Religion. Besonders in ländlichen Gebieten bestanden auch nach der Christianisierung die alten Riten und Kulte neben der christlichen Religion weiter, denn das Christentum hat sich in vielen Bereichen bloss über den heidnischen Untergrund geschoben, ohne diesen in allen Bereichen zu verdrängen. Da wird es verständlich, dass sich in verzweifelten Situationen die Rückbesinnung auf magische Praktiken geradezu aufdrängte. In der Ausweglosigkeit verfehlten auch die belehrenden Sagen, die eindrücklich vor einem Pakt mit den heidnischen Mächten warnten, ihre abschreckende Wirkung.

Exkurs
Besessenheit und Psychokulte

Bereits in der Antike war die Auffassung verbreitet, der Mensch könne durch die Missachtung bestimmter Regeln Dämonen in sich aufnehmen oder von dämonischen Wesen in Besitz genommen werden. Im Neuen Testament gelten Tobsucht, Epilepsie, Hellseherei oder Stummheit als Folge des Wirkens von Dämonen, die in den Körper des Menschen eingedrungen sind. Aus der Bibel wissen wir, dass Jesus wiederholt die »unreinen Dämonen« austrieb. Auch die ursprünglichen Kulturen kennen das Wirken von Dämonen und Mittel, mit denen sie aus dem Körper des Menschen vertrieben werden können.

Die Besessenheit äussert sich auf mannigfache Weise. Der Besessene wird willenlos, weil sich der Dämon des Körpers des Menschen bedient, um zu den Umstehenden zu sprechen. Er redet in Sprachen, die er nie erlernt hat oder die schon seit einiger Zeit nicht mehr gesprochen werden, er wird starr, verdreht die Augen, krümmt und windet sich, heult wie ein wildes Tier und weiss über verborgene oder zukünftige Dinge Bescheid.

Der Volksglaube hat die antiken und christlichen Auffassungen zum Teil übernommen und auf seine Weise umgedeutet. In Luzern war nach den Aufzeichnungen Renward Cysats 1590 ein Knabe durch Hundshaare, die er mit einem Mus eingenommen hatte, von bösen Geistern besessen worden. Dass der Knabe besessen war, hatte sich erst im Alter von dreizehn Jahren herausgestellt. Immer wieder, schreibt der Chronist, hätten die bösen Geister den Heranwachsenden bedrängt, sich das Leben zu nehmen. Als alles nichts nützte, begannen die Dämonen den Jüngling auf verschiedene Weise zu quälen: »Vnd als der gottsförchtige knab am Weynacht abendt gefastet, hat der grimmige feindt ihne drey gantzer tag nichts essen lassen also, das er grossen hunger gelitten, dessen er sich vbel beklagt. Vnd dafürhin hat er den knaben jämmerlich geschreyt, gekrümbt vnd seltzam getrayt.« Um seinem Sohn Linderung zu verschaffen, brachte ihn der Vater 1604 nach Maria Einsiedeln. Nachdem man dort »die gebührenden mittel mit dem knaben an der h. statt gebraucht«, fuhr an Lichtmess 1604 der erste Dämon aus dem Körper des Besessenen. Innerhalb von zwei Wochen folgten die restlichen nach. Als der letzte ausgefahren war, trat unverzüglich Besserung ein, und schon nach kurzer Zeit war der Knabe völlig geheilt (SCHMID 1969: 4, 629).

Besonderes Aufsehen erregte 1848 eine Dämonenaustreibung im Kanton Nidwalden. Die Nonne Maria Delphina Augusta aus dem

Danger of Britain's own secret cults

BELIEF: Members of religious groups have strong faith in their leaders

the reincarnation of St Paul. Followers call themselves disciples and speak a lot of fire and war. Church leaders are sent on war-game exercises to gain a 'killer instinct' in preparation for Armageddon.

They use phrases like blitzing

Kevin O'Byrne, practised child sex abuse. Watching the horror in Switzerland and Canada brought back disturbing memories for Rebecca, now a 19-year-old graphic designer.

'Small cults tend to be the worst because they are easier to

In »The Mail« vom 9.10.1994 warnte die britische Journalistin Claire Henderson, dass sich Ereignisse wie das Sonnentempler-Drama auch in Grossbritannien abspielen könnten.

St.-Klara-Kloster in Stans wurde verdächtigt, vom Teufel besessen zu sein. Am Dienstag, dem 28. März 1848, unterzog man sie einem Verhör, in dessen Verlauf der »böse Feind« durch ihren Mund zu den Anwesenden gesprochen haben soll. Bei der Untersuchung des Falls waren neben dem Exorzisten verschiedene Geistliche aus Ob- und Nidwalden, vier Ärzte, Mitglieder der Regierung und rund einhundertfünfzig weltliche Personen anwesend. Als der Exorzist dem bösen Geist befahl, ein Zeichen seiner Anwesenheit zu geben, fing die Besessene sofort an, »sich herumzuwälzen, mit Kopf und Händen auf den Boden zu schlagen u. s. w. Um aber der Sache ganz gewiss zu werden, befahl der Exorzist in lateinischer Sprache, deren die Klosterfrau ganz unkundig, dem Teufel, dass er das Haupt der Jungfrau gegen das Kruzifix hin wende. Sie hatte dasselbe nämlich in ungefähr entgegengesetzter Richtung.

Der Teufel aber wollte nicht gehorchen, worauf ihm der Exorzist – ebenfalls in lateinischer Sprache – befahl, das Haupt der Jungfrau zu erheben, damit sie Weihwasser trinken könne (NIEDERBERGER II 1910: 902). Danach stellte der Exorzist dem Dämon eine ganze Reihe von Fragen über sein Wirken, die Strafen Gottes und wie sich die Menschen gegen seine Macht schützen könnten. Selbst zu politischen Fragen nahm der Teufel durch den Mund der Nonne Stellung, was diesem Exorzismus zu einer ungeahnten und in dieser politisch unruhigen Zeit vielleicht auch gewollten Publizität verhalf. (Eine gedruckte Version der Fragen und Antworten in NIEDERBERGER II 1910: 904 f.). Als sich der Teufel gegen 17 Uhr weigerte, noch mehr preiszugeben, wurde er durch einen kirchlichen Exorzismus aus dem Körper der Nonne vertrieben. Am Ende sprach der Exorzist zur Klosterfrau: »Im Namen der heiligsten Dreifaltigkeit, des Vaters, des Sohnes und des Heiligen Geistes, befehle ich dir, Maria Delphina Augustina, dass du aufstehst.« Der Bericht endet mit dem Vermerk: »Und sie stund auf und war gesund!«

Was ist Besessenheit?

»Sie ist ein innerliche Wohnung des Teüffels in dem menschlichen Leib, allwo er auss dem Willen Gottes underschidliche Würckungen und Plagen veursacht. Worbey zu mercken, dass der Teüffel alle erdenckliche Kranckheiten nacharten kann, also das ein natürliche Kranckheit von solcher böser sehr hart und schwär zu erkennen ist.«

Krankheit aus natürlicher Ursache oder aufgrund von Besessenheit durch den Teufel

»Wann ein solche Persohn mit ungezweiffletem Glauben und Vertrauen auf den allerheiligsten Namen JEsus in und durch disen heiligen Namen dem Teüffel befilcht, wann dise Kranckheit von ihme herkomme, augenblicklich aufzuhören, und das Heil. Creutz darüber macht, so wird der Schmertzen der Kranckheit sich ohnfehlbar auf ein Zeit stillen: und dises ist das eintzige gewisse Zeichen, auss welchem man ohnfehlbar das böse erkennen kann. Worbey aber wol zu mercken, dass so fern die Persohn keinen ohngezweiffelten Glauben auf den allerheiligsten Namen JEsus hat, auch die Prob nicht halten, und der Teüffel nicht gehorsam werde, und folglich öffters die Prob durch den im Namen JEsu geschehenen Befelch zu machen.«

Aus dem 1726 bei Leonhard Parcus in Konstanz verlegten Exorzistenbüchlein »Der Triumphierliche Namen Jesus«.
(Nach NIEDERBERGER II 1910: 880)

Die kirchliche Obrigkeit hat die Korrektheit dieses Exorzismus von Anfang an angezweifelt und die Bevölkerung in einem Aufruf aufgefordert, den über diesen Vorfall verbreiteten Berichten keinen Glauben zu schenken. Dieser Kritik schloss sich der Luzerner Chorherr Leu an, der noch im gleichen Jahr eine Schrift drucken liess mit dem Titel: »Erledigung der ehrw. Klosterfrau Maria Augusta Delphina im Frauenkloster zu Stans, den 28. März 1848, durch P. Anizet Regli, Guardian, zu Stans. Nach einem Originalmanuscript getreu abgedruckt im Jahre 1848.« Auf Seite 6 dieser Broschüre schreibt der Verfasser: »Wenn man nun pflichtgemäss ohne alle Leichtgläubigkeit den vorliegenden Fall betrachtet, so zeigt sich, dass eine schmähliche Täuscherei dahinter steckt. – Es ist der Heiligkeit Gottes ganz zuwider, dass er den Teufel als Gesandten an die Menschen gebrauche, um ihnen Offenbarungen zu machen. – Nie und nirgends hat die Kirche gelehrt oder geglaubt, dass man durch den Teufel religiöse Wahrheiten, den Willen Gottes erfahre könne oder solle, sondern hat ihn stets mit der hl. Schrift für einen Lügner gehalten.«

Um Missbräuchen und Ängsten vorzubeugen, war es den römisch-katholischen Priestern der Erzdiözese Freiburg nach einer 1911 gedruckten Pastoralanweisung denn auch untersagt, auf eigene Faust Exorzismen durchzuführen. Sie erhielten die Weisung, bei Anzeichen von Besessenheit mit dem Ordinariat Kontakt aufzunehmen und die entsprechenden Instruktionen des Bischofs abzuwarten. In der Pastoralanweisung heisst es: »Es soll über jeden verdächtigen Fall an das zuständige Ordinariat berichtet werden und Erlaubnis bzw. Auftrag des Bischofs abgewartet werden« (nach JUNGBAUER 1934: 37).

Heute ist vor allem bei fundamental orientierten christlichen Sekten der Glaube verbreitet, dass nahezu alles, was ihrem engen Weltbild widerspricht, auf des Wirken des Teufels und teuflischer Dämonen zurückzuführen ist. Dementsprechend oft liest man von Teufelsaustreibungen, die von selbst ernannten Exorzisten und Sektenvorstehern vorgenommen werden. Unter dem Titel »Zittern und Zucken im Ferienlager. Satansbeschwörung und Toronto-Segen in einem christlichen Kinder- und Jugendcamp« berichtete Hugo Stamm im »Tages-Anzeiger« vom 28. August 1995 von den Satansbeschwörungen eines aus evangelikalen Kreisen stammenden Leiterpaares, das vor allem bei Geistlichen und Religionslehrern beider Landeskirchen Werbung für die von ihm organisierten »Camps für Kids« (9 bis 12 Jahre) und »Camps für Teenies« (13 bis 16 Jahre) machte. Die nächtlichen Austreibungen des Satans führten bei den betroffenen Kinder nicht zu einem Gefühl der Sicherheit vor dem Bösen, sondern zu Angstzuständen und Schlaflosigkeit.

Dass die Praktiken fanatischer christlicher Sektierer das Teuflische nicht vertreiben, sondern geradezu zitieren, zeigen die regelmässig publik werdenden Fälle, in denen die scheinbar Besessenen zu Tode gefoltert werden. Vielen noch in Erinnerung ist der Fall der Bernadette Hasler, die am 14. Mai 1966 an den Folgen der von den Sektenführern Maria

In einer Karikatur mokierte sich 1844 der Zeichner Martin Disteli über die »Emmentaler Stündeler«. Während naive Bauern dem Geschwätz eines Predigers lauschen, plündern Diebe die Speisekammer.

Magdalena Kohler und Josef Stocker vorgenommenen Teufelsaustreibung starb. Über zwei Monate war die junge Frau an einem geheimen Ort in der Schweiz in einem Keller auf einen Altar gebunden und regelmässig von den Sektenmitgliedern geprügelt worden. Nach der Aufdeckung des Falls bezeichneten sich die in Haft gekommenen Anführer der Sekte, Maria Magdalena Kohler und Josef Stocker, als unschuldig. Dem Gericht gegenüber sagten sie, es habe kein Recht, sie zu verurteilen. Sie hätten bloss als Werkzeuge Gottes gehandelt. Wenn das Gericht schon über jemanden urteilen wolle, dann solle es über Gott urteilen.

Die Argumente verfingen bei den Richtern nicht. Beide wurden zu zehn Jahren Gefängnis verurteilt und später nach Deutschland ausgewiesen. Dort wurde Maria Magdalena Kohler erneut als »Heilige Mutter« und Exorzistin aktiv. Der Tod eines weiteren Opfers führte 1988 zu ihrer erneuten Verhaftung und Einweisung in eine Anstalt (Dunning 1993: 54 f.).

Im Zusammenhang mit dem Tod von 53 Mitgliedern des Sonnentempler-Ordens im Jahre 1994 warf die »Neue Zürcher Zeitung« die Frage auf, ob die Schweiz ein besonderer Nährboden für religiöse Eiferer sei. In der Tat gibt es in diesem Land Gegenden, die seit je eine hohe Dichte sektiererischer christlicher Splittergruppen aufweisen. Besonders das Emmental ist seit Jahrhunderten ein Refugium für freikirchliche Gruppierungen, die sich gegenseitig konkurrenzieren. Das ist schon dem Illustrator Martin Disteli aufgefallen, der sich in einer Karrikatur über die »Emmentaler Stündeler« mokiert. Auf der 1844 im Schweizerischen Bilderkalender abgebildeten Zeichnung lauschen naive Bauern andächtig dem Geschwätz eines fanatischen Predigers, während sich in der Speisekammer ungehindert Diebe über die geräucherten Schinken, Speckseiten und Würste hermachen. Nicht nur im Emmental, sondern auch im Zürcher Oberland und in der Ostschweiz haben fundamentalistische

Im »Bow Bells« in der Bow Road macht sich ein geisterhaftes Wesen als eisiger Windhauch bemerkbar. Einige Häuserblocks weiter steht das »Black Swan«, ein Pub, das am 23. September 1916 von einer Zeppelinbombe zerstört wurde. Die Besitzer des Pubs glauben, dass die Geister der Opfer noch immer im Haus ihr Wesen treiben.

christliche Sekten erstaunlichen Zulauf. In den Städten sind vor allem die aus den USA, dem Land der unbegrenzten Möglichkeiten, zu uns gekommenen Scientologen aktiv. Mit dem Hinweis auf verborgene Fähigkeiten versuchen windige Verkäufer den Passanten gegen entsprechende hohe finanzielle »Zuwendungen« Kurse in Lebenshilfe und Konfliktbewältigung aufzuschwatzen.

Besonders unkontrolliert wuchern Sekten und neuheidnische Kulte in den USA, wo ihnen aufgrund der Religionsfreiheit kaum staatliche Grenzen gesetzt sind. Von jeher ein Hort des Okkulten ist England. In London gibt es eine ganze Reihe von Pubs, in denen unruhige Geister ihr Wesen treiben. Im »Bow Bells« in der Bow Road macht sich ein geisterhaftes Wesen als eisiger Windhauch bemerkbar. Einige Häuserblocks weiter liegt der »Black Swan«, ein Pub, das am 23. September 1916 von einer Zeppelinbombe zerstört wurde. Vier Personen kamen dabei ums Leben: der Wirt, seine beiden Töchter und ein Säugling. Nach dem Wiederaufbau will man die Geister der beiden Töchter verschiedentlich im Keller des Hauses gesehen haben. Noch 1974 soll sich der Hund des damaligen Wirts geweigert haben, seinen Meister in den Keller zu begleiten (BROOKS 1982: 7).

Im Zusammenhang mit dem Sonnentempler-Drama warnte denn auch die Britin Claire Henderson in »The Mail«: »The shocking mass murder that left 48 [die am 9.10.1994 bekannte Zahl der Opfer] cult members dead in Switzerland last week could be repeated in Britain. There are around 20 sects in this country where a similar horror could happen at any moment« (»The Mail on Sunday«, 9.10.1994).

Der Teufel und seine Austreibung

Der Sturz Satans. (Stahlstich nach einem Gemälde von Giordano.)

Die Teufel gehören zu den bösen Geistern, die durch ihr Auflehnen gegen die Gebote Gottes lange vor der Erschaffung der Menschen aus dem Himmel verstossen wurden. Seither halten sie sich in der Luft oder in der Hölle auf. Ruhelos umherirrend sinnen sie darüber nach, wie sie dem göttlichen Willen entgegenwirken, dem Menschen schaden oder ihn zum Bösen verführen können. Auch nach dem Fall haben diese Wesen ihre Macht behalten. Sie wissen, was in der Welt vorgeht und wer ihnen untertan ist. Sie nehmen Einfluss auf das Wesen der Tiere, das Wachsen und Gedeihen der Pflanzen wie auch auf die Taten und die Gesundheit der Menschen. Wie Gott und die Engel beherrschen sie die Natur. Sie sind die bösen Geister, die nach Paracelsus Donner, Schauer, Hagel, Schnee, Wind, Regen, Wolkenbruch und Erdbeben erzeugen.

Nach der christlichen Lehre ist der Teufel ein gefallener Engel, der wegen seiner Auflehnung gegen Gott vom Erzengel Michael in die Hölle gestürzt wurde. Er ist ein körperloser Geist, der das Prinzip des Bösen verkörpert.

Demgegenüber nimmt der Teufel im Volksglauben konkrete Gestalt an. Er erscheint als aufrecht gehender Hund, als Katze, als vogelartiges Tier mit Krallen und grossem Schnabel, als Gespenst und als Ziege mit Bockfuss und Hörnern. In Johannes Weiers »De praestigiis Daemonum« (1586) erscheint der Teufel in »gar erschrockentlicher gestalt / mit feuwrigen augen«. Er hat eine wie ein Ochsenhorn gekrümmte Nase und »lange zähne wie ein Eber«. Der vom Chronisten beschriebene Teufel war »harecht [behaart] vmb die backen wie ein Katz / vnnd sonst vberal schrecklich vnd grausam anzusehen« (nach PETZOLDT 1990: 158).

In den Sagen und in den Hexenprozessen der späteren Zeit gewinnt der Teufel immer menschlichere Züge. Er wird als Kavalier, vornehmer Herr, feuriger Liebhaber und Jäger beschrieben. Die Hexe Agatha Bosshart von Sursee beschrieb 1581 den Teufel als grün gekleideten Burschen, der einen roten Bart trug und auf dem Kopf eine Feder hatte. Den Richtern gestand sie, sie habe »ir läbenlang nie kein hüpscheren man gesächen« (SCHACHER 1947: 7). Demgegenüber erscheint der Teufel den Hexenmeistern meist »in schöner wybs gestallt und roott bekleitt« (SCHACHER 1947: 9). Aller Schönheit zum Trotz scheut er sich dennoch nicht, als Soldat in zerrissenen Kleidern oder als ungepflegter Bettler aufzutreten.

Alle diese Verkleidungen sind jedoch nur Maskerade. Sie können die auffälligsten Merkmale des Teufels, Bockfuss, Schwanz und Hörner, nicht verdecken. Trotz des schönen Äusseren bleibt jenen, die ihm begegnen, sein wahres Wesen nicht verborgen. Sein rechter Fuss, bekannte eine in Luzern verhörte Hexe, »sei gar grusam und ungestalt gesin« (SCHACHER 1947: 9). Und jene, die mit ihm »muothwillen« (Beischlaf) hatten, berichteten, sein Körper habe sich kalt und unnatürlich angefühlt.

Pferdehuf und Geissfüsse

»Der Teufel hat einen Pferdehuf. Einen solchen hat er als Malzeichen einem Felsen auf der Trübseealp in Nidwalden eingeprägt. Aber auch mit Geissfüssen wurden er und seine Helfershelfer gedacht. Als 1798 die ersten Franzosen nach Hergiswil im Kt. Lucern kamen, schauten Manche ihnen zuerst auf die Füsse, weil gesagt war, sie hätten Geissfüsse. Auf Hexensteinen sind die Fussmale hufartig oder sehen Geissfüssen und Klauen ähnlich.«

(LÜTOLF [1862] 1976: 199)

Der Pakt mit dem Teufel

In seinem Wirken bedient sich der Teufel jener Menschen, die Gott und den Heiligen abschwören und mit ihm einen Pakt eingehen. Dem Teufel versprechen sie, auf alle möglichen Arten Gotteslästerung zu betreiben und den Mitmenschen und ihrem Besitz wo und wann immer möglich Schaden zuzufügen. Als Gegenleistung erhoffen sie sich von ihm zeitliches Glück, Ehre, Geld und andere weltliche Vorteile, die jedoch meistens Wunschtraum bleiben.

Doch Gott überlässt dem Teufel nicht unbeschränkte Macht über die Menschen. Wie ein Kettenhund ist er angebunden und kann nur jene beissen, die sich ihm in Absicht, durch Unvorsichtigkeit oder sündigen Lebenswandel ausliefern. Erst durch die Sünde wird es möglich, dass der Teufel Macht über den Menschen erhält. Auf diese Weise gibt Gott den Menschen ein Zeichen, der Sünde abzuschwören und in seinem Licht zu wandeln. Er überlässt deshalb dem Teufel öfter die Gewalt, den Leib der sündigen Menschen zu peinigen, damit »die Seele selig werde«, wie es in der 1775 vom Regensburger Hofkaplan und Exorzisten Johann Joseph Gassner (1727–1779) verfassten Schrift »Weise fromm und gesund zu leben, auch ruhig und gottselig zu sterben oder nutzlicher Unterricht wider den Teufel zu streiten« heisst. Durch seine Sünden schafft der Mensch demnach die Voraussetzung, zitiert der Verfasser den Kirchenvater Johannes Chrysostomus, dass der Teufel über ihn Macht hat. Weiter sagt er:

In zahlreichen Sagen ist davon die Rede, dass Brücken mit Hilfe des Teufels gebaut wurden. Historische Brücken und Wegstücke sind gefährdete Kulturgüter, besonders, wenn sie nicht zu den touristischen Sehenswürdigkeiten gehören.

»Aus dieser Ursache lässt Gott bisweilen ganze Gemeinden und Länder, mit von bösen Menschen durch den Teufel gemachten Hagel, Gefrörnissen, unzeitigen Schnee, Wassergüssen, und andern dergleichen Uebeln beschädigen, dieweil öfters durch heimliche, oder öffentliche Sünden, Laster und Ärgernisse solche Strafe verdient ist worden, und Gott sich des bösen Willens der Unholden, und des Satans die Sünden zu strafen bedient.«

Dem Teufel und seinen Helfern ist der Mensch nicht schutzlos ausgeliefert. Selbst einen Pakt kann er mit ihm eingehen, und besonders Verwegenen gelingt es gar, einen Vorteil zu erhaschen und trotzdem ungeschoren davonzukommen. Die Teufelsbrücke in der Schöllenen im Kanton Uri ist nach der Sage vom Teufel gebaut worden, da die Menschen dazu nicht in der Lage waren. Als Entgelt wurde ihm die Seele jenes Lebewesens versprochen, das als Erstes die Brücke betritt. Schon nach drei Tagen war der Bau vollendet, und der Teufel hockte sich an das obere Ende der Brücke, um auf den versprochenen Lohn zu warten. Natürlich fand sich niemand, der freiwillig hätte in die Hölle fahren wollen. Da kam einem Ratsherrn die Idee, einen Ziegenbock über die Brücke zu jagen. Als der Teufel merkte, dass ihn die schlauen Bergler hereingelegt hatten, raste er in blinder Wut die Schöllenen hinab, um einen in der Reuss liegenden grossen Stein zu holen und damit die Brücke zu zerschmettern.

Keuchend und schwitzend stieg er mit seiner schweren Last bergauf. Unterhalb des Dorfes Göschenen begegnete ihm ein altes Mütterlein, das ihn einlud, Rast zu machen. Der Böse liess sich nicht lange bitten und setzte den Felsblock ab. Ohne dass er es bemerkte, verschwand die überraschend flinke Alte hinter dem Stein und zeichnete darauf ein grosses Kreuz. Als der Teufel seine Last aufheben wollte, rührte diese nicht von der Stelle. Da erblickte er das Kreuz und merkte, dass er zum zweiten Mal hereingelegt worden war. Mit wildem Geschrei fuhr er daraufhin talwärts. Bis auf den heutigen Tag haben Stein und Brücke die Zeit überdauert.

Zahlreich sind in den Volkssagen die Beispiele von unglückseligen Verträgen zwischen Mensch und Teufel. In der Regel werden sie schriftlich abgefasst. Mit der Unterschrift liefert der Sterbliche seine Seele Satan aus. Auch der Pakt zwischen Hexe und Teufel wird mit einer Unterschrift besiegelt. Anstelle der Tinte verlangt der Böse Menschenblut. Der Hexenmeister Peter Breitenmoser, ein Entlebucher, bekannte 1664, der Teufel habe ihm aus seinem Leibe Blut abgezapft und »etwas darmit geschriben« (SCHACHER 1947: 5). Ein anderer sagte 1626 aus, er habe sich »in die lingge handt gehouwen und das blut an einem lümpli, so er ab dem fazenetli [Nastuch] geschnitten, dem bösen geist geben müessen« (SCHACHER 1947: 4).

Die Unglücklichen, die sich dem Teufel verschreiben, lernen von ihm die Zauberei. Sie können ihren Mitmenschen wie auch dem Vieh mit Sprüchen, Segen, Worten oder Zeichen Krankheiten anzaubern. Gleichzeitig sind sie auch in der Lage, dem Schadenzauber anderer entgegenzutreten und diesen unschädlich zu machen. Nach Martin Del Rios 1755 in Köln bei Johann Joseph Huisch gedrucktem Buch »Disquisitionum Magicarum Libri Sex« ist der Teufelspakt nach aussen an bestimmten Zeichen und Handlungen (*signa et pacta*) erkennbar. Sie versetzen die Helfer des Teufels in die Lage, in Mensch und Vieh die unterschiedlichsten Krankheiten zu erregen, vielerlei Künste zu betreiben und Wunder zu vollbringen.

Martin Del Rios »Disquisitionum Magicarum«

Martin Del Rio, Jesuit und vielseitiger Gelehrter, wurde am 17. Mai 1551 in Antwerpen geboren. Er entstammte einer vornehmen kastilischen Familie, die in den spanischen Niederlanden im Dienst des Königs stand. Del Rio studierte Philosophie und absolvierte ein Studium der Rechtswissenschaften. 1574 erwarb er an der Universität von Salamanca den Grad eines Baccalaureus. Nach dem

Abschluss seiner Studien wurde er Rechtsberater Philipps II., der ihn 1578 zum Generalprokurator von Brabant ernannte. 1580 trat Del Rio dem Jesuitenorden bei. Nach einem zweijährigen Noviziat erhielt er einen Lehrauftrag an der Universität in Douai. Über Lüttich und Löwen führte ihn seine Tätigkeit nach Graz, wo er bis 1603 Vorlesungen hielt. Am 19. Oktober 1608 starb Del Rio in Löwen.

Bedeutsam für die Erforschung des Hexenwesens ist sein Werk »Disquisitionum Magicarum Libri Sex, Quibus Continetur Accurata Curiosarum Artium et vanarum superstitionum confutatio, utilis Theologis, Jurisconsultis, Medicis, Philologis.« Wie es im Titel steht, richtete sich das umfangreiche, aus sechs Büchern bestehende Werk gleichermassen an Theologen, Rechtskonsulenten, Ärzte und Philologen. In seinem Werk definiert Del Rio den Begriff der Magie. Gleichzeitig warnt er eindrücklich vor den Gefahren magischer Unternehmungen und dem Pakt mit dem Teufel. Im dritten und vierten Buch nimmt er ausführlich zu den verschiedenen Formen des Schadenzaubers und der Prophezeiungen sowie zur Wahrsagerei Stellung.

Del Rios sechsteiliges Werk ist 1599 erstmals gedruckt worden. Bis zur letzten, 1755 in Köln erschienenen Ausgabe erlebte es 24 Auflagen. Das Buch gilt als eines der umfassendsten Werke zu den Themen Magie, Hexenwesen und Zauberglaube. Bezüglich seiner Bedeutung für die unheilvolle Entwicklung der Hexenprozesse wird es vor allem in der älteren Literatur mit dem »Malleus Maleficarum«, dem Hexenhammer, gleichgesetzt. In der neueren Forschung wird die Bedeutung von Del Rios »Disquisitionum Magicarum« zunehmend relativiert.

DISQUISITIONUM
MAGICARUM
LIBRI SEX.
Quibus continetur
ACCURATA CURIOSARUM
Artium & Vanarum Superstitionum Confutatio, utilis Theologis, Juris-Consultis, Medicis Philologis.
AUTHORE
MARTINO DEL-RIO
SOCIETATIS JESU PRESBYTERO,
LL. LICENTIATO ET THEOLOGIÆ DOCTORE, OLIM IN ACADEMIA GRÆTCENSI ET SALMANTICENSI PUBLICO S. SCRIPTURÆ PROFESSORE.
Editio, in Germania, Sexta, prioribus Auctior & plurimis sublatis Typographorum erroribus pristino nitori restituta.
Superiorum Permissu & Licentia.
COLONIÆ AGRIPPINÆ,
Sumptibus JOANNIS JOSEPHI HUISCH, Bibliopolæ M.DCCLV.

Martin Del Rio, Jesuit und vielseitiger Gelehrter, wurde am 17. Mai 1551 in Antwerpen geboren. Bedeutsam für die Erforschung des Hexenwesens ist sein Werk »Disquisitionum Magicarum Libri Sex, Quibus Continetur Accurata Curiosarum Artium et Vanarum Superstitionum Confutatio, utilis Theologis, Jurisconsultis, Medicis, Philologis.« (Sammlung des Verfassers.)

Der bereits erwähnte Johann Joseph Gassner stützt sich in seiner Schrift »Weise fromm und gesund zu leben, auch ruhig und gottselig zu sterben oder nützlicher Unterricht wider den Teufel zu streiten« unter anderem auch auf Del Rios »Disquisitionum Magicarum«. Zu den sichtbaren Zeichen des Teufelspaktes sagt er: »Damit sie diese Zeichen [*signa et pacta*] desto ehender brauchen, und Aberglauben treiben, auch Gott dadurch desto schwerer beleidiget, und die Menschen beschädiget werden, hält er [der Teufel] nach Meynung des Del Rio, insgemein wochentlich, wenigst in der Einbildung, öftere Zusammenkünften, besonders an jenen Tägen, wo sonst Gott mehrer pfleget von den Rechtglaubigen geehret zu werden, damit auf solche Weise Gott von diesen Teufelsdienern mehr entehrt, und beleidiget werde. Er belohnet alsdann diejenigen, welche sich in der Zauberey fleissig geübt, straffet entgegen die, welche von der letzten Zusammenkunft nachlässig gewesen. Eben darum ist dieses Gesindel so eifrig, andern auch den nächsten Freunden zu schaden, und wird die Zauberey heimlich mehr und mehr zunehmen, weil durch diese das Reich des Antichrists soll zubereitet werden.«

Von den Mitteln, wider den Teufel zu streiten

Gegen das Wirken des Teufels, der Hexen und Geister werden bis heute Schutzzeichen verwendet, deren magische Bedeutung vielfach nicht auf Anhieb erkennbar ist. Aber immer geht es darum, Haus, Scheune, Mensch und Tier, vor dem Angriff bösartiger überirdischer Geisterwesen zu schützen, die vor allem in der Nacht ihr Unwesen treiben. Den bösen Mächten, dem Teufel, den Hexen und Schwarzkünstlern besonders ausgeliefert sind die Türschwelle, das Dach und die Fenster. Im Haus selbst sind vor allem der Herd, das Kamin und die Betten gefährdet, weshalb sich die verschiedenen Abwehrmassnahmen meist auf diese Orte konzentrieren.

Haus und Hof erscheinen somit als Tummelplatz verschiedener Gewalten, die ins Gleichgewicht gebracht werden müssen. Die besonders exponierten Stellen der Gebäude werden deshalb mit einem Zauber belegt, der den Kräften des Bösen entgegenwirkt. An diesen Orten finden wir magisch wirkende Gegenstände, die in neuerer Zeit oft durch christliche Symbole ersetzt worden sind.

Zeichen des Glaubens an das Wirken dämonischer Mächte findet man noch immer an vielen Scheunen und alten Bauernhäusern. Heute sind es vor allem gesegnete Kreuze, Heiligen- und Marienbilder, denen

Fensterladenhalter aus Gusseisen. Tagsüber, wenn die Läden geöffnet sind, erscheint das bekannte Frauengesicht. Werden die Läden geschlossen, gibt der Fensterladenhalter sein »anderes« Gesicht frei. Die Fratze soll in der Nacht umherschweifende Geister am Betreten des Hauses hindern. (Sammlung des Verfassers.)

Haus und Hof werden durch Kuh- und Ochsenschädel geschützt. Man hängt sie über die Stalltüren (Villmergen, oben) oder unter Dachgiebel (Schötz, unten).

man in unserer christlich geprägten Kultur schützende Kraft zuschreibt. Manchmal ist es nur eine einfache Formel, die auf Gott verweist und das Anwesen seiner Allmacht unterstellt. Die häufigste in Verbindung mit dem Kreuz ist IHS (*In Hoc Signo*, in diesem Zeichen). Eine andere ist C+M+B+, das heisst »Christus Mansionem Benedicat (Christus segne dieses Haus)«. Die drei Buchstaben und Kreuze werden von den Sternsingern oder den Heiligen Drei Königen, die zwischen Weihnachten und dem Dreikönigstag von Haus zu Haus ziehen, mit geweihter Kreide auf den oberen Türbalken geschrieben.

Aus vorchristlicher Zeit stammt der alte Brauch, über der Stalltüre Tierhörner zu befestigen. Wie heute noch bei vielen Naturvölkern waren es ursprünglich die Schädel heiliger Opfertiere, die man als Schutz gegen die Mächte der Finsternis unter dem Dachfirst befestigte. In die Hausmauer eingelassen oder über die Stalltüre genagelt wehren die Hörner die Übergriffe bösartiger Geister ab und halten Blitzschlag und Viehseuchen fern. Die Vorstellung von der magisch wirkenden Kraft der Hörner geht auf eine archaische Tierverehrung zurück. Man glaubte, dass die ungezähmte Kraft des lebenden Tieres den Hörnern innewohne und in ihnen selbst nach dem Tode bestehen bleibe.

Viele Dämonen und natürlich der Teufel selbst werden im Christentum gewöhnlich mit Hörnern dargestellt. In einem um die Mitte des 15. Jahrhunderts entstandenen Holzschnitt aus dem »Puch von dem Entkrist« wird der Antichrist zusammen mit einem schwarzen, bockfüssigen Teufel dargestellt. Auch in den Volkserzählungen des Alpenraums erscheint der Böse als schwarzer Dämon mit Bocksfuss und Ziegenhörnern. In der Vorstellung gehörnter Teufel manifestiert sich der uralte Glaube, dass Götter und Dämonen als Zeichen ihrer Kraft Hörner auf dem Haupt tragen. Ob das Vertrauen in die magische Wirkung der Hörner dem Glauben entspringt, dass sich Gleiches gegenseitig abstösst? Oder sind die Hörner, wie in der Sage von der Teufelsbrücke, als symbolische Opfergaben zur Beschwichtigung dämonischer Mächte zu verstehen?

Der Antichrist und das Ende der Welt

Die Erwartung von Weltende und Weltgericht, die bereits um das Jahr 1000 das Abendland in bange Erwartung versetzt hatte, brachte um die Mitte des 15. Jahrhunderts erneut Furcht und Unruhe über die Christenheit. Die unablässigen Auseinandersetzungen zwischen Kaiser und Papst, gescheiterte Konzilreformen, Bauernunruhen und vor allem das sich gegen Europa ausdehnende osmanische Reich liessen das Kommen des Antichrist und des Weltendes zur schrecklichen

Der Antichrist, der wegen seiner Verknüpfung mit dem Weltende auch »Endchrist« genannt wird, ist der teuflische Widersacher Christi. Er wird mit der Hilfe des Teufels gezeugt. (Aus: »Das puch von dem entkrist«. Süddeutschland, Mitte des 15. Jahrhunderts.)

Gewissheit reifen. Der Antichrist, der wegen seiner Verknüpfung mit dem Weltende auch »Endchrist« genannt wird, ist der teuflische Widersacher Christi. Er wird mit der Hilfe des Teufels gezeugt. Als falscher Prophet ahmt er das Leben des Herrn nach, um die Menschheit in die Irre zu führen und sie dem Bösen zuzuspielen. Durch die vom Teufel verliehene Macht vollbringt der Antichrist eine Reihe von Wundern. Wie Christus wirkt er dreieinhalb Jahre. Dann aber trifft ihn die Rache Gottes. Vom Erzengel Michael wird er erschlagen und in die Hölle gestürzt.

Der Zeitpunkt der Geburt des Antichrist ist unbestimmt, weshalb die Vorstellungen vom »Entchrist« immer dann auftauchen, wenn Krankheit, Elend, Sittenverfall, Kriege und Völkermorde als Zeichen des bevorstehenden Weltendes gedeutet werden.

Seit uralter Zeit ein heiliges Opfertier ist der Widder, den man vorwiegend im Frühjahr und beim Erntedankfest im Herbst als Sinnbild der Fruchtbarkeit dem Gewittergott Donar und den mütterlichen Erdgottheiten darbrachte. Auf die Rolle als Opfertier deutet auch der Brauch des Antlasswidders, der sich in einigen Gebieten Deutschlands bis zur Mitte des 19. Jahrhunderts zu behaupten vermochte: Der Widder, der jedes Jahr von einem anderen Bauern gespendet wurde, hatte vergoldete Hörner und war mit Bändern geschmückt. Auf Ostern brachte ihn der Besitzer zur Weihe in die Kirche. Danach wurde er geschlachtet und sein Fleisch an die Hirten und Taglöhner verteilt. Auch an anderen Orten opferte man in der Osterwoche einen zuvor geweihten Widder. Als heiliges Tier durfte er nicht geschoren werden und hatte das Jahr über freien Zutritt zu allen Häusern, in denen er von den Bewohnern mit dem besten Futter versorgt wurde. Dieses rituelle Füttern war ursprünglich eine heilige Handlung zum Zweck, die höheren Mächte günstig zu stimmen. Um Ostern wurde der Schafbock, der den Winter über fett geworden war, geschlachtet und das Fleisch unter die Dorfbewohner aufgeteilt.

Ein weisser Widder schützt im Stall gegen das Toggeli, das in der Nacht aufhockende Wesen, das Atemnot erzeugt. Gespenster und Ungeheuer suchen das Weite, wenn dem Hexenrauch Späne eines Widderhorns beigemischt werden. Ein Widderhaupt über der Stalltür, meist von einem an einer Seuche verendeten Tier genommen, soll verhüten, dass ähnliche Unglücksfälle den Viehbestand des Bauern gefährden. Als abwehrende Zeichen sind auch die steinernen Widderhäupter zu deuten, die man gelegentlich in Mauern eingelassen findet.

Eine bekannte Abwehrgeste ist das »Hörnchen«. Man ballt die Hand zu einer Faust, wobei der kleine Finger und der Zeigfinger gestreckt bleiben. Auf dem Balkan halten es heute noch vom Aberglauben befangene Personen den Fremden entgegen, um sich vor dem bösen Blick und Verhexung zu schützen.

Eine besondere Form des Schutzes ist der Diebeszauber. Häuser und Gegenstände werden geschützt, indem man sie mit einem Schutzzauber versieht. Durch Verwünschungen und Drohung mit dem Teufel sollen Diebe davor abgeschreckt werden, sich an fremdem Eigentum zu vergreifen. Reste magisch wirkender Schutzformeln haben sich bis in die Gegenwart erhalten. Noch in meiner Schulzeit schrieben wir auf die Holzlineale:

»Bedenke, Gott ist überall
drum stiehl mir nicht das Lineal
Hast du's trotzdem gestohlen,
soll dich der Teufel holen.«

An einer Scheunenwand in Ettiswil schützt eine Teufelsfratze vor Dieben. Dabei steht der Spruch: »Ich bin Wächter für Schölm vnd Dieb. Sag dir las ligen es ist mir lieb. Wan ich einen tvn erwüschen dem wird ich gewüs dem Bvgel Knüschen.«

Falls trotz dieser Vorkehrungen einmal etwas abhanden gekommen war, konnte man es mit Hilfe des Teufels und magischer Handlungen wieder herbeischaffen. Im 1823 verfassten Zauberbuch des Wunderdoktors Christian Abbühl aus Wilderswil finden wir ein handgeschriebenes Rezept, wie der unbekannte Dieb zur Rückgabe der gestohlenen Sache gezwungen werden konnte. Unter dem Titel »Einen Dieben der etwas gestolen hat wieder herzustellen [herbei zu zitieren]« heisst es: »So ziehe den linken Schu ab und thue ein Tritt für die thür hinaus wo der Dieb ist ausgegangen u. stich das Kraut ausnehmlich Wegrich von der grossen 10. mit einem Messer in aller Teufeln namen u. gehe zu einem brennenden Feuer und sprich Luzivehr das wirf ich in deinen Leib dass es auf dir brenne so lange biss du mir den Dieben wieder bringst oder stellst oder es muss dir also wehe thun wie zu der Zeit da dich Gott aus dem ewigen Himmelreich verstiess darnach gieb ihm Urlub mit läzer Hand in aller Teufeln namen« (Ritschard 1982: 11).

An einer Scheunenwand in Ettiswil schützt eine Teufelsfratze vor Dieben. Dabei steht der Spruch: »Ich bin Wächter für Schölm vnd Dieb. Sag dir las ligen es ist mir lieb. Wan ich einen tvn erwüschen dem wird ich gewüs dem Bvgel Knüschen.« Offenbar hatte der Wirt des Gasthauses Ilge, zu dem die 1811 erbaute Scheune gehört, mit Diebesgesindel unliebsame Erfahrungen gemacht und deshalb versucht, seine Vorräte mit einem Zauberspruch zu schützen.

Eine ganze Reihe von Schutzsegen gegen das Wirken des Teufels und seiner Helfer finden sich auch im Romanusbüchlein, einem in Süddeutschland und in der Schweiz äusserst beliebten Zauberbüchlein, das für persönliche Zwecke immer wieder ab- und umgeschrieben wurde. Es enthält eine Sammlung von weit verbreiteten volkstümlichen Segen und Beschwörungen: Heilsprüche für Mensch und Tier, Haus und Hof, vorbeugende Schutzsegen gegen alle möglichen Gefahren, wie auch Zaubersegen, die gegen Hexen Geister und Naturgewalten schützen.

Glaubt man der Überlieferung, sind die in Venedig gedruckten Büchlein sehr alt. In Wahrheit lassen sich die Romanusbüchlein frühestens in die zweite Hälfte des 18. Jahrhunderts datieren, und auch die Druckerei ist nicht in Venedig, sondern im Raum Süddeutschland zu suchen (Spamer 1958: 20).

Exorzismen und Sakramentalien der Kirche vertreiben das Böse

Besonders wirksame Mittel, um die durch Schadenzauber verursachten Krankheiten im Leib des Menschen zu vertreiben, sind die Sakramentalien der katholischen Kirche. Damit sie ihre Wirkung entfalten, muss der Mensch nach dem bereits zitierten Johann Joseph Gassner überzeugt sein, dass das Übel eine übernatürliche Ursache hat. Glaubt er nicht daran, bleiben auch die Segnungen der Kirche und ihre Zeichen ohne Wirkung. Aus diesem Grund, sagt Gassner im Kapitel »Wie ist zu helfen?«, nützen oftmals die »Benedictionen, und der Gebrauch geweihter Sachen nicht, weil der kräftige Glauben auf die Hülfsmittel abgeht«. Gassner bestreitet auch die Auffassung, dass der Glaube an die Existenz des Teufels nicht etwa seinen Einfluss mehre: »Der Glaube, dass etwas Böses vorhanden, giebt dem Teufel keinen Gewalt zu schaden, nur wenn man das Böse fürchtet, hat er mehr Gewalt, nicht aber, wenn mans glaubt, sonst wurde der Apostel Petrus nicht immerdar ermahnen, wir sollen wachen, und acht geben, der Teufel wüthe herum uns zu verschlingen, wir sollen ihm stark im Glauben Widerstand thun.«

An diesen Vorstellungen knüpft auch das Wirken des seligen Niklaus Wolf von Rippertschwand an. Niklaus Philipp Wolf von Rippertschwand wurde am 1. Mai 1756 auf dem Bauernhof Unterlindig in Neuenkirch geboren. Kaplan Ignaz Schwendimann unterrichtete ihn im Lesen und Schreiben. Von seinem Bruder Martin, der in Luzern das Gymnasium

Der selige Niklaus Wolf von Rippertschwand war im frühen 19. Jahrhundert die einzige weltliche Person, die sich im Kanton Luzern mit Exorzismen befasste. (Sammlung des Verfassers.)

besuchte, lernte er wohl etwas Italienisch und Latein. Besonders interessierten ihn jedoch die geistigen Strömungen seiner Zeit, die an der Wende des 18. zum 19. Jahrhundert zu einer Spaltung der Gesellschaft führten. In der Aufklärung, die den angestammten Glauben, Traditionen und Autoritäten gering schätzte und stattdessen den Rationalismus zum Prinzip erhob, verlor die Kirche im öffentlichen Leben des 19. Jahrhunderts zunehmend an Einfluss. Geltung hatten bald nur noch jene Glaubenswahrheiten, die mit dem menschlichen Verstand zu begreifen waren. Der aufklärerische Geist schlug sich in einer zunehmenden Bibel- und Wunderkritik nieder. Bei der Seelsorge hatten Messe und Predigt den Vorrang, während Wallfahrten, Prozessionen und die Heiligenverehrung eingeschränkt oder gar verboten wurden.

Beim Untergang der alten Eidgenossenschaft erlebte Niklaus Wolf aus nächster Nähe die Realität der Politik. Dem Willen zur Neuordnung der Welt, den Visionen und Hoffnungen standen menschliche Unzulänglichkeiten, Vetternwirtschaft, Machtpolitik und Verrat gegenüber.

Als am 31. Januar 1798 die Aristokratie in Luzern abdankte und an ihre Stelle die Demokratie trat, wurde auch Niklaus Wolf in die Regierung gewählt. Die Volksvertreter wurden mit dem Auftrag betraut, für den Kanton Luzern eine demokratische Verfassung auszuarbeiten. Doch dann kam der Einmarsch französischer Truppen. Solothurn, Freiburg und Bern wurden besetzt und Luzern gezwungen, die Regierung aufzulösen und die von den Eroberern diktierte helvetische Verfassung anzunehmen.

Nach dem Zusammenbruch der Helvetik gab Napoleon im Frühjahr 1803 den Eidgenossen eine neue föderalistische Ordnung. Niklaus Wolf wurde in den Grossen Rat gewählt, trat aber bereits am 24. Oktober 1804 wieder zurück, da er seine Arbeit als Politiker nicht mit seiner religiösen Gesinnung in Einklang bringen konnte. Über die Gründe seines Rücktritts schrieb 1833 ein Freund des Seligen: »Es konnte mir schon nicht behagen, dass man die Früchte der Erfahrung nicht zu Nutzen ziehen, und die Grundsätze des Alterthums und der heiligen Religion nicht mehr den Berathungen zu Grund legen wollte. Wie sollte aber auch der ungebildete und unerfahrne Landmann dem Wirrwarr der neuern Politik gewachsen sein? Mir ward allemal schwer und bang, wenn ich zu diesem verantwortlichen und schweren Geschäfte gerufen wurde; und wahrlich, ich konnte mich meiner Stelle weder freuen, noch eine hohe Meinung davon fassen« (zit. nach: »Die Macht des christlichen Glaubens, dargestellt im Leben des durch auffallende Gebetserhörungen merkwürdig gewordenen Nikolaus Wolf von Rippertschwand, aus dem Kanton Luzern«. Luzern, 1833, Seite 22).

Kurz vor seinem Rücktritt entdeckte Niklaus Wolf seine Fähigkeit, durch den Namen Jesu Kranke zu heilen. Wie bei Gassner war auch bei ihm ein persönliches Erlebnis ausschlaggebend. Die Anrufung des Namens Jesu bewirkte bei ihm die plötzliche und vollständige Heilung seines schmerzenden Beines. Von da an kamen immer mehr Kranke zu ihm, um durch das Gebet mit Vater Wolf, wie er bald genannt wurde, Heilung zu finden. In der ganzen Innerschweiz war Niklaus Wolf unterwegs, um Kranke zu besuchen und ihnen durch das Gebet Linderung oder Heilung zu verschaffen. Nie bezeichnete sich Niklaus Wolf als Heiler im Sinne eines Wunderdoktors. Vielmehr war er davon überzeugt, bloss ein Werkzeug Gottes zu sein, ein Vermittler, der den Kranken durch das Gebet Gott zuführt. Die Hilfe, die dem Kranken zuteil wurde, geschah somit nicht durch ihn, sondern durch Gott, der dem Menschen gegenüber Gnade walten liess und ihn vom Leiden befreite. Diese Auffassung machte die persönliche Anwesenheit des Seligen nicht in allen Fällen erforderlich. Von der Art der Behandlung jener Menschen, die nicht zu ihm kommen und die er auch nicht besuchen konnte, schrieb er: »Ich wies ihnen eine Stunde an und liess sie ermahnen, sich in dieser Stunde mit mir und den Meinigen im Gebet zu vereinigen – im Glauben der heiligen katholischen Kirche. Besonders sollten sie die göttlichen Tugenden, Glaube, Hoffnung und Liebe, erwecken, die Reu und Leid; dann ferner mit Gebet sich der Fürbitte der Mutter Gottes anempfehlen, und auf dieselbe, so wie auf den heiligen Namen Jesus, Vertrauen fassen. Sie sollen denken, es sei in der Kirche Gottes Kraft genug, sie von ihrem Übel zu befreien, wenn es nicht zum Tode oder für ihr Seelenheil nothwendig und nützlich sei« (zit. nach: »Die Macht des christlichen Glaubens, dargestellt im Leben des durch auffallende Gebetserhörungen merkwürdig gewordenen Nikolaus Wolf von Rippertschwand, aus dem Kanton Luzern«. Luzern, 1833, Seite 64). Dann ermahnte er die Kranken, im Vertrauen auf den Namen Jesus auf Hilfe zu hoffen und in dieser Zeit zu beten. Hilfe sei aber nicht von ihm selbst, sondern nur durch den heiligen Namen Jesus zu erwarten. Auch mahnte er, fleissig Weihwasser zu gebrauchen, mit Andacht, Gebet und Vertrauen die Speisen und Getränke wie auch die Zimmer und Betten damit zu besprengen.

Nach Theodor von Liebenau war Niklaus Wolf von Rippertschwand zu seiner Zeit die einzige weltliche Person, die sich im Kanton Luzern mit Exorzismen befasste (LIEBENAU 1904). Seine Erfahrungen sammelte er nicht etwa als Mitglied der Gesellschaft der schweizerischen Teufelsbanner, die nach Liebenau ohnehin nicht existierte, sondern als Zeuge und Protokollführer von Exorzismen, die unter kirchlicher Aufsicht durchgeführt wurden.

In diesem Zusammenhang bekannt geworden ist der Fall der Maria Anna Wirtenbergerin aus Bondorf im Schwarzwald. Nach dem mit grosser Wahrscheinlichkeit von Niklaus Wolf verfassten Protokoll hat der Teufel 1811 aus dieser Frau eine Rede gehalten, die von siebzehn Personen, unter ihnen Kaplan Aegidius Geisshüsler, Niklaus Wolf von Rippertschwand und Josef Bühlmann, gehört worden ist. Um 1812 ist die Schrift in Druck gegeben und zur Warnung an die Gläubigen verteilt worden. Der 13 Seiten umfassende anonyme Druck ist äusserst selten. Ein dem Verfasser bekanntes Exemplar trägt den wohl von Josef Bühlmann mit Tinte angebrachten Vermerk: »Die Handschrift hat richtig: Bühlmann«. Bühlmann hat noch eine ganze Reihe eigenhändiger Ergänzungen vorgenommen, die mit der Einleitung beginnen: »Der Teufel hat aus einer besessenen Person [Maria Anna Wirtenbergerin] Folgendes und noch mehreres geredet. Wörtlich abkopiert aus der Handschrift des sel. Niklaus Wolf von Rippertschwand bei Neuenkirch.« Diese Ergänzungen lassen

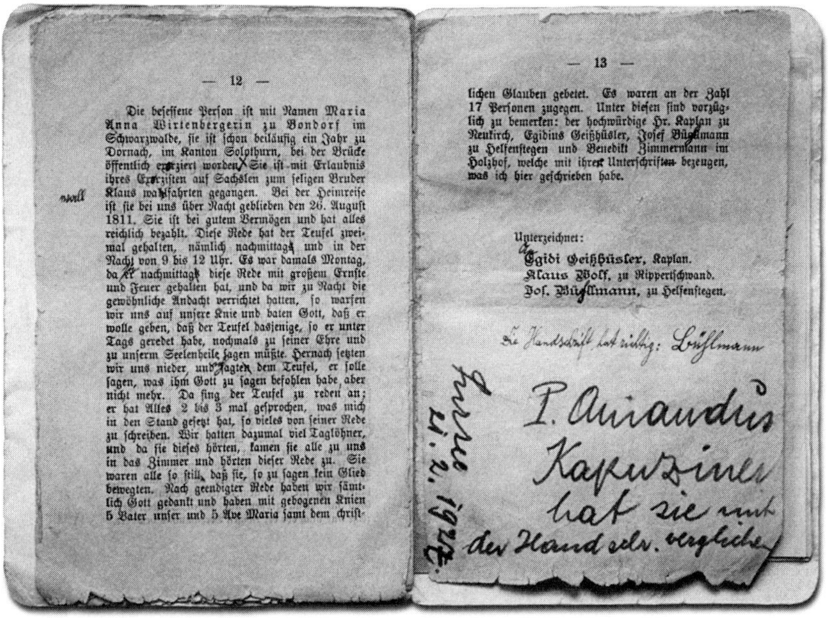

— 12 —

Die besessene Person ist mit Namen Maria Anna Wirtenbergerin zu Bondorf im Schwarzwalde, sie ist schon beiläufig ein Jahr zu Dornach, im Kanton Solothurn, bei der Brücke öffentlich exorziert worden. Sie ist mit Erlaubnis ihres Exorzisten auf Sachslen zum seligen Bruder Klaus wallfahrten gegangen. Bei der Heimreise ist sie bei uns über Nacht geblieben den 26. August 1811. Sie ist bei gutem Vermögen und hat alles reichlich bezahlt. Diese Rede hat der Teufel zweimal gehalten, nämlich nachmittags und in der Nacht von 9 bis 12 Uhr. Es war damals Montag, da er nachmittags diese Rede mit großem Ernste und Feuer gehalten hat, und da wir zu Nacht die gewöhnliche Andacht verrichtet hatten, so warfen wir uns auf unsere Knie und baten Gott, daß er wolle geben, daß der Teufel dasjenige, so er unter Tags geredet habe, nochmals zu seiner Ehre und zu unserm Seelenheile sagen müßte. Hernach setzten wir uns nieder und sagten dem Teufel, er solle sagen, was ihm Gott zu sagen befohlen habe, aber nicht mehr. Da fing der Teufel zu reden an; er hat Alles 2 bis 3 mal gesprochen, was mich in den Stand gesetzt hat, so vieles von seiner Rede zu schreiben. Wir hatten dazumal viel Taglöhner, und da sie dieses hörten, kamen sie alle zu uns in das Zimmer und hörten dieser Rede zu. Sie waren alle so still, daß sie, so zu sagen kein Glied bewegten. Nach geendigter Rede haben wir sämtlich Gott gedankt und haben mit gebogenen Knien 5 Vater unser und 5 Ave Maria samt dem christ-

— 13 —

lichen Glauben gebetet. Es waren an der Zahl 17 Personen zugegen. Unter diesen sind vorzüglich zu bemerken: der hochwürdige Hr. Kaplan zu Neukirch, Egidius Geißhüsler, Josef Bühlmann zu Helfenstegen und Benedikt Zimmermann im Holzhof, welche mit ihrer Unterschrift bezeugen, was ich hier geschrieben habe.

Unterzeichnet:
Egidi Geißhüsler, Kaplan.
Klaus Wolf, zu Rippertschwand.
Jos. Bühlmann, zu Helfenstegen.

Abschrift der Rede, die der Teufel aus dem Körper der von ihm besessenen Anna Wirtenbergerin gehalten haben soll. Die handschriftlichen Ergänzungen stammen aus dem Jahre 1927. (Sammlung des Verfassers.)

die Vermutung zu, dass als Verfasser des Protokolls Niklaus Wolf anzunehmen ist.

Offenbar sind später Zweifel über die Authentizität der gedruckten Schrift aufgekommen, denn 1927 ist sie nochmals einer Überprüfung unterzogen worden. P. Amandus, Kapuziner im Kloster Sursee, hat die Übereinstimmung des Drucks und Bühlmanns handschriftlicher Ergänzungen mit dem Original am 27. Februar 1927 jedoch bestätigt. Die wenigen Änderungen, die er mit einem Tintenstift angebracht hatte, betrafen lediglich Rechtschreibefehler, versehentliche Auslassungen einzelner Wörter und nicht völlig mit der Handschrift übereinstimmende Formulierungen.

Nach dem von Niklaus Wolf verfassten Protokoll ist Anna Maria Wirtenbergerin »sowohl von Reformierten als Katholischen als Besessene« anerkannt worden. 1811 wurde sie bei der Brücke in Dornach, Kanton Solothurn, von einem bevollmächtigten Geistlichen öffentlich exorziert. Mit Erlaubnis des Exorzisten machte sie anschliessend eine Wallfahrt nach Sachseln zum heiligen Bruder Klaus. Seither, heisst es in der oben erwähnten Schrift, erfreue sie sich bester Gesundheit und sei von allem Übel befreit.

Was ist ein Exorzismus?

»Exorcismus ist ein griechisches Wort, heisst auf deutsch so viel, als eine Beschwörung, das ist eine Weise, wodurch der böse Feind, so er eines Menschen Ort, oder Behausung beunruhiget, beschworen, und vertrieben wird. Hieher gehören alle Malefiz, so Vieh, und Menschen verderben.«

Aus: »Alterthum, Ursprung und Bedeutung aller Ceremonien, Gebräuchen, und Gewohnheiten der heiligen katholischen Kirche«, gedruckt in Augsburg bei Ignaz Wagner, 1784.

Die Rede des Teufels, aus der wir nachfolgend einen Ausschnitt wiedergeben, ist nur unter Berücksichtigung des zu dieser Zeit (1811) herrschenden Geistes zu verstehen. Sie ist nicht typisch für das bösartige Wesen des Teufels, sondern in erster Linie ein Aufruf an die Menschen, sich vom Bösen loszusagen und sich Gott zuzuwenden. Wenn der Teufel durch die Besessene sagt, durch welche Nachlässigkeit und Sünden er über die Menschen Macht erhalte, so ist dies als Hinweis zu verstehen, wie sich der Mensch gegen die Nachstellungen Satans schützen kann. Wie dies im Einzelnen zu geschehen hat, entspricht zu einem guten Teil dem, was Martin Del Rio, Johann Joseph Gassner und Niklaus Wolf von Rippertschwand glaubten und verkündeten. Über den Ablauf der Rede, die der Teufel am Nachmittag und dann nochmals in der Nacht gehalten hatte, heisst es in der gedruckten Schrift:

»Es war damals Montag, da er [der Teufel] nachmittags diese Rede mit grossem Ernste und Feuer gehalten hat, und da wir zu Nacht die gewöhnliche Andacht verrichtet hatten, so warfen wir uns auf unsere Knie und baten Gott, dass er wolle geben, dass der Teufel dasjenige, so er unter Tags geredet habe, nochmals zu seiner Ehre und zu unserem Seelenheile sagen müsste. Hernach setzten wir uns nieder, und sagten dem Teufel, er solle sagen, was ihm Gott zu sagen befohlen habe aber nicht mehr. Da fing der Teufel zu reden an; er hat Alles 2 bis 3 mal gesprochen, was mich in den Stand gesetzt hat, so vieles von seiner Rede zu schreiben. Wir hatten dazumal viel Taglöhner, und da sie dieses hörten, kamen sie alle zu uns in das Zimmer und hörten dieser Rede zu. Sie waren alle so still, dass sie, so zu sagen kein Glied bewegten. Nach geendigter Rede haben wir sämtlich Gott gedankt und haben mit gebogenen Knien 5 Vater unser und 5 Ave Maria samt dem christlichen Glauben gebetet.«

Im 19. Jahrhundert hat Niklaus Wolf viele Nachfolger gefunden, die anders als Wolf nicht ausschliesslich mit Gebeten, sondern auch mit magischen Handlungen Besessene vom bösen Geist erlösten und Kranke heilten. Viele bedienten sich dabei verstümmelter kirchlicher Exorzismen

Die volkstümlichen Exorzismen und Segen des Alpenraums erinnern auffällig an die schamanistischen Praktiken der mittel- und südamerikanischen Heiler, die ihre Patienten mit indianischen Zaubersprüchen und vom Christentum übernommenen Exorzismen heilen. (Sammlung des Verfassers.)

und lateinischer Gebetstexte, die von verschiedenen magischen Handlungen begleitet waren. Die von den Wunderheilern gepflegten Praktiken entsprachen deshalb nur der äusseren Form nach den kirchlichen Vorschriften. Allzu oft war das Ganze vermengt mit Relikten naturmagischer Überlieferungen und natürlich wirkenden Mitteln der Volksheilkunst. Obschon bei diesen Riten Christus, Maria und die Heiligen angerufen werden, haben die volkstümlichen Exorzismen und Segen nur noch am Rande etwas gemein mit dem Glauben, wie er von der Kirche verkündet wird. Stattdessen erinnern sie auffällig an die schamanistischen Praktiken der mittel- und südamerikanischen Heiler, die ihre Patienten ebenfalls mit Zaubersprüchen und christlichen Exorzismen heilen. Im Grunde genommen handelt es sich bei all diesen Dingen um Vorstellungen und Rituale, die schon lange vor der Einführung des Christentums bestanden hatten. Im Zuge der Christianisierung erhielten sie bloss eine andere Form, währenddem im Kern alles gleich geblieben ist.

Unter dem Mantel des nach aussen sichtbaren Rituals verbergen sich sowohl beim Schamanen als auch beim alpenländischen Wunderheiler Vorstellungen, die auffallend viel gemeinsam haben. Schamane wie Wunderheiler verstehen sich als Hüter eines besonderen Wissens. Sie schreiben sich selbst keine magischen Kräfte zu, sondern sehen sich als Vermittler zwischen der sichtbaren Welt und einer dem menschlichen Auge verborgenen anderen Dimension. Um den Kampf gegen das Böse aufzunehmen, begibt sich der Schamane durch die Rezitation bestimmter Gebete oder Gesänge in eine dem gewöhnlichen Menschen meist verschlossene Anderswelt, wo er den dort wirkenden Dämonen entgegentritt und sie aus der Umgebung des Kranken vertreibt. Ähnliches geschieht auch beim alpenländischen Heiler.

In diesem Zusammenhang dürfen die italienischen *Benandanti*, die traditionellen Heiler Norditaliens, nicht unerwähnt bleiben, gegen die Ende des 16. Jahrhunderts verschiedene Inquisitionsprozesse geführt wurden. Am 27. Juni 1580 zitierte der Inquisitor Fra Felice da Montefalco den Paolo Gasparutto. Von Gasparutto wurde erzählt, er gehöre zu den Benandanti. Von ihnen munkelte man, sie begäben sich nachts im Traum zu geheimen Versammlungen. Diese unterscheiden sich auffallend von den zu dieser Zeit üblichen Vorstellungen eines Hexensabbats, denn die Benandanti schändeten weder Hostien noch verspotteten sie das Kreuz. Sie schworen auch nicht dem Glauben ab und schlossen ebenso wenig einen Pakt mit dem Teufel. Stattdessen kämpften sie bei ihren nächtlichen Zusammenkünften mit Fenchelzweigen gegen dämonische Streghe, um deren teuflisches Wirken einzudämmen und die von ihnen krank gemachten Menschen zu heilen.

Der ebenfalls am 27. Juni 1580 einvernommene Benandante Battista Moduco bekannte freimütig: »Ich bin Benandante, dieweil ich mit anderen vier Mal im Jahr, das heisst an den vier Quatembern, nachts kämpfen gehe, unsichtbar im Geiste, und der Körper bleibt zurück; und so gehen wir für Christus und die Stregoni für den Teufel, und so kämpfen wir miteinander, wir mit Fenchelzweigen und sie mit Hirsestengeln.« Auf die bohrende Frage des Inquisitors, wie das mit der Reise nun wirklich vor sich gehe, antwortete Moduco schlicht: »Man macht es nicht anders, als dass der Geist aus dem Leib fährt und fortgeht« (GINZBURG 1993: 23 f.).

Die meisten der heute im Alpenraum tätigen Heiler sind indes nicht mehr in eine lebendige Tradition eingebunden. Sie haben ihre Technik selbst erlernt, von Gott erhalten oder auf irgendeine Art selbst »entdeckt«. Die wenigen traditionellen Heiler, die dem Bild des eurasischen Schamanen beziehungsweise der italienischen Benandanti noch am ehesten entsprechen, verwenden bei ihren Heilungen christliche Segensgebete und Exorzismen. Fast alle sind von einer Frömmigkeit geprägt, die meistens über das hinausgeht, was von der Kirche als richtig und wünschbar erachtet wird. Kaum einer versteht sich selbst als Träger eines uralten Wissens. Stattdessen sieht sich der Heiler als verlängerter Arm Gottes. Ähnlich wie bei den Benandanti erklärt sich dies aus der Vorstellung, wonach alles Schädliche (Krankheiten, Besessenheit, Depressionen) auf das Wirken des Teufels und seiner Helfer zurückzuführen ist. Im Kampf gegen die Mächte der Finsternis kommen bei den heutigen Heilern indes nur Gott, die Heiligen und die ihnen geweihten Gegenstände in Frage. Zu diesen gehören gesegnete Heiligenbildchen, christliche Exorzismen und Gebete, geweihtes Wachs, Weihwasser, am Dreifaltigkeitstag gesegnetes Salz sowie gesegnete Kreuze und Medaillen.

Einen noch aktiven traditionellen Heiler zu porträtieren, sein Bild und seinen Namen zu veröffentlichen, ist nicht einfach. Der einzige mir bekannte gab zwar erschöpfend über sein Fühlen und Denken Auskunft, wollte aber anonym bleiben. Ein anderer, der dazu bereit gewesen wäre, entspricht nicht dem traditionellen Heiler, wie er oben beschrieben ist. Aber es gibt einen geschichtlich fassbaren Waldbruder, dessen Segnungen und Beschwörungen mit den heute noch geübten Praktiken in vielen Teilen übereinstimmen. Über sein Wirken wissen wir nur Bescheid, weil er 1826/1827 im »Schweizerboten« mehrmals aufs heftigste kritisiert wurde. In seiner Kapelle, die heute noch neben der einstigen Klause steht, befand sich ein »bunt geschmücktes Marienbild, das er mit den kostbarsten und nach der neuesten Mode verfertigten Göllerketten und Kleinodien« zierte. Am 10. August 1826 schrieb ein gewisser J. B., der von der Aufklärung offenbar eine etwas zu hohe Dosis mitbekommen hatte, im »Schweizerboten«:

»Im Flüss [Gemeinde Nottwil] haust ein kräftiger Waldbruder, der auf eine ganz einfache und äusserst wohlfeile Manier Kranke wieder gesund machen will. Die Kur ist diese: Ein von seiner Hand geschriebener lateinischer Zettel wird der kranken Person unter gewissen Gebets- oder Zauberformeln auf die Brust gelegt, und – sie soll genesen. Der Waldbruder freilich versteht kein Latein, aber man merkts dem Kauderwelsch bald genug an, woher es kommen mag. Es heisst: ›In nomine Domini Jesu Christi ego vobis omnibus daemonibus infernis veto, ne molestis hunc hominem‹, zu deutsch: ›Im Namen unseres Herrn Jesu Christi verbiete ich euch höllischen Geistern allen, diesen Menschen zu belästigen‹. Das ist alles. Hilfts nicht, so haben die Leute keinen Glauben gehabt an die Allmacht Gottes.«

Ein Exorzismus für den persönlichen Gebrauch

»Privatexorzismus, den jedermann unter Anwendung des Kreuzzeichens und Weihwassers gebrauchen darf und häufig über sich und andere – auch aus der Ferne – mündlich sprechen soll, namentlich zu Zeiten schwerer Versuchungen und Prüfungen, über feindlich gesinnte Menschen, insbesondere am Kranken- und Sterbebett:

›Im Namen Jesu und im Namen Mariä befehle ich euch, ihr höllischen Geister, weichet von uns (ihnen) und von diesem (jenem) Orte und waget nicht wiederzukehren und uns (sie) zu versuchen und uns (ihnen) zu schaden. – Jesus! Maria! (3mal) – Heiliger Michael, streite für uns! Heilige Schutzengel, bewahret uns vor allen Fallstricken des bösen Feindes!

Segensspruch. Der Segen † des Vaters, die † Liebe des Sohnes und die Kraft † des Heiligen Geistes; der mütterliche Schutz der Himmelskönigin, der Beistand der heiligen Engel und die Fürbitte der Heiligen – sei mit uns (dir, ihnen) und begleite uns (dich, sie) überall und allezeit! Amen.«

(Scheuber 1960: 270)

Half dieser einfache Bannspruch nichts, musste der Kranke auf den Boden knien. Darauf strich ihm der Waldbruder geweihtes Wasser auf die Stirn, wobei der Patient angehalten wurde, sich zu bekreuzigen. Dann nahm der Heiler in seine Rechte eine Messingdose und einen grossen

Messingdose mit Kreuz, Agnus Dei (Wachs) und Reliquien verschiedener Heiliger. Man trägt die Dose als vielseitiges Schutzmittel gegen Krankheiten und Behexung bei sich oder verwahrt sie an einem sicheren Ort im Haus. (Sammlung des Verfassers.)

Rosenkranz, schüttelte beides dreimal, bekreuzigte sich dreimal und hielt dem am Boden Knienden beides an die Stirn. Dazu sprach er: »Gloria sit tibi, Domine!« und anschliessend den Anfang des Evangeliums nach Johannes. Diese Prozedur wurde so lange wiederholt, bis der Patient vom bösen Geist befreit war. Danach bekreuzigte der Heiler sich und den Patienten wieder dreimal, betete mit ihm das Ave-Maria und entliess ihn mit etwas Gesegnetem, das in Papier eingewickelt war und das er immer bei sich tragen sollte (»Schweizerbote«, 8. Februar 1827).

Bei der Messingdose, dem *messingenen trucklin*, handelt es sich wohl um einen jener kleinen Reliquienbehälter, die sich in volkskundlichen Sammlungen in grosser Zahl finden. Sie enthalten Reliquienpartikel verschiedener Heiliger, geweihtes Osterwachs (Agnus Dei), Kreuze oder wundertätige Medaillen. Amulette dieser Art werden von einigen Gesundbetern noch heute bei ihren Ritualen verwendet oder als vielfältig wirkender Schutzzauber bei sich getragen.

Im 20. Jahrhundert sind die aus den kirchlichen Exorzismen abgeleiteten »Privatexorzismen« auch als Gebetszettel oder durch Andachtsbücher verbreitet worden.

▶ Exkurs
Johann Josef Gassner, Pfarrer, Exorzist und Wunderheiler

Das Interesse daran, den Teufel zu bekämpfen und in ihm die Ursache vieler Krankheiten zu sehen, wurde bei Johann Joseph Gassner nicht erst durch Martin Del Rios »Disquisitionum Magicarum« geweckt. Der eigentliche Grund dafür war die schwächliche Konstitution des 1727 in Voralberg geborenen Pfarrers, die ihn zeitweise befürchten liess, an Auszehrung zu leiden. Nachdem die Ärzte nichts dagegen ausrichten konnten, verfiel er auf den Gedanken, seine körperlichen Leiden, die ihn besonders während des Lesens der heiligen Messe plagten, könnten von den Einwirkungen satanischer Mächte herrühren. In seiner Not nahm er wie Niklaus Wolf zum heiligen Namen Jesu Zuflucht, und alsbald konnte er eine spürbare Besserung bemerken. Dies gab ihm den Anstoss, sich mit den verschiedenen Erscheinungsformen des Teufels, seinem Wirken und seiner Bekämpfung intensiv zu befassen und sein Wissen auch zum Heil seiner Mitmenschen einzusetzen. So verlegte er sich darauf, körperliche Krankheiten, die bis anhin den natürlichen Mitteln getrotzt hatten, durch Sakramentalien, insbesondere aber durch die Anrufung des heiligsten Namens Jesu und durch Exorzismen, zu heilen.

Das Büchlein der Exorzismen

»Wenn der Exorcist geweiht wird, so empfangt er aus des Bischoffs Hand das Büchlein, darin die Exorcismi verzeichnet seynd, und der Bischof spricht: nimm hin, und lerne auswendig, und hab Gewalt, die Händ aufzulegen über die Besessenen, sie seynd getauft, oder Catechumeni.«

Aus: »Alterthum, Ursprung und Bedeutung aller Ceremonien, Gebräuchen, und Gewohnheiten der heiligen katholischen Kirche«, gedruckt in Augsburg bei Ignaz Wagner, 1784.

Gassner erhielt schon bald grossen Zulauf und schuf sich den Ruf eines »Wunderheilers«. Mit seiner wachsenden Bekanntheit als Exorzist nahm auch die Gegnerschaft zu. Das Ordinariat in Chur, in dessen Zuständigkeitsbereich Gassners Tätigkeit fiel, stand dem Treiben skeptisch gegenüber. Es konnte aber nichts finden, das den Bestimmungen der katholischen Kirche widersprochen hätte.

Vom Bischof von Regensburg wurde Gassner nach Ellwangen berufen. Dort nahm er viele Heilungen vor, die mit grösster Genauigkeit beobachtet und aufgezeichnet wurden. Der Bischof von Regensburg fasste darauf ein so grosses Zutrauen zu ihm, dass er den Exorzisten zum geistlichen Rat ernannte. 1775 reisten vier Professoren aus Ingolstadt zu Gassner, um seine Tätigkeit zu begutachten. Nach eingehender Prüfung kamen die vier Gelehrten zum Schluss, dass sich weder die Möglichkeit einer Besessenheit durch Dämonen noch die Wirksamkeit der Exorzismen wiederlegen lasse. Anstoss nahmen sie hingegen am Aufsehen, das Gassner durch sein Wirken erregte. Dem Bischof rieten sie, dem Exorzisten Zurückhaltung aufzuerlegen. Die Empfehlungen wurden gerne beherzigt. Der Bischof von Regensburg war zwischenzeitlich mit einer Vielzahl von Klagen eingedeckt worden, denn der Erfolg Gassners kam den der rationalen Weltanschauung verpflichteten Theologen höchst ungelegen. In Wien gerieten die offiziellen Organe der Kirche in helle Aufruhr. In den zum Habsburgerreich gehörenden Ländern wurde der Aufruf erlassen, den Kranken die Reise nach Regensburg zu untersagen. Auch die Erzbischöfe von Prag und Salzburg warnten die Geistlichen des Bistums vor der Tätigkeit Gassners.

BENEDICTIONALE
CONSTANTIENSE,
JUSSU ET AUTHORITATE
CELSISSIMI & REVERENDISSIMI
DOMINI DOMINI
MAXIMILIANI
CHRISTOPHORI,
DEI GRATIA
EPISCOPI CONSTANTIENSIS,
S. R. I. PRINCIPIS,
DOMINI AUGIÆ MAJORIS, ET OENINGÆ,
INCLYTI ORD. S. JOAN. JEROSOL.
BAJULIVII, & PROTECTORIS &c. &c.

JUXTA NORMAM RITUALIS ROMANI
REFORMATUM, APPROBATUM, ET EDITUM
ANNO MDCCLXXXI.
CONSTANTIÆ,
Typis Antonii Labhart, Celsiss. & Rvdiss. Ord. Typogr. Aul.

In dem 1781 bei Anton Labhart in Konstanz verlegten »Benedictionale Constantiense« sind im Anhang die Exorzismen verzeichnet, die bei den verschiedenen Formen der Besessenheit vom Exorzisten gebetet werden müssen.

Kirchlicher Exorzismus wider die Dämonen (Auszug)

»Contra te maledicte daemon contra, vos, spiritus immundi, & apostatici, qui Dominum Deum vestrum dereliquistis, & obliti estis Dei Creatoris vestri, constitutus sum a Deo ego N. Minister Christi, & Ecclesiae; ideo auctoritate, quam accepi a Deo, & ab Ecclesia in ordine Exorcistatus, in Nomine sanctissimae Trinitatis, & in virtute Domini nostri JEsu Christi, praecipio vobis omnibus, & singulis, ut in omnibus, quae nunc vobis praecepero, sine ulla mora ad amussim mihi obediatis.

Praecipio ergo vobis eadem auctoritate, ut in exitu vestro non audeatis vos, nec quicunque alii daemones, aliquod malum facere, vel nocumentum inferre isti creaturae, nec mihi, nec astantibus, nec quibuscunque aliis creaturis, tam animatis, quam inanimatis; quinimo in exitu vestro vobiscum trahatis omnes vestras diabolicas infectiones; ac removeatis omnia noxia, quae hucusque sive extrinsece, sive intrinsece intulistis corpori istius creaturae: ac destruatis omnia maleficia, facturas, ac ligaturas, quas fecistis contra creaturam Dei.

Audite ergo spiritus rebelles, & apostatici ultimum meum praeceptum, quod illico ac festinanter adimplere debetis: eadem auctoritate, qua supra in Nomine sanctissimae Trinitatis, & in virtute sanctissimi Nominis Domini nostri JEsu Christi praecipio vobis, daemones infernales, ut exeatis a corpore istius creaturae Dei, & totaliter ab ea recedatis, ita ut non amplius habeatis potestatem nocendi ei intrinsece, neque extrinsece, nec ullo modo eam perturbandi infirmitatibus, timoribus, visionibus, apparationibus, nec aliis quibuscunque modis.

Exite ergo spiritus immundi; sic volo, sic jubeo vobis, ut Minister Christi, & Ecclesiae: in nomine Patris, & Filii, & Spiritus sancti. Amen.«

Aus: »Benedictionale Constantiense«, verlegt in Konstanz bei Anton Labhart 1781.

Unter massiven Druck geraten, sah sich der Bischof von Regensburg genötigt, sich in dieser Angelegenheit an Papst Pius VI. zu wenden. Aus Rom kam der Bescheid, Exorzismen seien in der katholischen Kirche üblich. Sie hätten sich als heilsam erwiesen und seien deswegen beizubehalten. Dass die Tätigkeit Johann Joseph Gassners jedoch einen solchen Tumult errege, sei nicht im Sinne der Kirche, weshalb der Exorzist anzuweisen sei, genau nach den Vorschriften des römischen Rituals vorzugehen. Die Mahnungen aus Rom wurden offenbar peinlichst genau beachtet. In der Folge kehrte im Bistum Ruhe ein. Gassner starb 1779 in Pondorf in der Diözese Regensburg. 1878 erschien in Kempten eine Biografie mit dem Titel: »J.J. Gassner, der berühmte Exorcist, sein Leben und wundersames Wirken«.

Im 19. Jahrhundert versuchte man, die Heilungserfolge Gassners durch Magnetismus zu erklären. Zu dieser Annahme hat Gassner selbst durch die Art seiner Tätigkeit beigetragen. Es fällt auf, dass er seine Exorzismen zumindest bis zum Erhalt der Weisungen aus Rom nicht nach

Im Exorzismus spielt das Kruzifix eine wichtige Rolle. Mit ihm wird der Besessene beim Sprechen der Gebetstexte gesegnet. (Sammlung des Verfassers.)

dem von der Kirche vorgeschriebenen römischen Ritual vornahm, wie es zum Beispiel im 1781 bei Anton Labhart in Konstanz verlegten »Benedictionale Constantiense« abgedruckt ist. Die geistlichen Mittel, derer er sich bediente, bestanden meist in der priesterlichen Handauflegung, verbunden mit der Anrufung des Namens Jesu oder dem Befehl an den Dämon, im Namen Jesu Christi aus dem Körper des Besessenen zu weichen. Dazu bediente sich Gassner des Kreuzzeichens und geweihter Andachtsgegenstände, die dem Kranken aufgelegt wurden.

Noch heute ist es Brauch, sich bei Krankheiten im Kloster der Kapuzinerinnen von Salzburg das »Loretokindl«, ein kleines Jesuskind aus Elfenbein in einem Kästchen, auf den Kopf oder die leidende Stelle »aufsetzen« zu lassen. Anschliessend wird mit dem Gnadenbild der Segen erteilt (siehe Seite 167 f.).

Exorzisten auf dem Vormarsch

Erstmals in ihrer 160-jährigen Geschichte hat die Erzdiözese Chicago einen hauptamtlichen Exorzisten ernannt. Damit reagiere man auf ständig steigende Anfragen, teilte ein Sprecher der Erzdiözese mit. Derzeit gebe es rund 600 nicht in die katholische Kirche eingebundene Teufelsaustreiber in Chicago. Vor 20 Jahren seien es nur »etwa eine Hand voll gewesen«. Vor einigen Monaten hatte die italienische Bischofskonferenz über eine zu grosse Nachfrage der Gläubigen nach Teufelsaustreibungen geklagt und die Priester aufgerufen, das unlängst reformierte Ritual des Exorzismus »mit Klugheit« zu gebrauchen und in der Seelsorge abergläubischen und magischen Praktiken entgegenzutreten. In den 228 italienischen Bistümern sind rund 300 Geistliche als Exorzisten tätig.

Aus: »Neue Luzerner Zeitung«, 8.2.2001

Verbotene Tänze auf einsamen Wiesen

Nach der Überlieferung treffen sich die Hexen auf abgelegenen Wiesen, hohen Bergen, Burgruinen und bei markanten Bäumen. Dort wird getanzt, gegessen und mit dem Teufel »Muothwillen« getrieben.

Mit dem Teufel im Bund standen die Hexen. Nach der heute noch verbreiteten Meinung trafen sich mit magischen Kräften ausgestattete Frauen nachts an abgelegenen Orten, auf Waldwiesen, Bergen und in verlassenen Weidescheunen. An diese Orte gelangten sie mittels einer geheimnisvollen Salbe, die unter den Achselhöhlen, auf der Brust und in der Leistengegend eingerieben wurde. Sie ermöglichte es ihnen, auf Stöcken, Gabeln und Besen reitend zum Sabbat zu fliegen.

Nach romantisch verklärten Vorstellungen mussten Hexen, die zum ersten Mal an einem Sabbat teilnahmen, Gott, Christus und die Heiligen verleugnen und die Sakramente der Kirche entehren. Gewöhnlich folgte nach den einschlägigen Beschreibungen ein von Obszönitäten und Ausschweifungen geprägtes Festmahl, bei dem die Hexen dem in Menschen- oder Tiergestalt anwesenden Teufel huldigten und ihm Rechenschaft über die ausgeführten Untaten ablegten. Vor ihrer Rückkehr erhielten die Hexen allerlei Zaubermittel, manchmal auch Geld, das sich nach der Rückkehr meist in Kot oder Laub verwandelte.

Das Bild von der Hexe, die an einen geheimnisvollen Ort fliegt und dort dem Satan huldigt, deckt sich zu einem wesentlichen Teil mit dem, was die in Haft gekommenen Frauen gegenüber den Richtern bekannten. Zuerst und noch ohne Anwendung der Folter bestritten die Angeklagten die ihnen zur Last gelegten Untaten. Dann folgten unter dem Druck der

Tortur in einer bestimmten Reihenfolge Antworten auf genau formulierte Fragen: erster Kontakt mit dem Teufel an abgelegenen und meist unheimlichen Orten, Geld angenommen, das zu Laub oder Mist zerfällt, Gott, Maria und die Heiligen verleugnet, Zaubermittel entgegengenommen und mit dem Teufel *muothwillen* getrieben, das heisst Geschlechtsverkehr gehabt. Bei einer späteren Einvernahme wurde dann nach dem Sabbat, den geheimen Tanzplätzen und der Hexensalbe gefragt. In diesem Stadium des Verhörs fielen die Namen weiterer Personen, die nach und nach in den »Teufelskreis« hineingerissen wurden.

Der Grund für die Stereotypie dieser Aussagen, die sich wie ein roter Faden quer durch das europäische Hexenwesen zieht, ist auf den »Hexenhammer«, den »Malleus maleficarum«, zurückzuführen. Die 1487 erstmals gedruckte Schrift ist das Werk von zwei Fanatikern, die darin ein aus verschiedenen Quellen zusammengesuchtes und nach ihrer religiösen Überzeugung interpretiertes Wissen zum Besten geben. Schon bald diente der »Malleus«, der im Laufe weniger Jahrzehnte eine ungeheure Verbreitung erlebte, unkritischen Richtern als Wegleitung zur Prozessführung.

Die Einvernahme der Angeklagten stand folglich unter dem Druck einer Erwartungshaltung. Die Hexen hatten unter der Folter jene Dinge zu bekennen, die bereits aus dem »Malleus maleficarum« bekannt waren. Aus diesem Umstand erklären sich die vielen Übereinstimmungen in den historischen Prozessakten, die letztlich nur die vorgefasste Meinung der Hexenrichter beziehungsweise des »Malleus« wiedergeben. Die ausführlichen Schilderungen von vermuteten Zauberkräften, nächtlichen Ausfahrten und blasphemischen Orgien am Hexensabbat geben daher selten mehr preis als der »Hexenhammer« selbst. Insofern führt die Hexenforschung, die sich vor allem auf die erhaltenen Prozessakten und den »Hexenhammer« stützt, zwangsläufig zu einseitigen Ergebnissen.

Die Antwort auf die Frage nach den Ursachen, die zum Wahn der Hexenverfolgungen führten, ist daher nicht so geheimnisvoll, wie sie in der Literatur oft geschildert wird. Die angeklagten Frauen waren weder Teufelsanbeterinnen, noch verfügten sie über magische Kräfte, im Gegenteil. Meist wussten die Angeklagten gar nicht, weshalb man sie der Hexerei bezichtigte.

Trotzdem finden sich in historischen Quellen regelmässig wiederkehrende und scheinbar belanglose Einzelheiten, die der »Hexenhammer« nicht als stereotyp voraussetzt. Berücksichtigt man dazu jene Volkserzählungen und Bräuche, die inhaltlich, zeitlich und räumlich einen

Nach altem Glauben werden Unwetter von Hexen erzeugt. Die Hexe von Dallenwil begnügte sich nicht mit dem Brauen von Hagel und Sturmwinden, sondern verursachte auch Schlammlawinen und Felsstürze. Lauinensturz an der Simplonstrasse. (Stahlstich nach einer Zeichnung von J. L. Rüdisühli.)

Bezug zu den Hexenprozessen haben, entpuppt sich der Hexensabbat als ein Gemenge verteufelter Kultelemente aus dem Osten, bestehender Vorurteile, Resten heidnischen Fruchtbarkeitszaubers und nächtlicher Lustbarkeiten auf abgelegenen Waldwiesen.

Daraus ergibt sich, dass die romantischen Schilderungen von geheimnisvollen Frauenbünden, magischen Zirkeln und weisen Frauen zu wesentlichen Teilen Wunschvorstellungen sind, denn aus den Geständnissen lässt sich in der Regel kaum mehr entnehmen als das, was schon aus dem »Hexenhammer« bekannt ist. Vergeblich suchen wir in den Verhörprotokollen nach brauchbaren (psychoaktiven) Rezepten für Flugsalben, die von den Hexen bekannt gegeben worden wären.

Das schliesst natürlich nicht aus, dass viele Frauen des Mittelalters und der beginnenden Neuzeit über ein beträchtliches volksmedizinisches Wissen verfügten und dieses auch anwandten. Noch heute gibt es in jedem Dorf Frauen, die in medizinischen Dingen erstaunlich gut Bescheid wissen, angefangen vom Anlegen von Wundverbänden bis hin zur Krankenpflege und der Herstellung von Kräutertees und Tinkturen.

Nicht in erster Linie das den Hexen zugeschriebene Wissen gab den Anstoss zu den Verfolgungen, sondern die Machtlosigkeit von Staat und Gesellschaft angesichts der sich in der zweiten Hälfte des 15. Jahrhunderts immer klarer abzeichnenden politischen und gesellschaftlichen Umwälzungen. Dazu kam der ständig zunehmende Druck von aussen. Doch erst die unselige Kombination von existenzieller Angst einer immer mehr unter Druck geratenden Obrigkeit und pauschalen Schuldzuweisungen an gesellschaftliche Randgruppen führte zu jenem eigendynamischen Fanatismus, dem zuletzt wahllos Tausende und Abertausende von Frauen, Männern und Kindern zum Opfer fielen.

Der Einfluss des Ostens

Neben den gesellschaftlichen und politischen Veränderungen, welche die erstarrten Strukturen Europas in den Grundfesten erschütterten, stellte das Vorrücken der Türken auf dem Balkan eine zunehmende Bedrohung dar. Bereits am 4. Juli 1456 standen die Heere des Osmanenreichs vor Belgrad, dem »Schlüssel des ungarischen Königreichs«. Die militärischen Erfolge der türkischen Streitmacht, die erst 1529 bei Wien eine entscheidende Niederlage erlitt, fasste man als Werk des Teufels auf, als Strafe für die Verfehlungen der Christen gegenüber den Geboten Gottes. Auf einem Holzschnitt von Erhard Schön (um 1529/30) sieht der Nürnberger Chronist Hanns Guldenmundt in den Greueltaten der Türken im Wienerwald Gottes Strafe, wenn er schreibt:

Ein Flugblatt von Erhard Schön (um 1529/1530) schildert anschaulich die Greueltaten der Türken. Doch auch die Heere der Christen liessen sich ähnliche Grausamkeiten zuschulden kommen.

»Ach Herre Gott in dem höchsten thron
Schaw disen grossen jamer an
So der Thürckisch wuetend Thyran
Im Wiener walde hat gethan
Ellendt ermort junckfraw vnd frawen
Die kindt mitten entzwey gehawen
Zertretten vnd entzwey gerissen
An spitzig pfael thet er sie spissen
O vnser hyrte Jhesu Christ
Der du gnedig barmhertzig bist
Deyn zorrn von dem volck ab wendt
Errett es auss des Thürcken hendt.«

Selbst Luther war der Meinung, die Türken ständen mit dem Teufel im Bund und sie seien die Zuchtrute des zürnenden Gottes der Christen. Geflissentlich schienen er und die vielen Mahner seiner Zeit zu übersehen, dass die Armeen des Sultans nicht nur disziplinierter auftraten, sondern auch besser ausgerüstet waren als die von inneren Zerwürfnissen, egozentrischem Verhalten und Eigenmächtigkeiten geschwächten Heere der Christen. Und auch die zweifellos geschehenen Greueltaten der Türken bewegten sich im Rahmen dessen, was bei den christlichen Truppen ebenso üblich war. Trotzdem machte Luther wie viele seiner Zeitgenossen das sündige Volk für die militärischen Erfolge der »heidnischen Teufel« verantwortlich.

Im Vordringen der Türken äussert sich Gottes Zorn

»Dessen bin ich mir gewiss: Wenn sich die Welt nicht bessert, sondern so immerfort in allerlei Mutwillen zunehmen sollte, so muss es den letzten Bruch brechen, und ich habe auch bei solchem Treiben keinen anderen Trost noch Hoffnung, als dass der Jüngste Tag vor der Tür sei; denn es überschlägt sich allzu sehr, dass Gott es nicht länger wird dulden können. (…)

So ist der Türke auch unser Schulmeister und muss uns stäupen [mit Ruten schlagen] und lehren, Gott zu fürchten und zu beten, sonst verfaulen wir ganz in Sünden und in aller Sicherheit, wie bisher geschehen. (…)

Und wenn ihr nun gegen den Türken zieht, so seid ja gewiss und zweifelt nicht daran, dass ihr nicht gegen Fleisch und Blut, das heisst: gegen Menschen, streitet. Sonst will ich euer Prophet sein, dass ein Türke viele Christen schlagen wird. Sondern seid gewiss, dass ihr gegen ein grosses Heer Teufel streitet; denn des Türken Heer ist eigentlich der Teufel Heer.«

Aus: Luthers Vermahnung zum Gebet wider die Türken von 1541.
(Bischoff 1986: 38)

Weil sich Einzelne Gott gegenüber versündigten, hatten alle seinen Zorn zu spüren, der sich in der militärischen Übermacht der Türken und ihrem Vordringen in Europa ausdrückte. Damals wie heute waren daran jene Schuld, die nicht der gesellschaftlichen Norm entsprachen: Ausgegrenzte, Ausgestossene und Fremde. Besonders fatal war für diese Menschen der im »Hexenhammer« genannte Glaube, wonach Gott die Gemeinschaft für die Verfehlung Einzelner bestrafe.

Die Strafe für die Sünden des Einzelnen trifft alle Menschen

»Drittens geschieht es durch Zulassung Gottes, damit die Einheit der menschlichen Gesellschaft empfohlen würde, wonach ein Mensch um den andern ängstlich besorgt sein müsse, dass er nicht sündige, auch zur Verfluchung der Sünde, indem nämlich die Sünde eines [Menschen] übergeht auf alle, als ob alle ein Leib seien.«

Über die Art der Strafe heisst es an der gleichen Stelle:

»Manchmal straft er [Gott] auch durch seine Völker, die auf Befehl oder durch Zulassung erregt sind, nicht jedoch Gott gehorchen, sondern ihrer Begierde frönen wollen, und darum zu ihrem eigenen Schaden, wie er z. B. jetzt sein Volk durch die Türken straft, und öfters früher durch fremde Völker, auch im Alten Testamente.«

Aus dem »Hexenhammer« (SCHMIDT I [1906] 1982: 191).

Noch bevor die türkischen Heere über den Balkan nach Europa vordrangen und die christlichen Vorposten in Kreta und Rhodos überrannten, setzte im ausgehenden 14. und beginnenden 15. Jahrhundert eine Wanderbewegung von Zigeunern aus dem Osten nach Europa ein. Und obwohl die Fremden mittlerweile seit Hunderten von Jahren das Schicksal Europas mitprägen und mitbestimmen, waren und sind sie immer wieder übelsten Verfolgungen ausgesetzt.

Liest man die zeitgenössischen Chroniken, fällt auf, wie sehr sich das Bild des Zigeuners innerhalb weniger Jahrzehnte vom redlichen Fremden zum diebischen Eindringling wandelte. Noch 1538 sagte Johannes Stumpf in seiner »Schweytzer Chronick«, die *Zyginer* (der Einwanderungswelle von 1418) hätten christliche Ordnung gehalten. Sie seien zwar ärmlich gekleidet gewesen, hätten aber genügend Geld mit sich geführt, um für Speis und Trank aufzukommen. Er bezeichnete sie als büssende Christen und unterschied sie deutlich von den einheimischen Dieben und Landstreichern: »In disem 1418. jar kamen erstlich die Zyginer. (...) Sie wurden von den jhren auss jhrem vatterland herüber mit Gelt verlegt vnd besoeldet / hatten keinen mangel an zeerung / bezalten jhr essen vn trincken / vnd nach siben jaren füren sie widerumb heim. Das vnnütze Buebenvolck / so bey vnseren tagen herumb zeücht / hat sich seidhero erhebt / deren ist der frömmest ein Dieb / dann sie allein sich stälens ernehren« (GRONEMEYER 1987: 32).

Gleicher Meinung war auch Aegidius Tschudi (1505–1572). Doch bereits 1585 wandelte sich das Bild. Cyriacus Spangenberg vertrat in seiner »Sächsischen Chronik« die Auffassung, bei den Zigeunern handle es sich um einen zusammengerotteten diebischen Haufen: »Anno 1418 sind zum ersten in dise Lande Ziegeuner komen / Ein loses Diebisch / untreuwes Volck / von allerley verlauffenen bösen Buben zusamen gerottet« (GRONEMEYER 1987: 38). Sethus Calvisius (eigentlich Kallwitz) stellte 1605 im »Opus Chronologicum« zu den Ereignissen des Jahres 1418 fest: »Tartari, vulgo Ziegeuner / genus hominum erroneum & maleficum, primum in his regionibus visum & propter furta & libidines ex Misnia exterminantur.« (Die Tartaren, gewöhnlich Zigeuner genannt, ein umherschweifender, gottloser Menschenschlag, wurde erstmals in diesen Regionen gesehen und wurden wegen Diebstahls und böser Begierden[!] aus Meissen vertrieben) (GRONEMEYER 1987: 43). Und Wilhelm Schäfer, genannt Dilich, bezeichnete die Zigeuner in der »Hessischen Chronik« (Kassel 1605) als ein »diebisch / unartig und zauberisch[!] Bettelvolck«.

Die Nöte dieser Zeit, Seuchen, militärische Misserfolge gegen die Heere des Sultans, wie auch die politischen und gesellschaftlichen Umwälzungen wurden den »heidnischen« Zigeunern und den »gottlosen« Türken, überhaupt allem Heidnischen und Fremdartigen angelastet. Doch das hatte die Gelehrten des Abendlandes nie daran gehindert, sich die Erkenntnisse dieser Völker anzueignen und sie als die eigenen auszugeben. Das magische Wissen des Agrippa von Nettesheim (1486–1535) ist jüdischen Ursprungs, wie auch die Ärzte des Mittelalters Heilmittel nach Rezepten arabischer und türkischer Ärzte verfertigten. Und aus dem fernen Indien brachten die Zigeuner nicht nur auf das Bewusstsein wirkende Pflanzen mit, sondern auch das Wissen, daraus heilende Tränke zu brauen.

Hexenwahn und Aufklärung

Bereits im 16. und 17. Jahrhundert hatte der Hexenwahn eine Eigendynamik erreicht, die sich nicht mehr aufhalten liess. Die wenigen Mahner, darunter auch viele kirchliche, waren ihrer Zeit weit voraus. Einige gerieten selbst in die Mühlen der Justiz, wurden gefoltert und hingerichtet.

Bereits im frühen 18. Jahrhundert war der wichtigste Träger des Hexenwahns das Volk, währenddem sich die Obrigkeit oft genug vergebens bemühte, der verheerenden Entwicklung Einhalt zu gebieten. Erst im Zuge der Aufklärung wandelte sich allmählich das Bild. Kritische Zeitgenossen des späten 18. und des 19. Jahrhunderts begannen mit unterschiedlichem Erfolg gegen den grassierenden Aberglauben und die Verallgemeinerungen aufzutreten.

Besonders gut kommt dies in einer Lithografie des frühen 19. Jahrhunderts zum Ausdruck. Der Einblattdruck trägt den vielsagenden Titel »Aberglaube und Fanatismus«. Mit dem Bild mokiert sich der Zeichner über die blauäugige Angst des Pöbels vor Teufeln, Dämonen und bösem Zauber. Im Vordergrund glaubt eine bedauernswerte Frau, sie sei behext und habe soeben Kaninchen geboren, neben ihr eine andere, die Stecknadeln und Hufeisenstücke ausspeit. In der Bildmitte weint sich ein Pastor über die unhaltbaren Zustände aus, darüber ein Prediger, der dem Volk den Teufel und seine Grossmutter vorhält. Unter der Kanzel trotzt ein Liebespaar den Warnungen und Verboten und gibt sich dem sinnlichen

Kreuzschlüssel und Hexenstein. Wer in der Christmesse mit zusammengekniffenen Augen durch das Kreuz des Schlüssels oder das Loch des Steins schaut, kann die anwesenden Hexen erkennen. Beide Gegenstände waren noch in der ersten Hälfte des 20. Jahrhunderts in Gebrauch. (Privatbesitz.)

In einer Lithografie aus der Zeit der Aufklärung nimmt ein Zeichner den im Volk verbreiteten Zauberglauben aufs Korn. Das Flugblatt trägt den vielsagenden Titel »Aberglaube und Fanatismus«. (Sammlung des Verfassers.)

Vergnügen hin. Unten rechts zeigt ein »Barometer« die verschiedenen Grade des Fanatismus, die einem kranken menschlichen Gehirn entspringen. Unbemerkt von den Anwesenden schaut oben am Gitterfenster ein vergnügt lächelnder Türke dem merkwürdigen Treiben der Christen zu.

Als Schutzmittel gegen vielerlei Gefahren wirken Kompositamulette. Das Benediktuskreuz (unten) schützt vor Behexung und bösem Zauber. Zur Abwehr von Ratten und Mäusen hilft das Ulrichskreuz (oben). Die Schabmadonna in der Mitte ist »gut« für die Heilung von Krankheiten, und die roten Stofffetzen schützen vor dem »bösen Blick«. (Museum Klösterli, Ettiswil.)

Der Volksglaube steht im Widerspruch zur Aufklärung

»Unglauben und Aberglauben findet man in den Hütten der Armuth und in den Pallästen der Reichen, sie sind nur in der Form und äusseren Gestalt, nicht aber in ihrem Wesen verschieden. Wohin beide führen, beweisen die blutigen Blätter der Geschichte, namentlich auch die Ereignisse der jüngsten Tage [gemeint sind die Sonderbundswirren]. Was da alles geschehen ist, um den Mangel an einem reinen vernunftgemässen Glauben durch krassen Aberglauben zu ersetzen, die gesunde Vernunft durch Fanatismus zu verdrängen, ist nur im geringen Masse bekannt, allein schon dieses genügt, um die Brust jedes biedern Menschen mit Verachtung gegen die Volksverführer, mit Mitleiden gegen die Verführten zu erfüllen.«

Aus: Pfyffer zu Neueck: Unglaube und Aberglaube. Luzern 1848, S. 73.

Der Hexenwahn, der über Jahrhunderte hinweg unzähliges Leid verursachte, ist wie die Judenverfolgungen oder der heute wieder um sich

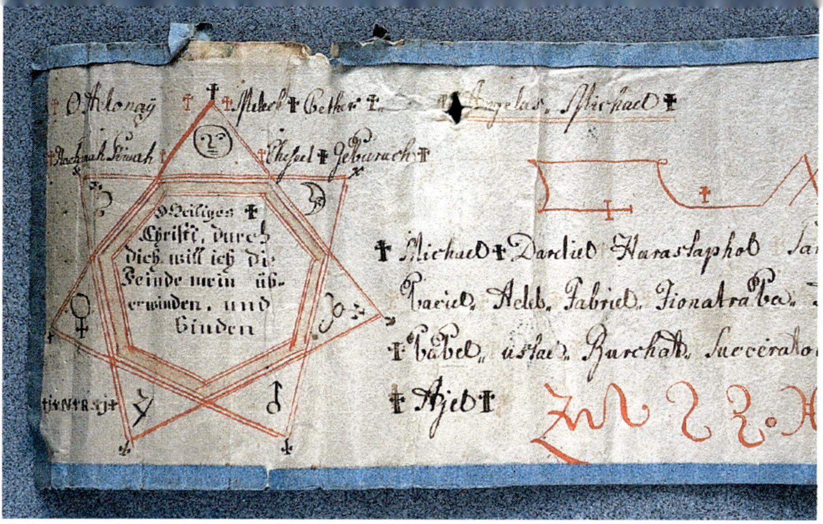

Hier folget das kräftige Gebeth, oder Segen wider das Hochgewitter.

Jesus Christus ein König der Glorie ist kommen im Frieden. † Gott ist Mensch geworden, † und das Wort ist Fleisch geworden. † Christus ist von einer Jungfrau gebohren worden. † Christus hat gelitten. † Christus ist gekreuziget worden. † Christus ist gestorben. † Christus ist von dem Tode auferstanden. † Christus ist gen Himmel gefahren. † Christus überwindet. † Christus herrschet. † Christus gebiethet. † Christus wolle uns von allem Donner, und Blitze beschützen. † Christus gieng Mitten durch sie im Frieden. † Und das Wort ist Fleisch geworden. † Christus ist bey uns mit Maria. † Fliehet ihr widrige Geister; denn der Löw von dem Geschlechte Juda, die Wurzel David hat überwunden. † Heiliger Gott! † Heiliger starker Gott! † Heiliger unsterblicher Gott! † Erbarme dich unser. Bethe 3 Vater unser, und 3 Ave Maria.

Mit Erlaubniß der Obern.

ZUG, gedruckt bey Johann Michael Aloys Blunschi.

Schutzmittel gegen Schadenzauber. Die Zeichen der magischen Rolle schützen unter anderem gegen Feuersbrünste (oben). Weit verbreitet sind die Schutzsegen, die bei herannahenden Ungewittern gebetet werden (unten).

greifende Fremdenhass die schreckliche Folge einer vorbehaltlosen fanatischen Berufung auf festgefahrene Werte, obwohl die Kultur, jede Kultur, ständig neue Impulse braucht, um lebensfähig zu bleiben. Sie läuft sonst Gefahr, den inneren Tod zu erleiden. Erste Anzeichen dafür zeigen sich unter anderem dann, wenn Brauchtum, das immer auch Ausdruck einer persönlichen Geisteshaltung ist, beliebig manipuliert und zur reinen Unterhaltung degradiert wird. Beispiele dafür finden sich zuhauf, wie etwa die Darbietung des Alpsegens der Hirten in Festhütten und Folklorekellern, Fastnachtsanlässe im Seelenmonat November oder der

St. Nikolaus und sein Gefolge als drollige Stimmungsmacher in Restaurants und Warenhäusern.

Es ist überaus wichtig zu wissen, dass überlieferte Traditionen niemals gefährdet sind, sofern sie, und dies ist entscheidend, auf einer persönlichen Überzeugung beruhen. Aber verstaubte und zu einem seelenlosen Gefüge erstarrte Automatismen bedürfen einer gründlichen Überarbeitung, damit sie wieder gelebt und nicht bloss zelebriert werden. Dieser Prozess beginnt zuallererst bei sich selbst und nicht bei den anderen. Demzufolge helfen bei Gefühlen der Angst und der inneren Leere pauschale Schuldzuweisungen nicht weiter; sie lenken lediglich von den persönlichen Problemen ab, deren Bewältigung der Einzelne selbst an die Hand nehmen muss.

Am Rande der Gesellschaft stehende Frauen und Männer, die scheinbar mit teuflischen Mächten im Bunde standen, waren die Opfer derartiger Schuldzuweisungen. Sie waren Schuld am Verfall von Sitte und Moral, Schuld an der mörderischen Pest und den militärischen Erfolgen der Armeen des Sultans. Sie waren es, die scheinbar Liebestränke nach den Rezepten »heidnischer« Zigeuner brauten und mit ihren fremdartigen Riten und dem schamlosen Gehabe den Zorn Gottes erregten. Als Hexen verrufen tanzten sie auf abgelegenen Waldwiesen und hielten es zum Schaden ihrer Mitbürger mit dem Teufel. Hexen, das waren Frauen und Männer, die ihr eigenes Leben lebten und sich der Sinnlichkeit hingaben, anstatt sich der herrschenden Moral zu unterwerfen.

Die verbotenen Tänze

Nach den Prozessakten von Luzern und Sursee begaben sich die Innerschweizer Hexen regelmässig auf die Prattelenmatte bei Basel, dem in jener Zeit bekanntesten Hexentanzplatz. Obschon nach den Verhörakten die Hexen dort in grosser Zahl getanzt und mit dem Teufel gebuhlt haben sollen, wissen wir, dass auf der Prattelenmatte weder nächtliche Tänze abgehalten noch Feste gefeiert wurden. Es ist kein einziger Fall bekannt, nach dem eine dort tanzende Hexe *in flagranti* überführt worden wäre. Der Platz, dem man sich in unsäglicher Angst vor der Allgegenwart des Teufels und seiner Gehilfen nicht zu nähern wagte, verdankt seine Bedeutung der vorchristlichen Auffassung tanzender Feen und Kobolde, deren brennende Füsse scheinbar das Gras versengten. Wer mochte angesichts dieser sichtbar gewordenen Zeugnisse noch an der Existenz überirdischer

Nach den Moralvorstellungen des 17. Jahrhunderts stehen Mädchen und Frauen, die am Tanzen Freude haben, mit dem Teufel im Bund. (Radierung von Willem Linnig junior, 1842–1890, nach einer Vorlage von Peter Paul Rubens.)

Geister, Dämonen und Hexen zweifeln! Zu dieser Zeit hatte man offensichtlich keine Kenntnis von sich ringförmig ausbreitenden Pilzarten, die das Gras zum Absterben bringen.

In den Luzerner Prozessakten wird häufig das ausserhalb des Dorfes liegende Gemeindeland, die *Allmend*, als Tanzplatz genannt. Ihr Ruf als Hexentanzplatz ist jedoch nicht älter als die Tanzverbote des 16. Jahrhunderts. Auf der Allmend lagerten Zigeuner und Landstreicher. Hier fand sich auch sonst allerhand Volk zu nächtlichen Tänzen und ausgelassenen Gelagen ein. In den Chroniken erfahren wir von den erfolglosen Bemühungen der Obrigkeit, diesem Treiben auf Wiesen und einsamen Waldlichtungen Einhalt zu gebieten. Die Tanzenden mussten es mit dem Bösen halten, wenn beim Eintreffen der gestrengen Richter und eifrigen Ratsherren nur verschütteter Wein und ein glimmendes Feuer von ihrer Anwesenheit zeugte, während man vergeblich nach der berauschenden Hexensalbe suchte.

Dem Umstand, dass die Allmend häufig Schauplatz der verbotenen Tänze war, ist bisher kaum Beachtung geschenkt worden. Die Frage ist berechtigt, weshalb die Tänze ausgerechnet dort stattfanden und aus welchem Grund sie verboten wurden. War der Hexensabbat ein gegen bürgerliche Moralvorstellungen gerichteter Anlass, vergleichbar mit den Haschpartys der siebziger und den in Mode gekommenen Technoparties der neunziger Jahre?

Der Hexentanz

»Siehe, wie schwebenden Schritts im Wellenschwung sich die Paare
Drehen! Den Boden berührt kaum der geflügelte Fuss.
Seh' ich flüchtige Schatten, befreit von der Schwere des Leibes?
Schlingen im Mondlicht dort Elfen den luftigen Reihn?«

Friedrich von Schiller

Verbotene Tänze in einsamen Wäldern

In den Akten von Luzern und Sursee werden auffallend oft zwei Hexentanzplätze genannt. Der eine ist die bereits erwähnte Prattelenmatte bei Basel, der andere die Allmend. Während die Prattelenmatte ein »gedachter« Hexentanzplatz ist, auf dem sich weder Hexen trafen noch Tanzanlässe abgehalten wurden, fanden auf der Allmend offenbar Zusammenkünfte statt, die bisweilen von Ausschweifungen und Berauschung gezeichnet waren.

Nicht den sittsamen Tänzen an sich galten die ersten Verbote, sondern den damit verbundenen erotischen Freizügigkeiten. In den Chroniken lesen wir von »säuischen« und »unflätigen« Tänzen, die im frühen 17. Jahrhundert plötzlich unter dem Landvolk aufgekommen waren. Nach Geiler von Kaysersberg wurden die Frauen und Mädchen beim Tanzen dermassen herumgewirbelt, »dass man ihnen hinten und vornen hinaufsieht bis in die Weich« (nach DUERR 1985: 93). Selbst im kleinsten Dorfwirtshaus hatten Erotik und wieder entdeckte Sexualität Einzug gehalten. Junge Bauernmädchen, die am Abend in die Tavernen kamen, liessen sich ungeniert mit den zufällig anwesenden Gästen ein. »Ein Türk würde vergnügt gewesen sein, sich in diesem kleinen Serail zu befinden«, schrieb 1739 ein Reisender über seine Erfahrungen mit jungen Frauen in einer Neuenburger Kneipe (LIEBENAU 1891: 250). Er vermerkte aber auch, dass er sich mit keinem der Mädchen hätte einlassen wollen, da sie ihm vorkamen, »als ob sie die Jucke« hätten. Auch in der bildenden Kunst hielt die wiederentdeckte Sinnlichkeit Einzug. Während den knabenhaften Frauendarstellungen des Hochmittelalters jegliche Erotik fehlt, schufen die Künstler nun Bilder, die mit ihrer sinnlichen Ausstrahlung den Betrachter heute noch in den Bann ziehen.

Das scheinbar Unkeusche und Erotische, das besonders im Tanz zum Ausdruck kommt, forderte die weltliche und geistliche Obrigkeit heraus. Immer mehr wurden Spiel und Tanz sowohl in protestantischen wie auch in katholischen Gegenden bekämpft. In Zürich wie auch in Basel eiferten Pastoren und Räte gegen Spiel und Tanz in den Gasthäusern. Bern und Luzern sahen sich 1655 genötigt, Massregeln zur Hebung der offenbar haltlos gewordenen Zustände zu beschliessen. Die Regierung von Bern mochte das Tanzen nicht gänzlich verbieten und schränkte es vorerst ein. Auf Hochzeiten waren ab 1536 nur noch drei ehrbare Tänze erlaubt. Aber bereits 1550 erliessen die Räte ein generelles Tanzverbot, »allso das man wäder uff hoch- noch sunst andern zyten / wäder offenntlich noch heimlich / tags oder nachts, tantzen sonnders menncklich sich dess müssigen sölle« (nach Wey 1985: 61).

Heimliche Lustbarkeiten auf abgelegenen Waldwiesen waren für die Gnädigen Herren immer wieder ein Anlass, gegen nächtliches Tanzen einzuschreiten. »Als im Bernbiet das Tanzen und Spielen in den Wirtshäusern verboten war, mussten von einzelnen Chorgerichten im bernischen Aargau die Geschwornen in die Wälder geschickt werden, um Tänzer zu entdecken und den Musikanten die Geigen an den Bäumen zu zerschlagen, wenn nicht, nach dem Vorgange des Pfarrers Herport von Schöftland, am Schädel des Geigers« (Liebenau 1891: 243).

Im Jahre 1693 jagte man im Kanton Waadt einen katholischen Tanzmeister unverzüglich aus dem Land, als ruchbar wurde, dass er zur Nachtzeit Tanzanlässe für beide Geschlechter durchführte (Liebenau 1891: 231). Am ausgelassensten schien man es in der Grafschaft Greyerz getrieben zu haben, die bis 1554 unter der patriarchalischen Herrschaft eines Grafengeschlechtes stand. Wem ein Sohn geboren wurde, wer heiratete oder den Bau eines Hauses vollendete, gab üppige Mahlzeiten mit Tanz und Gesang. Mit dem Tod des letzten Grafen von Greyerz nahm die Herrlichkeit ein abruptes Ende. Die Grafschaft kam unter die Herrschaft der protestantischen Berner. Die neuen Herren erliessen strenge Mandate gegen Laster und Unzucht, gegen das Tanzen, die Spiele und die Gewohnheit, ausgiebig beim Wein zu sitzen und Schlägereien anzuzetteln (Liebenau 1891: 244).

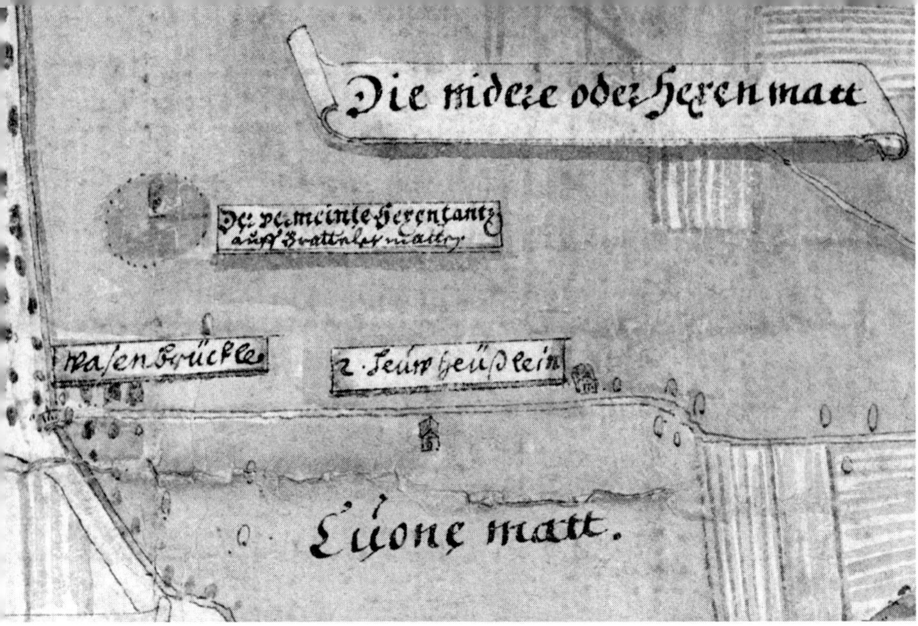

Die Hexenmatte von Pratteln. Von den Tänzen der Hexen, heisst es, habe man Kreise verdorrten Grases sehen können. Mit einem dürren Kreis, in dessen Mitte ein Baum steht, ist die Matte auf dem 1680 von Geometer Georg Friedrich Meyer erstellten Plan von Muttenz-Pratteln eingezeichnet.

Noch gegen Ende des 18. Jahrhunderts wurde im aargauischen Sarmenstorf das Tanzen um das Fastnachtsfeuer unter dem Vorwand abgeschafft, es sei ein Relikt der Heidenzeit. In einem Dokument heisst es: »Die Söhne und Töchter, so nahe dem Feuer einen Platz gewählt, haben einander schon wirklich gefunden. Jeder Verliebte führt seine Liebste unter eilfertigen Schritten auf den Platz, und diese nennt man Holdin. Die Spilleuth spillen Dänze. Die Verliebten heben an, und in so freudenvollem Verzucken danzen Söhne und Töchter in Schnee und Eis einander zum Schwitzen. Diess heidnische Spiel wurde von Pfr. Ringold (1779–1793) abgeschafft« (nach Strebel 1943: 6 ff.).

Im aargauischen Olsberg zog man im Sommer in die schattigen Buchenwälder des Jura. Auf der Rüschelen schlug das Volk Hütten zu Lustbarkeiten auf, und die Bauernmädchen tanzten mit den jungen Ratsherren der benachbarten Stadt Rheinfelden (Rochholz II [1856] 1989: 281). Ähnliches fand auch an anderen Orten statt. Im Schanfigg hielt man zum Hanfbrechen eine *Schleizata* ab. Mädchen und Frauen kamen zur Arbeit in einer Stube oder einem Stall zusammen. Dabei wurde gesungen und zum Schluss Kaffee getrunken und getanzt (Hoffmann-Krayer 1940: 61).

Derartige Belustigungen auf Bergen und einsamen Waldwiesen rückten die nächtlichen Tanzgesellschaften gefährlich nahe an vorchristliche, heidnische und folglich satanische Gepflogenheiten, denn die Nacht war von jeher die Zeit der Geister, Dämonen und Teufel, die vom leichtsinnigen Volk ihren Tribut forderten. Musik und Tanz zu nächtlicher Stunde galten als Herausforderung Gottes. Der Tanz wurde zum Werk des Teufels. Die Tänzer waren seine Gehilfen und die Tänzerinnen Hexen, die ihnen verfallen sind.

Beim verbotenen Tanz ist der Teufel dabei

»Im Visperzehnen wurde einst ein geheimer Tanz in einem alten unbewohnten Hause gehalten. In der Stubenthüre war, zur Bequemlichkeit der ehemaligen Bewohner dieses Hauses, eine runde Glasscheibe eingemacht. Eine Mutter hatte auch ein Kind bei diesem Tanze; sie nahm ein kleines unschuldiges Kind auf ihren Arm und ging zu diesem Haus, um ihr tanzendes Kind zu holen. Als sie an der Tanzstube ankam, sah sie heimlich durch die runde Glasscheibe hinein. Da sah sie mitten im Kreise der lustigen Leute ein grünes Männlein mit einem langen Schweife. Sobald die Spieler ihren Tanz geendet, stund der in ihrer Mitte springende Teufel auch still. Sobald die Spielleute einen neuen Tanz anstimmten, hüpfte der Geist auch auf, und als der Tanz anfing tanzte das grüne Männlein auch, aber ganz allein. Die Mutter mit dem unschuldigen Kinde trat mit grossem Schrecken in die Stube und sagte öffentlich was sie gesehen. Da sprang Alles auf und fort vor Schrecken. Jede Person wollte die erste sein. Auf einmal erhob dieser Geist ein Geschrei: ›Laufet nur – Eines aus euch bleibt doch mein und muss mit mir in die Hölle, um den Tanzlohn zu empfangen.‹ Was geschah – da ist eine tanzende Person verloren gegangen und nicht mehr gefunden worden; aber ein schreckliches Geschrei hatte man in der Luft gehört.«

(Tscheinen/Ruppen [1872] 1989: 26)

Unter diesen Aspekten erscheinen viele Hexengeschichten in einem ganz anderen Licht. In einer Sage aus dem Aargau wollte ein Bursche seine Liebste in der Nacht auf den 1. Mai tanzen gesehen haben:

»Vor etwa fünfzig Jahren (die Sage ist 1856 aufgezeichnet worden) lebte in Linn ein Bursche, der einem Mädchen im Dorfe Schinznach seit langem seine nächtlichen Besuche zu machen pflegte. Nur einmal verbot sie ihm die Mitternachtstunde aufs Bestimmteste. Verdriesslich gieng der Liebhaber diesmal in die Stadt Brugg und blieb dorten bis spät im Wirthshause sitzen. Als er nach Mitternacht heimkehrte und durch den Wald, welcher Widacher heisst, hindurch kam, bemerkte er auf einem von Laubholz und Busch freien Platze unter einer Eiche viele tanzende

Gestalten; und neugierig schlich er sich näher. Oben auf dem Eichbaum sass ein Spielmann und strich die Geige, unten verführte ein Haufen unbekannter Leute den tollsten Lärm. Jetzt griff ein Tänzer, der eine Hahnenfeder am Hute trug, in den Haufen der Weiber hinein und riss eine um den Baum herum. Der Bauernbursche meinte mit einemmale, diese Gestalt kennen zu sollen. Abermals tanzten die zwei hinter dem Baum vor; der Bursche erkannte in der Tänzerin seine Geliebte und entlief. Im Heimweg wurde es ihm deutlich, warum sie das ganze Jahr ihm offenes Haus gehalten und gerade heute ihn abgewiesen hatte: es war Walpurgis. Von nun an sah er sie nicht mehr; er starb unverheiratet. Jetzt noch, so versichert man, können Sonntagskinder an der gleichen Stelle des Widachers diesen berüchtigten Hexentanz sehen« (ROCHHOLZ II [1856] 1989: 175).

Die Sage erzählt uns eine Beziehungsgeschichte, die heutigen Liebespärchen tausendfach widerfährt. Der ahnungslose Kiltgänger muss plötzlich feststellen, dass die Angebetete lebenshungriger und ihm weniger zugetan ist, als er es gerne gehabt hätte. Anstatt daheim bescheiden zu warten, bis sich der offenbar wenig feurige Jüngling zu einem Stelldichein bequemt, vergnügt sich das Mädchen beim (verbotenen) Tanz. Die Frau, die den Stolz des Burschen verletzt hat und mit einem andern die Nacht durchtanzt, anstatt ihm willfährig zu sein, wird zu einem Wesen verzerrt, das den Mann zum Objekt der weiblichen Begierde herabwürdigt. Die Mädchen und Frauen, die am Tanzen Freude haben, sind deshalb »meist geile wollustige / vnnd nach Fleisch lebende Weibspersonen«, heisst es in einem Bericht von 1597 (nach DUERR 1985: 97). Der enttäuschte und in seiner Ehre gekränkte Jüngling sieht in der ehemaligen Geliebten ein »billiges Ding«, eine böse Hexe, die es auf abgelegenen Waldwiesen mit jedem treibt.

Die Dämonisierung des Tanzes und der Hexensabbat

Die Verknüpfung des Tanzes mit dämonischem Wirken hatte zur Folge, dass die Obrigkeit nicht mehr ein fragwürdiges Spiel- und Tanzverbot rechtfertigen und durchsetzen musste. Die Gnädigen Herren konnten sich des Problems entledigen, indem sie diese nächtlichen Lustbarkeiten (die sich kaum von den Beschreibungen der Hexentänze in den Verhörprotokollen der Hexenprozesse unterscheiden) als Teufelswerk prokla-

Um die Mitte des 17. Jahrhunderts fasst ein Flugblatt von Michael Herr die zu dieser Zeit verbreiteten Vorstellungen vom Treiben der Hexen auf dem Sabbat zusammen: Alkoholexzesse, Geisterbeschwörungen, sexuelle Ausschweifungen und Zaubertränke bestimmen das Bild.

mierten, besonders wenn dazu noch Pflanzen mit erregender oder halluzinogener Wirkung im Spiel waren. Die scheinbaren Hexen wurden zu Schuldigen für die politischen, kirchlichen und gesellschaftlichen Umwälzungen, die im 16. Jahrhundert das Abendland erschütterten. Als Verbündete des Satans waren sie verantwortlich für die Apokalypse, die sich durch Naturkatastrophen, Seuchen und den wachsenden Einfluss der Türken ankündigte. Staat und Kirche beschwichtigten die aufbegehrenden und beunruhigten Massen, indem sie sozial schwache Randgruppen zu Sündenböcken stempelten. Dass dieses Vorgehen zugleich der Sicherung eigener Machtansprüche diente, liegt im Wesen jeder Repressionspolitik.

Das verbotene Tanzen ausserhalb der Dorfgemeinschaft wird in den Flugblättern dieser Zeit präventiv als Hexensabbat geschildert. Die grässlichsten Beschreibungen von hässlichen Dämonen, giftigen Kröten und geschlachteten Kindern, von geheimnisvollen Tränken und Zauberpflanzen, deren Genuss schreckliche Dinge bewirkten, räumten jeden Zweifel aus: Wer vom Verbotenen kostete, dessen Seele holte unweigerlich der Teufel.

Alte Chroniken und Verhörprotokolle geben uns Kunde vom angeblichen Treiben der in Haft genommenen Hexen. Stellvertretend für viele andere geben wir hier das Geständnis der Anna Weibel von Schongau wieder, die 1675 bekannte, »sy sye uf die Brattelenmatt zu nacht gefahren uf einem steken, welches sy angesalbet, aldort haben sy gessen, trunkhen und gedanzet, sy habe gemeint, es sye rechter wyn und sye die spiss wie pappen gesin, habe sy nicht guot gedunkt, der Böse sye oben an gesessen, nachgentss sye die Anna by ihro unden gesessen, sonst habe sy niemandt kent« (Schacher 1947: 18).

Druckschriften, die als Vorläufer der Boulevardzeitungen von umherziehenden Händlern an Jahrmärkten feilgeboten wurden, verbreiteten die Schauermärchen weiter. Die Blätter mit den fantasievollen Illustrationen, einprägsamen Titeln und leicht zu verstehenden Texten waren, wie heute die Sendungen gewisser Fernsehanstalten, als Warnung und Aufklärung getarnt. Dabei darf nicht übersehen werden, dass vieles unter dem Deckmantel der Anprangerung und Information nur veröffentlicht wurde, um die Gier des Betrachters auf Verbotenes und Sensationelles zu befriedigen. Ähnlich wie die schmuddeligen »Aufklärungsfilme« der siebziger Jahre (Schulmädchenreport, Hausfrauenreport u.a.) gab das Flugblatt Einblick in tabuisierte Dinge. Gleichzeitig fand eine Manipulation der Massen statt. Man lernte Verbotenes so zu sehen, wie es sich die Verfasser wünschten.

Um die Mitte des 17. Jahrhunderts schilderte Michael Herr die damaligen Vorstellungen vom Hexensabbat und die Folgen der Ausschweifungen (siehe Seite 241): Rechts im Bild, bei der Mauer, die in das Geschehen hinein-ragt, beobachten zwei unbeteiligte Personen einen weltlich gekleideten Geisterbeschwörer. Der magische Kreis schützt ihn vor den gefährlichen Dämonen, die am Rand des Kreises toben und einen höllischen Tanz vollführen. Im Vordergrund sieht man junge Frauen, die in der Hexenkunst unterrichtet werden. In der Bildmitte brodelt über dem Feuer ein Zaubertrank, der den Hexen den Flug zum Sabbat ermöglicht. Links sind der übermässige Genuss von Alkohol und das Einatmen berauschender Dämpfe dargestellt.

Die damals weit verbreitete und allgemein übliche Trunksucht und ihre negativen Auswirkungen, Gewalt, sexuelle Exzesse und Gotteslästerung, stehen in krassem Gegensatz zu den herrschenden strengen Moralvorstellungen von Zucht, Sitte und Frömmigkeit. Die im Bild dargestellte Berauschung der Sinne lässt anerzogene Hemmungen fallen und setzt unterdrückte Fantasien frei, die in Tanz und ungezügelter Sexualität ausgelebt werden. Eindrücklich beschreibt der dazugehörige Reimvers die Verfehlungen und warnt vor den Folgen:

»Bockreiten, Gabelfahren, Unzucht Täntze, Adlers Klauen
Bärenklauen, Löwenmähn, Teufelsklauen sind zu schauen
Sehet wie die Königinn gelben Gift zum Fest muss kochen.
Und das alte Hexenvolck zeiget kleine Kinderknochen.

Schrecket nicht den Bauersmann Pauckenbrummen,
Mordgetümmel,
Eulenaugen, Krötenzucht, Schlangenzischen, Würmgewimmel
Pfuii ihr tollen Sterblichen! Laset euch nicht thören,
Wer einmahl komt in die Hell der kan nimmer wiederkehren.«

Beim Hexentanz auf dem Blocksberg (links oben im Bild) fällt auf, dass die Laster (Wollust, Alkohol und Drogen) vor allem den Frauen zugeschrieben werden. Mit ihrem Hang zu Extremen, der ihr unterstellten Schwatzhaftigkeit und Leichtgläubigkeit war die Frau nach dem »Hexenhammer« besonders empfänglich für die Versuchungen von Dämonen und Teufeln. Überwiegt das Schlechte in ihrem Wesen, wird sie zum personifizierten Bösen, zur Hexe: »Klein ist jede Bosheit gegen die Bosheit des Weibes« (SCHMIDT I [1906] 1982: 96).

Trotzdem wäre es falsch, den Hexenwahn ausschliesslich als eine Folge des »Hexenhammers« (siehe Seite 223) zu sehen. Im Gegenteil, die Schrift ist lediglich die letzte Konsequenz einer verhängnisvollen Entwicklung, die bereits früher ihren Anfang nahm. So weist das 1487 erstmals gedruckte Buch weder neues Gedankengut auf, noch entstand es auf Anregung der Kirchenväter jener Zeit. Seine beiden Verfasser, Heinrich Institoris und Jakob Sprenger, haben nichts anderes getan, als die vorhandene Literatur zu zitieren und das Ganze nach eigenem Gutdünken auszulegen. Wie fundamental orientierte Sekten missbrauchten die Autoren beliebig aus dem Zusammenhang gerissene Bibelzitate, um die Existenz von Dämonen, Hexen und Hexenwerk zu beweisen. Zudem war Heinrich Institoris, der mit grösster Wahrscheinlichkeit das Hauptwerk geschrieben hatte, während Sprenger für die Vorrede verantwortlich zeichnete, alles andere als der gebildete oder gar fromme Mann, der es sich herausnehmen durfte, stolz und erhaben über Hexen und Ketzer zu richten. J. W. R. Schmidt schreibt 1906 in seinem Vorwort zur Erstübersetzung: »Gewiss war er [Institoris] ebenso stark wie seine Gewährsmänner und Amtsgenossen von dem Drange beseelt, zum Wohle für die Menschheit gegen die Hexenketzerei zu Felde zu ziehen und die etwaigen Zweifler von der Existenz der mannigfachen maleficia zu überzeugen. Aber ein Mann wie Institoris, der der Verhaftung und Bestrafung wegen

Die Spuren der Urbarmachung durch die Germanen prägen noch heute die Landschaft des Luzerner Hinterlands. Hecken, in denen unruhige Geister hausen, begrenzen die Grundstücke. Gerodete Flächen wechseln ab mit Wald und ungenutztem Land. Voralpenlandschaft bei Ebersecken, Kanton Luzern.

Unterschlagung von Ablassgeldern nur mit Mühe und Not entgangen war und später zusammen mit seinem Kollegen, unterstützt durch einen schlauen Advokaten, ein Notariatsinstrument fälschte – ein solcher Mann darf nicht den Anspruch erheben, ein Retter gefährdeter Seelen zu sein.«

Überhaupt schien man seitens der Kirche anfänglich weder die Verfasser noch ihr Werk ernst genommen zu haben. Die Universität in Köln stellte dem »Malleus« ein zurückhaltendes und nichtssagendes Gutachten aus. Beim Versuch, im Juli 1485 in Innsbruck einen Hexenprozess zu inszenieren, komplimentierte man den Fanatiker Institoris höflich, aber bestimmt aus dem Land. Der Bischof von Brixen, Georg Golser, sagte von ihm: »Er bedunkt mich propter senium ganz kindisch sein worden, als ich in hie zu Brixen [im Juli 1485] gehort hab cum capitulo« (nach dem Vorwort von SCHMIDT I [1906] 1982: 16).

Joseph Schacher hat nachgewiesen, dass im Kanton Luzern der Einfluss der Geistlichkeit auf das Hexenwesen bei weitem nicht so gross war, wie bisher gemeinhin angenommen wurde. Bei gewöhnlichen Hexenprozessen zog man die Vertreter der Kirche zuerst gar nicht bei. Noch 1541 durften Geistliche nicht einmal als Denunzianten auftreten. Ihre Tätigkeit begann erst dann, wenn das Urteil bereits gefällt war. Erst jetzt hatten sie sich des zum Tode Verurteilten anzunehmen und ihn auf sein

Schicksal vorzubereiten (SCHACHER 1947: 78). Diese Situation ist mit der Drogenproblematik der Gegenwart vergleichbar. Die Drogengesetze sind staatliche und nicht kirchliche Gesetze, und der grösste Druck, die bestehenden Vorschriften zu verschärfen, stammt nicht aus kirchlichen, sondern aus rechtsbürgerlichen Kreisen. Diese Feststellung ist von einiger Bedeutung. Beim verbotenen Tanz standen nicht Magie und Zauberglaube, nicht Teufelsanbetung und Gotteslästerung im Vordergrund, sondern verbotene Zusammenkünfte und der Gebrauch geistbewegender Substanzen, die damals wie heute als für das Volk gefährlich eingestuft, dämonisiert und verboten wurden. Der Verweis auf die Hexe als zügellose Perverse, die auf dem Sabbat tanzt, Naturkatastrophen verursacht und Krankheiten bei Mensch und Tier erregt, die Hexe, die christliche Riten parodiert, geweihte Hostien schändet und mit dem Teufel kopuliert, all das war vor allem auch ein Vorwand, um gegen Aussenseiter und gesellschaftliche Randgruppen vorzugehen.

Im Kanton Luzern hat der Hexensabbat nicht nur an gedachten Orten, wie zum Beispiel der Prattelenmatte bei Basel stattgefunden, sondern auch als tatsächliches Ereignis. Auf der Allmend wurde getanzt, und den dort wachsenden Hanf gebrauchte man zum Liebeszauber und im Orakelwesen.

In diesem Zusammenhang ist wichtig zu wissen, was man unter dem Begriff *Allmend* zu verstehen hat und welche Bedeutung ihr im bäuerlichen Alltag zukam. Und es stellt sich die Frage, weshalb ausgerechnet die Allmend von den Tanzenden nachts regelmässig aufgesucht und als Ort des geheimnisvollen Sabbats bezeichnet wurde. Hat sich hier die Erzählung, die blosse Tradition, über Tatsachen geschoben, die bewusst verdrängt und totgeschwiegen werden?

Die Allmend und ihre Bewirtschaftung

Nach der Eroberung des schweizerischen Mittellandes durch die Westgermanen wurden nicht nur die römischen Besatzungstruppen, sondern auch die römische Kultur und Rechtsauffassung verdrängt. Bei der Ausdehnung ihres Siedlungsgebiets erreichten die Germanen um Christi Geburt zuerst im Westen den Rhein und den Ärmelkanal, im Osten die Weichsel und im Süden die Donau. Die erste Berührung mit Rom brachte Ende des 2. Jahrhunderts v. Chr. der Zug der Kimbern und Teutonen. Die unter Ariovist in Gallien eingedrungenen Sueben wurden im

Jahre 58 v. Chr. von Caesar geschlagen und über den Rhein zurückgedrängt. Mitte des 2. Jahrhunderts n. Chr. gerieten die germanischen Völker erneut in Bewegung, und es kam zu häufigen Grenzkriegen mit den Römern. Während der Völkerwanderung drangen die Stämme aus dem Norden ins Weströmische Reich ein. Sie zerstörten es und gründeten eigene Reiche, in denen es zu der für die weitere Geschichte Europas entscheidenden Begegnung zwischen Germanentum, Antike und Christentum kam.

Die germanische Völkerwanderung war eine Familienwanderung. Das neue Land wurde familienweise gerodet, und es entstanden die Einzelhöfe, deren Besitzer ihr Land nach eigenem Gutdünken bebauen konnten. Mehrere Familien bildeten eine Sippe, die sich mit anderen Sippen zu einer Dorfgemeinschaft zusammenschloss. Im Gegensatz zur Einzelhofsiedlung war das Land der Dorfbauern aufgeteilt in Dorfanlage, Feldflur und Allmend.

Innerhalb der Dorfanlage bauten die Burger auf den ihnen zugeteilten oder erworbenen Parzellen ihre Häuser. Nach aussen war die Siedlung mit einem Zaun abgeschlossen, der nicht nur das Eindringen wilder Tiere verhinderte, sondern auch eine magische Grenze bildete. Jenseits dieser Grenze begann das Reich der Geister und Dämonen. In unmittelbarer Nähe des Wohnhauses befand und befindet sich heute noch der Hausgarten, in dem nicht einfach *Chrut und Chabis* und auch nicht Hanf und Flachs gepflanzt wurde. Im Gegenteil, hervorgegangen aus den mittelalterlichen Klostergärten war er ursprünglich den Küchen- und Heilkräutern, besonderen Blumen und seltenen Sträuchern vorbehalten.

Ausserhalb der Dorfanlage begann die Feldflur. Sie umfasste den Ackerboden, der den einzelnen Familien wie Haus und Garten ebenfalls als Privatbesitz zugeteilt war. Die Bewirtschaftung erfolgte nach dem System der Dreifelderwirtschaft: Ein Feld war Brachland, auf dem zweiten wuchs Sommer- und auf dem dritten Wintergetreide.

Weiter enfernt vom Dorf befand sich die Allmend. Allmende (mhd. *al(ge)meinde*, *almende*) heisst jenes Land, das Wald, Weide, Wiesland, Wasser und Wege umfasst und »allen gemein ist«. Man versteht darunter das ungeteilte Land, das die Bürger gemeinschaftlich urbar gemacht hatten, gemeinsam besassen und nach bestimmten Regeln auch zusammen nutzten. Ursprünglich war es Land, das sich weder zur Besiedlung noch zum Ackerbau besonders eignete. Im Kanton Luzern finden wir die Allmend deshalb oft im Bereich von ehemaligen Mooren, die heute aber grösstenteils trockengelegt sind. Als Allmend dienten auch flache Land-

Hanfverarbeitung in Italien, um 1920. Die Hanfstengel werden ins Wasser gelegt, um den Verottungsprozess zu beschleunigen. (The Hash Marihuana Hemp Museum, Amsterdam.)

stücke in der Nähe von Bächen und wenig besonnte Waldlichtungen. In diesen Feuchtgebieten weideten Rinder, Pferde, Ziegen und Gänse, die ein Hirt beaufsichtigte. Der Weidegang auf der Allmend war in der Twingordnung geregelt. Die Twinggenossen durften jedoch nicht beliebig viel Vieh auftreiben, und auch zeitlich waren dem Weidebetrieb Schranken gesetzt.

Die Gemeinschaft hatte als Korporation eine eigene Rechtspersönlichkeit. Sie konnte Teile der Allmend Korporationsbürgern oder Drittpersonen verpachten, die in der Feldflur vielleicht zu wenig oder gar kein eigenes Ackerland hatten. Die Grösse der einzelnen Parzellen legte man durch eine Umfriedung fest, die das Pflanzland gleichzeitig vor den auf der Allmend weidenden Haustieren schützte. Dieses Land, das oft armen Leuten zur Nutzung überlassen wurde, nannte man *Bünt* oder, wie es im ersten Gemeindebuch von Ettiswil (1771) heisst, »armen Lüten-Bünten« (ZIHLMANN 1968: 123).

Das Wort *Bünt* bedeutet nichts anderes als »umwundenes, eingezäuntes Landstück«. In den Bünten, dem Pflanzland des Dorfbauern, wurde nicht nur Gemüse gezogen. Hier war vor allem auch der Flachs- und Hanfgarten, der im Rahmen der bäuerlichen Selbstversorgung die Familie mit Gespinstfasern belieferte. Besonders der Hanf benötigt als

Hanfbrechen auf dem Fluck bei Ruswil, um 1925. Rechts im Bild werden über dem Feuer die Hanfstengel getrocknet. Links sind Knechte damit beschäftigt, mit dem Rätschbock die noch steifen Fasern zu brechen. In der Mitte (im schwarzen Anzug) der Hofbesitzer Melchior Muff (1835–1931).

Hanfbrechen in Italien, um 1920. (The Hash Marihuana Hemp Museum, Amsterdam.)

stark zehrende Pflanze einen tiefgründigen Boden, der in Moorgebieten reichlich vorhanden ist. Durch seine Schnellwüchsigkeit unterdrückt er zudem das Unkraut und eignet sich gut, um als Pionierpflanze ehemaliges Weideland urbar zu machen. Unter dem Begriff *Bünt* (meistens in der Pluralform *Bünte* oder *Bünten* gebraucht) wird in der Umgangssprache immer noch das von der Gemeinde oder der Korporation gepachtete (seltener eigene) Pflanzland verstanden, das als Schrebergarten im Umkreis grösserer Ansiedlungen noch fortbesteht.

Der Bezug der Allmend zur Luzerner Hanfkultur

Ältere Menschen erinnern sich gut an die mühsame Verarbeitung der Gespinstpflanzen. Hanf und Flachs wurden bei der Ernte samt den Wurzeln ausgerissen, von der anhaftenden Erde gereinigt und an einem schattigen Ort getrocknet. In einem ersten Arbeitsgang befreite man die Pflanzen von den Samenkapseln. Im Herbst, wenn die Tage kürzer wurden und nachtsüber Tau fiel, begann man mit dem *Rosse*. Dieser Arbeitsgang bezweckte die Verrottung des Pflanzenleims, damit die Fasern von den übrigen Pflanzenteilen getrennt werden konnten. Man unterschied zwischen der Tau- und der Wasserross.

Bei der Tauross breitete man die Pflanzen auf einer abgemähten Matte aus. Die Wasserross war eine Einrichtung mit viereckigen Tümpeln. Der Hanf wurde ins Wasser gelegt und mit Steinen beschwert. Nach einer bestimmten Zeit nahm man die Pflanzen wieder heraus und liess sie an der Sonne trocknen. Nach zehn bis vierzehn Tagen war dieser Prozess beendet. Die Wiesen, auf denen man das *Rosse* betrieb, nannte man die *Rossmatten*. Diese befanden sich in der Regel auf der Allmend, da hier – im ehemaligen und teilweise bewaldeten Moorgebiet – reichlich Wasser und schattige Lichtungen zur Verfügung standen. Der Flurname Rossmatte steht deshalb in enger Beziehung zur Allmend und zur Hanfverarbeitung. Das bereits erwähnte Gemeindebuch von Ettiswil zählt einundzwanzig *Ruoss Bünten* auf. Der Hexenstein auf der Kernser Allmend liegt östlich der Rossmatte. Die Ruswiler Allmend, die sich vermutlich im ehemals moorigen Gebiet zwischen dem Dorf und dem Schächbeler Wald befand, beherbergt heute noch die Bünte. Ganz in der Nähe finden wir die Rosswöschstrasse, die vom Dorf über den Bielbach zu den Bünten führt. Der Strassenname weist darauf hin, dass man im Unterdorf von Ruswil die Wasserross betrieb. Alte Leute erzählen, man habe früher dem Bachufer entlang noch die muldenartigen Vertiefungen der Tümpel sehen können.

In einem weiteren Arbeitsgang mussten die vom Pflanzenleim befreiten Fasern vom verholzten Kern des Stengels getrennt werden. Diesen Vorgang, der brechen (*bräche*) heisst, nennt man im Kanton Luzern *rätsche*. Zu den Vorbereitungen gehörte der Bau einer *Rätschhütte*. Darunter versteht man eine auf drei Seiten mit Steinen oder Balken geschlossene Feuerstelle, über die ein Lattenrost gelegt wird. Darin entfachte man das *Rätschfeuer*, das vom *Höllmeister* beaufsichtigt wurde. Durch fortwährendes Schüren hatte er dafür zu sorgen, dass eine gleichmässige Glut entstand. Die Pflanzenstengel setzte man auf dem Rost dem glimmenden Feuer aus, bis sie dürr waren. Darauf folgte das Vorbrechen mit zwei gerillten, ineinander greifenden Hölzern. Anschliessend bearbeiteten die Knechte und Mägde mit dem Brechbock, den man im Kanton Luzern *Rätschbock* nennt, ein Bündel Hanfstengel, bis sich die spröden Teile vollständig von den geschmeidigen Fasern gelöst hatten. Die Tätigkeit des Rätschens war eine eintönige Gemeinschaftsarbeit, die reichlich Gelegenheit für den Austausch von Neuigkeiten bot. Das Wort *rätsche* ist in der Mundart heute noch gebräuchlich und kann mit »jemanden anschwärzen, über andere klatschen« übersetzt werden; ein *Rätschwyyb* ist folglich nichts anderes als eine Klatschtante.

An einigen Orten wird die Erinnerung an die Hanfkultur durch das Brauchtum wachgehalten. Im Bündnerland hatten die Burschen das Recht, die heiratswilligen Mädchen bei der Fasergewinnung zu beobachten. »Willst du deine Zukünftige kennen lernen, schau, wie sie die Stengel auf den Boden wirft«, heisst es in einem Beitrag zur Hanfverarbeitung im »Bündner Monatsblatt« von 1923. Bereits erwähnt wurde die *Schleizata* (siehe Seite 238). Bei der Verarbeitung von Hanf und Flachs kamen die Mädchen und Frauen in einer Stube oder einem Stall zusammen. Dabei wurde gesungen, geschwatzt, zum Schluss Kaffee getrunken und bisweilen auch getanzt (HOFFMANN-KRAYER 1947: 61).

Hanf in der Volksmedizin

Der Hanf wird weltweit angebaut und gehört zu den ältesten Kulturpflanzen der Menschheit. Er liefert nicht nur die begehrten Fasern, sondern auch ölhaltige und nährstoffreiche Samen, die als Nahrung dienten. Seine Verwendung als beliebtes Heil- und Rauschmittel reicht weit in die vorchristliche Zeit zurück. Die arabischen Ärzte des Mittelalters priesen Cannabis als heilige Medizin und mildes Liebesmittel. Die Pflanze ist daher wichtiger Bestandteil von Liebestränken und Hexensalben. Sie wird bis zu zwei Meter hoch. Der rauhhaarige Stengel trägt fingerförmige, eingeschnittene, schmale und lanzettähnliche Blätter. Die männlichen und weiblichen grünlichgelben Blüten stehen am Ende der Zweige in Trauben oder Rispen in den Blattachseln. Nach der Blütezeit (Juli/August) bildet sich ein kleines ölreiches Nüsschen.

Bereits die Ausdünstung der Pflanze kann Schwindel verursachen. In geringer Menge genossen oder geraucht, entfaltet Cannabis eine beruhigende Wirkung. Der Schlaf wird als tief und erfrischend empfunden. Höhere Dosen wirken anregend und belebend auf das Nervensystem. Ärzte verordneten dieses Mittel bei grosser Ermüdung und Schwäche nach starker körperlicher Anstrengung. Unter Cannabiseinfluss verändert sich das subjektive Zeitempfinden. Sinneseindrücke werden intensiver erlebt. Allgemein wird den Gedanken freier Lauf gelassen, was sich in vermehrten und eindrücklichen erotischen Fantasien äussert (Hai o.J.: 65).

In der Volksmedizin galt der Hanf als Heilmittel bei Nasenbluten, Verdunkelung der Hornhaut, Augenentzündungen, Bruststechen, Lungen- und Herzentzündung (Dinand 1911: 34). Gegen Gelbsucht braute man aus den Hanfsamen einen Tee. Ausführlich beschreibt der »Kräutersegen« (1898) die verschiedenen Anwendungsmöglichkeiten dieser alten Heil- und Nutzpflanze. Aus dem Saft der eben ins Blühen gekommenen Spitzen der Hanfpflanze und einem gleichen Quantum Weingeist oder Kornbranntwein wurde eine Tinktur hergestellt. Davon nahm man täglich zweimal 5 bis 6 Tropfen gegen die oben genannten Leiden (Zimmerer [1896] 1987: 54).

Der 1794 geborene Arzt Georg Friedrich Most widmet dem Hanf in seiner 1842 in Leipzig erschienen »Encyklopädie der Volksmedizin« mehrere Seiten. Er beschreibt die Wirkungen und Begleiterscheinungen, die mit dem Genuss der Pflanze auftreten, und empfiehlt den Pflanzenextrakt als wirksames Mittel gegen den Keuchhusten. Nach Most wurde der Auszug auch als Aphrodisiakum benutzt (Most [1843] 1973: 255).

Der Hanf in der Volksmedizin

»Gegen den Keichhusten der Kinder lobt Hufeland das Extract der ganzen Pflanze. Man kann sich dasselbe so bereiten, dass man den Hanf vor der Blüthezeit sammelt, zerstampft, mit etwas Flusswasser begiesst, dann auspresst und den frischen Saft unter gelindem Feuer bis zur Dicke des Extracts abdampft.

Hanf ist eine der wichtigsten Nutzpflanzen. Aus den Stengeln werden Fasern gewonnen, und auch als Heilmittel spielt sie eine wichtige Rolle.

Man gibt Kindern von zwei bis sechs Jahren dreimal täglich zwei bis drei Gran, Erwachsenen sechs bis zehn Gran. Dieses Extract ist auch ein bekanntes, oft gemissbrauchtes Stimulans, welches als solches in folgender Mischung genommen wird:

Nr. 89. Nimm: Hanf-Extract, zwei Quentchen, Pomeranzenblüthwasser, sechs Unzen, Spanisch-Pfeffer-Tinctur, ein halb Loth. Man nimmt davon ein bis zwei Stunden ante actum [vor dem Geschlechtsakt] ein bis zwei Esslöffel voll mit Wein.«

(MOST [1843] 1973: 255)

Die Dämonisierung alter Fruchtbarkeitsriten

Grabbeigaben belegen, dass der Hanf bei den südgermanischen Stämmen bereits in vorchristlicher Zeit rituell verwendet wurde. In der Asche einer auf das 5. Jahrhundert v. Chr. datierten Graburne aus Wilmersdorf in Brandenburg wurden Samen von *Cannabis sativa* entdeckt (RÄTSCH 1992: 101). Bei den Germanen hiess der Hanf *hanpr*, *hoenep* oder *hanaf*. Er durfte nur von Frauen ausgesät, gepflegt und geerntet werden. Aussaat und Ernte erfolgten unter erotischen Ritualen, denn Hanf war die heilige Pflanze der *Freyja*, der Göttin der Fruchtbarkeit, des Frühlings und

Im Kanton Luzern hat sich das vor einigen Jahren gegründete »Vuotisheer« zum Ziel gesetzt, an der Fastnacht die alten Sagengestalten darzustellen. Die wichtigste ist die Sträggele, die Nachfolgerin der germanischen Göttin Freyja. (Foto: Vuotisheer, Lozärn.)

Schutzgöttin des Lebens und der Ehe (RÄTSCH 1992: 102). In der Edda, der altnordischen Liedersammlung mit Götter- und Heldensagen, ist Freyja die Tochter des Njörd, eines Nachkommen aus dem Göttergeschlecht der Vanen. Als Gattin Odins hatte sie das Recht, neben ihrem Gemahl auf dem Hochsitz im Göttersaal zu thronen.

Freyja, die mit ihrem katzenbespannten Wagen durch die Lande fuhr, vertrat das mütterliche Prinzip, das sie bei den Frauen besonders beliebt machte und zugleich die hohe Stellung der Frau bei den Germanen dokumentiert. Die Römer setzten die Freyja des Nordens mit der Göttin Venus gleich, und der ihr heilige Tag (lat. *dies veneris*, ital. *venerdi*) wurde im Althochdeutschen zum *friatac*, dem Tag der Freyja. Unter dem Einfluss des Christentums schob man das ursprünglich von elbischen Wesen

Erzählte den als Hexen verrufenen Personen unter. Elben und Götterwesen wie Freyja mutierten zu Hexen und Dämonen; die ihnen geweihten Tage wurden negativ umgedeutet. Der Freitag galt fortan als Unglückstag.

Die Luzerner Hexen fuhren an einem Freitag zum Sabbat (SCHACHER 1947: 16). Wer an diesem Tag eine Reise antritt, heisst es im Luzerner Hinterland, dem widerfährt ein Unglück. Die gleichen Leute, von denen ich dies erfahren habe, behaupten, in der Nacht auf den Freitag dürfe man unter keinen Umständen von Hexen reden. Man ziehe sonst das Unglück an.

Das Weibliche der Freyja hat nicht nur bei Saat und Ernte, sondern auch bei Liebesorakeln und im Liebeszauber zu erotischen Bräuchen geführt, die auf vorchristliche Fruchtbarkeitsriten zurückgehen und auch die heiratswilligen Burschen einbeziehen. Oft war ganze oder teilweise Nacktheit der Teilnehmerinnen gefordert, die nicht im Kult, sondern in Magie und Zauber beruhte: »Am Vorabend des Johannistages gehen die katholischen Mädchen von Krnjak unbesehen[?] auf ein fremdes Hanffeld; sie wälzen sich nackt im Hanfe und reissen dreimal drei Hände voll Hanfblätter ab; davon winden sie einen Kranz und werfen ihn auf den nächsten Baum; so oft der Kranz herunterfällt, so viel Jahre bleibt das Mädchen unverheiratet« (BÄCHTOLD-STÄUBLI 1987: 6, 885). Ob der Brauch wirklich nur dem Orakel diente, ist mehr als fraglich. Die Burschen des Dorfes wussten mit Bestimmtheit, wo die Hanffelder angelegt waren, und sie kannten auch den Zeitpunkt des Brauches. Die Vermutung ist nahe liegend, dass das nächtliche Treiben den unverheirateten Mädchen zur Partnerfindung diente. Dass es bei jenen, die sich im Hanffeld gefunden hatten, auch zu unerlaubten Intimitäten kam, ist kaum auszuschliessen.

Ein Liebesorakel mit rauschähnlichen Nebeneffekten kannten noch um 1878 die slowakischen Mädchen Ungarns. Wenn die jungen Hanfpflanzen die ersten vier Blätter zeigten, pflegten die heiratswilligen Mädchen am Rande des Feldes zwei Pflanzen mit einem farbigen Faden miteinander zu verbinden. Sobald sich die Pflanzen genügend entwickelt hatten, sahen sie nach, ob die zusammengebundenen Sämlinge gleiches oder ungleiches Geschlecht hatten. War die eine Pflanze männlich, die andere weiblich, dann schloss das Mädchen auf eine baldige Hochzeit (KRONFELD [1898] 1981: 40). Beim Besuch des blühenden Hanffelds (wie auch später bei der Ernte) kam es dann zu aphrodisierenden Rauschzuständen. In Kräuterbüchern der Jahrhundertwende fehlt es daher nicht an doppeldeutigen Erklärungen, die zwar vor dem Genuss des Hanfs warnten, darüber hinaus aber bestätigten, was ohnehin jedermann wusste.

Warnung vor dem Besuch blühender Hanffelder in einem Kräuterbuch

»Seid ihr jemals an einem warmen Sommertage an einem Hanffelde vorbeigegangen? Habet ihr da nicht einen scharfen, betäubenden Geruch wahrgenommen, der euch Kopfweh und Übelkeit verursachte? Derselbe verdankt sein Entstehen einem von der Pflanze ausgedünsteten flüchtigen Öle und kann sich so steigern, dass die im Hanfe beschäftigten Arbeiter davon ohnmächtig werden. Es wäre darum auch die grösste Unvorsichtigkeit, in der Nähe eines solchen Feldes einzuschlafen.

Schon die Skythen und Thraker kannten die betäubende Eigenschaft des Hanfes und benutzten sie, um berauschende Getränke aus demselben zu bereiten. Die Indier, Persen und Türken machen heutzutage noch den sogenannten ›Haschisch‹ davon, der sie in den Zustand der Trunkenheit versetzt, der Gesundheit aber höchst schädlich ist. Denn der starke Gebrauch desselben erzeugt – nach vorübergehendem Wohlbehagen – Erschlaffung, Wahnsinn, Starrkrampf, Tod. – Leider sind bei 300 Millionen Menschen dem schrecklichen Übel des Haschisch unterworfen, den die Orientalen seiner ersten Wirkung wegen den ›Gelächter-Erwecker‹, den ›Vermehrer des Vergnügens‹ und den ›Kitt der Freundschaft‹ nennen.

Also Vorsicht, wenn auch die Ausdünstungen des europäischen Hanfes weniger stark sind und ihre betäubenden Eigenschaften in diesem nicht so kräftig wirken, als im orientalischen! – Dieser Geruch ist übrigens für viele Insekten tödlich. Darum umpflanzt man Gemüsefelder in manchen Gegenden mit Hanf, um sie vor Verheerungen zu schützen. Ebenso empfiehlt es sich vereinzelte Hanfpflanzen in Kartoffelfeldern anzubauen, um den so schädlichen Kartoffelkäfer davon abzuhalten. – Wanzen vertreibt man aus Betten, indem man frische Hanfpflanzen unter die Matraze legt. Doch schlafe man während dieser Zeit nicht darin.

Wenn wir uns beim Anblick des Hanfes also auch eines gewissen Misstrauens nicht erwehren können und uns sagen müssen: ›Hier ist eine Pflanze, die schon viel Unheil gestiftet hat, noch vieles stiften kann und vieles stiften wird‹, so dürfen wir uns jedoch auch nicht verhehlen, dass nur ein übermässiger Genuss des Haschisch, erzeugt durch Leidenschaften und Laster, schuld an den Übeln ist, die auf Millionen von Menschen wie ein Fluch liegen, während bei richtigem Gebrauche das schlimme Prinzip auch hier wie überhaupt überall sich zum Guten wenden lässt. Wägen wir demnach den Nutzen des Hanfes gegen seinen Schaden ab, so übersteigt jener den letztern weit. Selbst in unserer Hausapotheke lässt sich der Hanf bei einiger Vorsicht mit Vorteil gebrauchen.«

(Zimmerer [1896] 1987: 52 ff.)

Überall in der Welt, wo Cannabis angebaut wird, gilt die Pflanze als Aphrodisiakum, als Liebesmittel, das die Pforten der sexuellen Begierde öffnet.

In den Harems von Konstantinopel wurde Hanf mit Gewürzen vermischt bei schwacher Manneskraft gegeben, und auch die serbischen Zigeuner kannten dieses Mittel (BÄCHTOLD-STÄUBLI 1987: 1, 532). Wenn früher in Ungarn die kinderlosen Frauen jeden Freitag(!) vor Sonnenuntergang in Eselsmilch gekochte Spanische Fliegen (*Lytta vesicatoria*, Ölkäfer) und Hanfblüten zu sich nahmen (BÄCHTOLD-STÄUBLI 1987: 6, 257), so war dies weit mehr als nur ein die Empfängnis förderndes Stärkungsmittel, sondern ein lustfördernder und der Spanischen Fliegen wegen auch ein gefährlicher Trank, dessen Wirkung im Volksglauben durch den Einfluss der Göttin der Fruchtbarkeit verstärkt wurde.

In Europa erfreute sich der Hanfgenuss zur Zeit der Hexenverfolgungen einer grossen Beliebtheit, und die aphrodisierende Wirkung der in der Hanfpflanze enthaltenen Stoffe war allgemein bekannt. Nicht umsonst wetterte der als Abraham a Santa Clara berühmt gewordene Hans Ulrich Megerle (1644–1709) gegen die »Bauren, so sich mit Hamf vollstopfen wie der Türck mit Opium« (nach KESSLER 1991: 27). Nach der Einführung von Kaffee und Tabak im 16. und 17. Jahrhundert verlor der Hanf seine bisherige Bedeutung als Genussmittel und verkam zum »Arme-Leute-Kraut«. Als Vergnügungsdroge der Oberschicht und als Tabakzusatz konnte sich Hanf nur noch in beschränktem Ausmass halten. Bis 1925 waren Tabak-Hanf-Mischungen in Europa frei erhältlich, und eine mit Hanf und Tabak gestopfte Pfeife hiess zu Gotthelfs Zeiten Sonntagspfeife (KESSLER 1991: 29).

Weitere Belege über die Zusammenhänge zwischen dem Tanz auf der Allmend und dem Genuss von Hanf liefern uns die von den Hexen beschriebenen Nachwirkungen des Sabbats. Vergleichen wir diese Informationen mit den Erfahrungsberichten von Hanfkonsumenten, stellen wir auffallende Parallelen fest, die auf den Gebrauch von Cannabis hinweisen. Nach übereinstimmenden Berichten litten die Hexen unmittelbar nach den Zusammenkünften unter grossem Hunger, obwohl scheinbar immer reichlich Speisen aufgetragen wurden. So gesteht 1560 die Luzerner Hexe Dorothea Sutter, sie »sygend uf aller höchi im Gütsch [die Gütschhöhe bei Luzern ist ehemaliges Allmendland] by ein anderen gsin und da guott leben ghan mitt essen und trincken und dantzen; daruff welle sy sterben und syg Lucifer ir spillman gesin. Ouch dz brott, so sy ghan, wan sy es gessen, heyg sy nachhin mer gehungeret dan vor« (SCHACHER 1947: 17). Eine andere, Anna Bürli, war im Jahre 1637 »uff ein zytt under dem Sursee holtz in ein grosse matten [Allmend] zum dantz gangen, do seigend ihren vil zuosamen komen, heigend geessen und

Ein bekannter Hexentanzplatz ist die Burgruine von Wolhusen. 1637 bekennt die Hexe Adelheid Wyss, dass sie etliche Male »zum alten schlos uf der burg zuo Wolhusen« gefahren sei.

Cannabis fördert die Geselligkeit unter Gleichgesinnten. Der Einzelne fühlt sich wohl und geborgen. Das Mitgefühl für andere wird gesteigert.

Im Orient wird der Hanf aus der Wasserpfeife geraucht. Seiner Wirkungen wegen nennen die Orientalen den Hanf »Gelächter-Erwecker« und »Kitt der Freundschaft«.

getruncken, do ein jede mit ihrem bullen von danen gefaren, heige es gepraschlet, als wan der gantze wald umfielle und do es heim komen, seige es widerum gantz hungerig gesin« (SCHACHER 1947: 17). Diese Aussagen decken sich mit einem Phänomen, das viele Cannabis-Raucher aus eigener Erfahrung kennen. Von hundert Versuchspersonen im Alter zwischen 18 und 33 Jahren gaben 72% an, nach dem Einsetzen der Wirkung Heisshunger zu verspüren. (HAI o.J.: 64) Andere haben nach dem Konsum von Haschisch einen unbändigen Appetit auf Süssigkeiten verspürt, wobei das in der Schweiz beliebte *Schoggibrot* (Brot mit Milchschokolade) das Hungergefühl einiger Versuchspersonen am ehesten zu befriedigen schien. In den vierziger Jahren benützte man die Droge deshalb mit Erfolg bei Patienten, die unter Appetitlosigkeit litten.

Auch Georg Friedrich Most erwähnt in seiner »Encyklopädie der Volksmedizin« den »Hundshunger«, der nach dem Genuss von Cannabis einsetzt. Unter dem Stichwort *Semen Cannabis* schreibt er unter anderem: »Personen, die ihn [den Hanf] als Vergnügungsmittel zu sich nehmen, fühlen eine besondere Heiterkeit, Fröhlichkeit und Munterkeit des Gemüths, ein behagliches Vergessen aller Traurigkeit und jedes Schmerzes; stets lächeln sie milde, wenn auch keine äussere Ursache dazu vorhanden ist, aller Zorn und Hass schweigt und nach einigen Stunden verfallen sie in einen milden und sanften Schlaf, während desselben sie, wie vorher im Wachen die lieblichsten Fantasiebilder ergötzen, – Alles Zeichen des Hanfrausches. Der Angabe des Sonnini zufolge ist diese Störung des Denkvermögens, diese Art von Seelenschlaf auf keinerlei Weise mit dem Rausche vom Weine oder anderer geistiger Getränke zu vergleichen, und unsere Sprache besitzt keinen Ausdruck, um jenes Gefühl anzudeuten. Die Hanftrunkenheit hat noch ferner das Eigene, dass durch sie die Circulation des Blutes nicht beschleunigt, das Athmen nicht schneller vor sich geht, und der Kopf nicht angegriffen wird; wol aber entsteht ein wahrer Hundshunger« (Most [1843] 1973: 569).

Hanfprodukte wirken soziogen, das heisst eine Gruppe schaffend. Darin unterscheiden sie sich deutlich von anderen Substanzen (namentlich Heroin, Amphetaminen und Barbituraten), die den Süchtigen letztlich in eine nahezu vollständige Isolation führen. Cannabis fördert die Geselligkeit unter Gleichgesinnten. Man fühlt sich wohl und geborgen. Das Wahrnehmungsvermögen ist klar, und der Konsument ist sich seiner Handlungen bewusst. Die persönlichen Probleme treten in den Hintergrund. Das Mitgefühl für andere und das Verlangen nach dem Austausch von Zärtlichkeiten werden gesteigert. Man benimmt sich ungezwungen und ist fröhlich. Der Genuss in der Gruppe kann auch als verbindendes Ritual von Personen verstanden werden, die sich einer bestimmten Subkultur zugehörig führen. Das gemeinsame Rauchen vermittelt das Gefühl der Anerkennung innerhalb der Gruppe und schafft die notwendige Einigkeit, um sich gegen verhärtete Normvorstellungen abzugrenzen. Als eine von der Gesellschaft nicht anerkannte Droge (im Gegensatz zu Alkohol oder Nikotin) wird der Hanf zum Symbol jener, die sich der bestehenden Ordnung nicht oder nicht mehr zugehörig fühlen und eine neue (alternative) Lebensauffassung vertreten.

Unter Berücksichtigung dieser Aspekte gewinnt die Allmend für das Hexenwesen eine völlig neue Bedeutung. Als Ort der aphrodisierenden Hanffelder, der nächtlichen Tänze, erotischen Fruchtbarkeitsriten und heimlichen Liebschaften wurde sie zur verteufelten und verbotenen Stätte, an der sich lediglich angebliche Hexen zu heidnischen Ritualen einfanden. Wie bei der Vorstellung tanzender Elfen und dem Tanzen und Musizieren in den Wäldern wurde auch hier das Satanische vorgeschoben, um archaischen Riten den Todesstoss zu versetzen.

Nach den noch erhaltenen Verhörprotokollen trafen sich die Hexen oft in verlassenen Weidescheunen. In einer Sage aus Luzern ist von einem Knecht die Rede, der vor einem herannahenden Ungewitter in eine Scheune flüchtete und dort eine Hexengesellschaft belauschte.

Die Allmend als Hexentanzplatz

Nach eigenen Aussagen fuhr Elsbeth Sutter aus Sursee 1592 auf die Müswanger Allmend zum Tanz. Die Hexen trafen sich aber auch auf der Allmend in Malters, Ruswil, Meggen, auf dem Gütsch in Luzern, auf dem Moor von Geuensee, dem Knutwiler Feld und in den Wäldern Rutschwinkel und Hasenwart bei Sursee (SCHACHER 1947: 19). Ähnlich verhielt es sich an anderen Orten. Tanzplatz nannte das Volk die Allmend von Unterentfelden (ROCHHOLZ I [1856] 1989: 291). Auch in Sarnen, Zug und Stans kamen die Hexen auf der Allmend zusammen. Dort erschien ihnen der Teufel in der Gestalt eines Ziegenbocks und unterwies sie in der Kunst, mit Kräutern, Giften, Wachsbildern und Leichenteilen, die man sich auf Friedhöfen und Richtstätten verschaffte, *Maleficien* auszuüben.

Die Flurnamen *Allmend* und *Bünte* finden wir häufig im Namenbestand unserer Dörfer. Die Allmend von Wikon liegt südlich des Dorfes. Ihr östlicher Ausläufer, die *Allmendbünte*, mündet in ein schattiges und früher feuchtes Seitental. Das Weideland mit den ehemaligen Hanfgärten, den Bünten, wird im Süden vom Birchberg und im Norden vom Schlossberg und dem Riedwald begrenzt. Der Tanzplatz auf der Müswanger Allmend liegt im Moos westlich des Dorfes. Er wird im Süden von der *Flächsmatt* (Wiese, auf der Flachs angebaut wurde) abgeschlossen.

Gleich drei historische Hexentanzplätze liegen auf der grossen Ebene zwischen den Gemeinden Geuensee im Osten, Knutwil im Westen und dem Städtchen Sursee im Süden. Diese Ebene, an deren Rand sich die Tanzplätze befinden, war früher ein grosses zusammenhängendes Feuchtgebiet, das von den umliegenden Gemeinden als Allmendland genutzt wurde. Nach den Prozessakten von Sursee trafen sich die Hexen auf dem Moor von Geuensee, dem Knutwiler Feld und im Wald von Sursee. Alle drei Orte stehen in enger Beziehung zur Allmend. Vor allem der letztgenannte muss als Tanzplatz allgemein bekannt gewesen sein, da sein Name in den Luzerner Verhörprotokollen regelmässig auftaucht.

In Geuensee heisst das Gebiet des ehemaligen Moors heute noch *Allmend.* Innerhalb dieses Allmendlandes finden wir den Flurnamen *Bünten.* Dort, wo früher Hanf angebaut und nach den Akten auch getanzt wurde, stehen heute Gewerbebauten. Auf dem Knutwiler Feld heissen die Parzellen in Dorfnähe *Büntenmatten*, obschon sich hier längst keine Bünten mehr befinden. Aber der Name belegt, dass es sich beim Knutwiler Feld ebenfalls um ehemaliges Allmendland handelt. Heute wird dieses Gebiet landwirtschaftlich genutzt und bietet bis auf eine inmitten der ehemaligen Moorlandschaft stehende Weidescheune kaum Raum für Magisches. Dieser vom Wind arg gebeutelte Schuppen wird aus unerfindlichen Gründen dauernd von Krähen belagert, die den Besucher argwöhnisch beobachten. Im Innern finden sich Spuren von allerlei Getier.

Ob sich hier auch Hexen eingenistet haben, entzieht sich unserer Kenntnis. Aus den Prozessakten und vielen Volkserzählungen wissen wir jedoch, dass sich die Hexen oft in abgelegenen Scheunen trafen, um dem Teufel zu huldigen. Eine dieser Sagen handelt von einem Knecht, der auf dem Heimweg von einem Unwetter überrascht wurde. Er flüchtete zu einer einsamen Scheune und beschloss, auf dem Heuboden die Nacht zu verbringen. Plötzlich wurde der Mann durch seltsame Geräusche geweckt. Als er vorsichtig durch einen Spalt im Heuboden äugte, sah er den Teufel mit einer Anzahl Hexen, die sich zum Sabbat trafen.

Besonders beliebt als Tanzplatz war die nähere Umgebung des Städtchens Sursee. In den Akten werden die *Hasenwart*, eine bewaldete Anhöhe im Südwesten des Städtchens, und der *Ruotschwinkel* im Surseerwald genannt. Das verbotene Tanzen und Buhlen scheint sich indes nicht im Wald, sondern auf einer angrenzenden Wiese abgespielt zu haben, denn die Hexe Amalie Huber gesteht 1625: »Daruff hab ihr buol Schwartzhänssli [Teufel] sy angeredt, sole zu ihme erst nechst künfftigen fyrtag, so domalls in der wuchen gsin, in den Ruotschwinkel kommen, sy alda mitt einanderen hochzitt haben wollen, sigen selb zechendt ihr gespillen frembd unnd heimbsch dagsin, habend gessen, truncken, dantzett und guotter dingen mitt einanderen gsin. Letstlichen habe er sy daselbsten in die schüwr [Scheune!] gfuörtt unndt beschlaffen, sige kalt und unatürlich gsin« (SCHACHER 1947: 17).

Einen wichtigen Hinweis zum möglichen Tanzort der Surseer Hexen erhalten wir von Anni Bürli, die 1637 bekennt, sie sei »uff ein zytt under dem Sursee holtz in ein grosse matten zum dantz gangen, do seigend ihren vil zuosamen komen, heigend geessen und getruncken, do ein jede mit ihrem bullen von danen gefaren« (SCHACHER 1947: 17). Mit der grossen Matte unterhalb des Surseewaldes kann nur die Allmend gemeint sein, und auch der Hinweis der Amalie Huber, die vom Teufel in eine Weidescheune entführt wurde, deutet darauf, dass der Hexentanzplatz von Sursee auf dem Gebiet der Allmend zu lokalisieren ist.

Der Besuch dieser Gegend hinterlässt einen zwiespältigen Eindruck. Einerseits fühlt man sich in diesem von trostlosen Industriebauten gesäumten und trotzdem beklemmend ruhigen Ort unsicher und verloren. Andererseits weckt er durch seine Vegetation die Neugierde. Entlang des *Chommlibachs* wachsen Pflanzen, die im Zauberglauben des Volkes eine wichtige Bedeutung hatten. In zartem Rosa blüht das Rauhhaarige Weidenröschen (*Epilobium hirsutum*). Besonders im westlichen Teil Deutschlands und in der Schweiz ist es als *Bletzchrut* (Blitzkraut) ein Bestandteil des an Maria Himmelfahrt geweihten Kräuterbüschels. Der Name deutet darauf hin, dass man der Pflanze blitzabwehrende Kräfte zuschrieb. Antidämonische Wirkung hat auch das hier überall wachsende Johanniskraut (*Hypericum perforatum*). Einen Absud davon gab man in Luzern den gefangen genommenen Hexen, um dämonische Einflüsse fernzuhalten. Den Wegrändern entlang wächst die Ackerwinde (*Convolvulus arvensis*). Sie ist eine Unglückspflanze. Wer die Blüten abbricht, muss früh sterben.

An manchen Orten findet man den Lolch (*Lolium temulentum*), den man auch Taumellolch, Tollgerste, Twalch, Tobkraut oder Schwindelkorn nennt. Das Gras stammt vielleicht aus dem Nahen Osten, von wo aus es sich als Kulturbegleiter über ganz Mitteleuropa ausbreitete. Besonders gut gedeiht er am Rand von Getreidefeldern, auf Ödland und an Wegrändern. Die einjährige faserige Wurzel treibt einen oder mehrere Stengel hervor, die in sehr langen, schmalen, zweiseitigen, plattgedrückten, meist lang und gerade begrannten Ähren enden. Der Stengel (Halm) ist wie die Blattscheiden rauh. Die Ähren sind aufrecht, länglich und zusammengedrückt. Die Pflanze wird häufig mit dem italienischen Raygras (*Lolium multiflorum* bzw. *Lolium italicum*) und dem Weidelgras (*Lolium perenne*) verwechselt. Der Lolch blüht in den Monaten Juni und Juli und wächst gerne in Getreidefeldern. Die Pflanze ist aufgrund ihrer Samen bekannt, die auf das Nerven- und Verdauungssystem wirken. Sie schmecken nicht unangenehm süsslich und wurden (wie das Bilsenkraut) oft dem Bier beigemischt, um es berauschender zu machen (DINAND 1911: 48). Der Genuss erzeugt Ekel, Würgen, Erbrechen, Delirien, Schlaftrunkenheit und Muskelzuckungen. Dazu treten Ohrensausen und Sehstörungen auf. Vergiftungen mit Lolch (bzw. dem Pilz, der die Samen befällt) enden selten tödlich. Nach Kronfeld war der Taumellolch Bestandteil der Hexensalbe: »In keinem der Recepte [für Hexensalben] fehlen giftige Solanaceen [Nachtschattengewächse], in vielen finden wir auch die narkotische Mohnpflanze, Wolfsmilcharten, Schierling und Taumellolch« (KRONFELD [1898] 1981: 48).

Teile der Allmend von Sursee wecken das unbestimmte Gefühl, dass sich hier das Hexenvolk in mondhellen Nächten noch immer zum Sabbat einfindet. Zahlreiche Feuerstellen auf offenem Feld, herumliegende Konservendosen, leere Zigarettenpackungen, zerschlagene Bierflaschen, abgenagte Knochen und weggeworfene Kondome belegen jedenfalls, dass sich hier regelmässig irgendwelches Volk zu ausgelassenen Festen trifft.

In enger Beziehung zum Hexentanz und zur Allmend steht auch der Hexenstein von Kerns. Zwar rechnet man ihn nicht zu den prähistorischen Kultsteinen, denn die Vertiefungen, die Menschen-, Bocks- oder Zwergenfüssen gleichen, sind durch die natürliche Verwitterung des Sandsteines entstanden (SCHWEGLER 1992: 42). Seine Nähe zur Kernser Allmend macht ihn trotzdem zum Gegenstand der Sage:

»Auf dem Waad einer Allmend in Kerns, befindet sich ein Stein, der ›Hexenstein‹ genannt. Seine Quadratfläche mag ungefähr 12 Klafter haben, liegt etwas wenig in schiefer Richtung und ist übrigens ganz eben; nur hat er viele kleine Vertiefungen auf der Oberfläche, welche wirklich, unter anderm, Spuren von Menschenfüssen bilden. Beineben kleine rundlichte Höhlungen, welche alle etwa 2 bis 3 Zoll in den Stein eingehen, machen den Stein etwas auffallend. Ähnliche Steine befinden sich in der Umgebung nicht, die solche Spuren tragen. Hier war es, wo die Hexen ihren sogenannten Hexentanz ausführten, wie die Volkssage lautet, und von daher sollen diese Spuren rühren« (LÜTOLF [1862] 1976: 270).

Vom ursprünglichen Moor, dem Wat, hat sich nur im Süden der Allmend ein Teilstück erhalten. Auch hier ist es wieder ein Feuchtgebiet, das die Dorfbauern als Allmendland ausschieden und als Weideland nutzten. Im Wat findet man vor allem das Eisenkraut (*Verbena officinalis*), das in der Zauberliteratur des Mittelalters eine grosse Rolle spielt. Seine Bedeutung verdankt es der spätantiken Überlieferung. Bei den Römern stand es als heilige Pflanze in hohem Ansehen. Wie der Hanf wurde das Eisenkraut im Liebeszauber verwendet. In einem alten Spruch heisst es (nach KRONFELD [1898] 1981: 74):

»Verbeen hilft dir sehr,
Dass dir die Frawen werden hold,
Doch brauch [zum Ausgraben der Pflanze] kein eisen,
Grabs mit goldt.«

Wer die Pflanze im Haus hat, der »gedarf nimmer dehein zouber gefurten« (der muss sich in seinem Haus niemals mehr vor Zauber fürchten), belehrt ein aus der Mitte des 13. Jahrhunderts stammendes bayrisches Arzneibuch (KRONFELD [1898] 1981: 73). Als Mittel gegen Behexung wird das getrocknete Kraut auch in Säckchen gelegt und den Kindern umgehängt.

Exkurs
Hippies und der Kult der neuen Hexen

Vielen der im besten Lebensalter stehenden Menschen merkt man es heute nicht mehr an, dass sie in den sechziger und siebziger Jahren die Träger einer gewaltlosen Revolution waren. Damals brachen Tausende von Jugendlichen aus den starren Moralvorstellungen der Nachkriegszeit aus. Ausgerechnet aus den USA, dem scheinbaren Inbegriff moralischer Integrität, kamen die revolutionären Ideen, die sich unter den Jugendlichen wie eine gefährliche Seuche auszubreiten schienen. Zum Entsetzen der verkrusteten Gesellschaft interessierte sich die neue Jugend nicht mehr für Karriere und traditionelle Werte, sondern für Magie, Astrologie, alternative Lebensformen und orientalische Philosophien. Die seit Jahrhunderten kaum angetasteten Vorrechte des Staates schienen durch die aus den USA kommende Hippiewelle akut gefährdet. Das alte Europa war ins Wanken geraten.

Im Zentrum der neuen Bewegung stand jedoch nicht der Umsturz des politischen Systems, sondern die Frage nach dem Sinn des Lebens. Der Protest der jungen Menschen richtete sich nicht gegen Geld und politische Macht, sondern gegen eine Lebensform, deren Definition schon immer das Privileg der Obrigkeit gewesen war. Die früher einfache moralische Ordnung – das ist gut, alles andere ist schlecht – wurde zunehmend in Frage gestellt. Die neuen Jugendlichen mit den langen Haaren und den bunten Kleidern, die Hippies, wie man sie nannte, befreiten sich aus überkommenen Zwängen. Sie nahmen sich plötzlich das Recht, nach neuen Lebensformen zu suchen und selbst über Lebenssinn, -inhalt und Sehnsüchte zu bestimmen.

Inbegriff dieser Sehnsucht war der Orient. In den Ländern jenseits des Balkans war das Leben noch intakt, scheinbar jedenfalls. An diesen Orten glaubten die jungen Menschen jene inneren Welten zu finden, die der Westen längst der Technik, der Macht und materiellen Werten

Der jamaikanische Rockmusiker, Gitarrist und Sänger Bob Marley (1945–1981) gilt als »Vater des Reggae«. Seine Hits »No woman, no cry«, »Rebel music« und »Revolution« bleiben unvergessen.

geopfert hatte. Der Orient, das war Katmandu, Kabul oder Peschawar, das war Haschisch, Curry und die Suche nach einer neuen Brüderlichkeit. Der Orient war das Paradies, der Garant für ein sinnerfülltes Leben, der Weg dorthin bloss eine Frage des Ersparten. Auf dem Landweg war die Reise für die meisten erschwinglich, die Kosten für Unterkunft und Verpflegung schlugen kaum zu Buche. Dass die Menschen in diesen Ländern ein karges Leben fristen mussten, um zu überleben, war den wenigsten bewusst.

Nicht alle kamen aus den Ländern der Verheissung jenseits Anatoliens und Persiens zurück, in die sie erwartungsvoll aufgebrochen waren. Einige verschwanden in den Gefängnissen des Orients, in den Spitälern Pakistans und Indiens oder in buddhistischen Klöstern. Andere verstanden es nicht, mit der neuen Freiheit umzugehen. Sie wurden drogenabhängig, verwahrlosten und starben irgendwo zwischen Nepal und der Türkei in schmutzigen Gassen und billigen Absteigen. Einige blieben in Afghanistan hängen, in Kabul vor allem, der heimlichen Hauptstadt der Hippies. Die meisten aber kehrten zurück beseelt vom Wunsch, möglichst bald wieder aufzubrechen, wie jene junge Frau, die den Autoren des Silva-Buches »Rauschgift« gestand: »Hier [in der Schweiz] macht mich alles krank, das Land, die Leute, die Atmosphäre. Ich habe nur eines im Kopf: wieder fort! Dorthin, wo ich von Pakistan aus hinwollte, nach Tibet. Ich denke nur an das – und daran, mich zu shooten [Heroin zu spritzen]. Das sind meine einzigen beiden Wahrheiten. Ich sage dir, alles andere ist vorbei.«

Jene, die hier blieben, zierten die Wohnung mit orientalischen Tüchern, farbigen Bildern indischer Götter und tranken am Boden hockend Tee. In dieser Traumwelt ging das Shilom, die Haschpfeife, von Mund zu Mund, und in der Gemeinschaft entstanden die fantastischsten Pläne. Man sprach von Aufbruch und Neubeginn, während auf dem Balkon ein um sein Überleben kämpfendes Cannabis-Pflänzchen die wahre Stimmung seines Besitzers bezeugte.

Die Nachkriegsgeneration hatte schon früh erkannt, dass der unbeirrbare Fortschrittsglaube allmählich unsere Lebensgrundlagen vernichtet. Die Auseinandersetzung mit den offensichtlich unlösbaren Problemen der Gegenwart endete in einer bis heute andauernden inneren Flucht zu Naturreligionen und östlichen Weisheiten. Die neue Auffassung vom Leben im Einklang mit der Natur, das Wissen um Heil- und Zauberkräuter und der Glaube an den Einfluss des Mondes und der Gestirne auf die Psyche des Menschen rückte die spirituellen Werte anderer Kulturen in den Mittelpunkt. Die Entwicklung führte in den sechziger und vor allem in den siebziger Jahren zur Entstehung von neuen Kultformen, die vorerst unter dem Einfluss östlicher Lehren standen.

Bereits vor Jahrtausenden wurde der europäische Volksglaube durch Einflüsse anderer Kulturen geprägt. Im Hexenwesen und im europäischen Volksglauben finden wir auffallend viele Merkmale und Besonderheiten, die – im Christentum negativ umgedeutet – auf eine Urverwandtschaft mit der orientalischen, besonders aber der indischen Götterwelt, hinweisen. Im indischen Volksglauben erscheint der gekrönte, strahlende Hirtengott Krishna am Vollmondfest als Mittelpunkt des Tanzes ekstatischer Frauen. Das geheimnisvolle Geschehen in den vom Mondlicht erfüllten Nächten, die Tänze, an denen auch verheiratete Hirtinnen teilnehmen konnten, deren Abwesenheit die Ehegatten durch die magische Kunst Krishnas nicht bemerkten, erinnern an die nächtlichen Ausfahrten europäischer Hexen. Folgt man unseren Volkserzählungen, reiten böse Weiber auf Stecken, Besen und Gabeln zum Sabbat, tanzen nackt mit ihresgleichen und geben sich dem obersten Herrn, dem Teufel hin, der oft als vornehm gekleideter Herr geschildert wird. Buchautoren, die mit der Kultur der Zigeuner vertraut sind, deuten diese Berichte von schönen Hexen und verbotenem Zauber als Relikte längst vergessener asiatischer Kulte, die mit den Fahrenden zu uns kamen. Der Schriftsteller Sergius Golowin, einer der besten Kenner der Zigeunerkultur (*Die Welt des Tarot*; *Die Weisen Frauen* u.a.), spricht von Nackttänzen persischer Mädchen zum Klang der Musik und sieht in den Zigeunern Nachfahren geheimnisvoller indischer Stämme, die lange vor dem 15. Jahrhundert in Europa eingewandert sind.

Der ewig junge und schöne indische Gott Shiva, dessen Antlitz vollkommene Ausgeglichenheit und Weisheit ausstrahlt, Shiva, der Erwecker und zugleich Zerstörer allen Lebens, wird in zeitgenössischen indischen Farbdrucken oft in ein Tigerfell gekleidet, mit Schlange und Dreizack dargestellt. Die Tötung des Tigers, dargestellt durch das über die Schultern gelegte Fell, symbolisiert die Überwindung der niedrigen Raubinstinkte, die allen Menschen eigen sind. Die Schlange Shivas bedeutet, wenn man mit ihr nicht umzugehen versteht, die Vernichtung. Im Christentum dagegen versinnbildlichen die Schlange und der nach oben gerichtete Dreizack den Teufel, das Böse. Das edle Antlitz Shivas wird zur hässlichen Fratze Satans. Das Feuer, das die indische Mythologie als Quelle der Energie begreift, wird im christlichen Glauben zum Symbol der brennenden Hölle, die als Ort der ewig Verdammten gilt.

Shiva, der Erwecker und zugleich der Zerstörer allen Lebens, und seine Gemahlin Parvati sind die Götter der tantrischen Erotik und der Aphrodisiaka. (Zeitgenössische indische Postkarte.)

Shivas Gattin Parvati entspricht sowohl äusserlich wie auch ihrem Wesen nach in jeder Beziehung den Hexen unserer Sagen: Stolz, selbstbewusst und schön, behangen mit Blumen, Schmuck und vornehm gekleidet verkörpert sie durch ihre Schönheit und Sinnlichkeit das weibliche Prinzip. Sie ist von Frauen umgeben, die von ihr in den magischen Künsten unterrichtet werden. Der nach unten gerichtete Dreizack der Gattin Shivas wird in der europäischen Sage zur Gabel, auf der die Hexen zum Sabbat reiten. Als schwarze Göttin Kali vereinigt sich Parvati bei einem tantrischen Ritual mit dem in der Lust gestorbenen Shiva, ein Motiv, das wiederum negativ umgedeutet, auch im europäischen Hexenwesen eine zentrale Rolle spielt. Am Sabbat treibt der Teufel mit den Hexen seinen *»muotwillen«*, eine in alten Verhörprotokollen oft verwendete Umschreibung für den Beischlaf.

Heute glaubt kaum noch jemand, dass zauberkräftige Frauen auf einsam gelegenen Waldwiesen dem Teufel huldigen. Dennoch ist auch der moderne Mensch gegen Übersinnliches nicht gefeit. Die offensichtlich immer latent vorhandene Sehnsucht der Menschen nach mystischem Erleben gewinnt besonders in Zeiten politischer und gesellschaftlicher Umbrüche an Bedeutung. In unserer Zeit bewirken die immer schneller ablaufenden Veränderungen, dass sich viele Menschen auf die Wurzeln unserer Kultur besinnen, die im Verborgenen die Zeit überdauert haben. Die Rückkehr zum geheimen Wissen der mystischen Ahnen aller Völker vermittelt das Gefühl der Beständigkeit und der Gemeinschaft der Menschen untereinander.

Nach aussen zeigt sich diese Entwicklung in einem überreichen Angebot an Kursen, Seminaren und Büchern, die sich mit Selbstfindung und magischen Praktiken versunkener Kultur befassen. In den Buchhandlungen beanspruchen die vielen Erfahrungsberichte, die Lehr- und Anleitungsbücher selbst ernannter Meister mittlerweile ganze Etagen. Der weitaus grösste Teil entfällt auf Publikationen mit fernöstlichen Weisheiten und Lehren. Neben einer Flut pseudoreligiöser Schriften und Bücher der »geheimen Wissenschaften« finden sich auch neu aufgelegte Klassiker wie zum Beispiel Eliphas Levis »Geschichte der Magie«. Über den »grossen Zauberer Albertus Magnus« (Buchprospekt) kann man sich von einem französischen Parapsychologen belehren lassen. Und vom »grossen Magier William Gray« gibt es einen Lehrgang für jeden, der selbst aktiv werden will. Davon abzugrenzen sind die eigentlichen Fachbücher, die in der Flut der esoterischen Gebrauchsliteratur beinahe unterzugehen drohen.

Eine Gruppe für sich bilden die vielen Rezept- und Zauberbücher neuheidnischer Hexen, die nach amerikanischem Vorbild meist in Zirkeln oder *Covens* organisiert sind.

Die neuen Hexen streben danach, im Einklang mit den Gesetzen der Natur zu leben und zu wirken. Ihre jahreszeitlichen Feste und rituellen Zusammenkünfte finden deshalb meist unter freiem Himmel statt. In der Natur haben die Hexen einen direkten Kontakt mit den Elementen des Himmels und der Erde. Die modernen Hexen glauben, die Kraft der Elemente nutzen und mit Hilfe magisch wirkender Zeichen in die Zukunft sehen zu können. Viele verwenden dazu ein von einem Kreis umschlossenes Hexagramm, das aus zwei ineinander gelegten Dreiecken gebildet wird. Das von ihnen »Erdpentakel« genannte Hexagramm vereinigt in sich die durch vier Farben symbolisierten Elemente Himmel, Erde, Feuer und Wasser. In den Lehrbüchern ist die Kunst beschrieben, das Erdpentakel magisch aufzuladen und die Kräfte der Natur zur Entfaltung zu bringen. Im europäischen Volksglauben hat das Hexagramm indes eine andere Bedeutung. Auf Papierstreifen gezeichnet und im Haus versteckt galt das Davidsschild genannte Hexagramm lange Zeit als wirksames Amulett gegen die Feuersgefahr. Über den Ursprung des Zeichens und den Gebrauch in der Magie gaben fliegende Blätter und magische Bücher Auskunft. Die Verbreitung dieser Schriften ist von der Kirche schon früh untersagt worden. So ist zum Beispiel die Verbreitung von Dom Angelo Gabriello Anguisciolos Buch »Della hebraica medaglia detta Maghen David et Abraham, Dichiaratione« bereits 1621 mit einem Verbot belegt worden.

Der hier zum Ausdruck kommende Dämonen- und Hexenglaube ist keine moderne Erfindung und auch kein Relikt jener unseligen Zeit, in der im Abendland die meisten Hexenprozesse stattfanden, ebensowenig ist er eine spezifisch europäische Erscheinung. Bis heute finden wir in allen Religionen den ins Übersinnliche verlegten Gegensatz von Gut und Böse, wobei die Hexen als Mischwesen zwischen der übernatürlichen Macht und der menschlichen Person stehen.

Als Opfer bürgerlicher Moralvorstellungen wandelte sich die historische Hexe in der feministischen und alternativen Szene zur heilkundigen Frau, die in einer von Männern dominierten Gesellschaft übelsten Verfolgungen ausgesetzt war. In den frühen achtziger Jahren wurde die traditionelle Hexe zum Symbol der Frauenbewegung, die das Bild der geheimnisvollen Zauberin übernahm und es als Ausdruck fraulicher Stärke und Unabhängigkeit positiv bewertete. In der esoterischen und feministi-

Von den neuheidnischen Hexen »Erdpentakel« genanntes Hexagramm. Das gelbe Feld, das immer oben sein muss, symbolisiert das Element Himmel. Ihm gegenüber (der Hexe zugewendet) steht die schwarze Farbe für das Erdelement. Dementsprechend befindet sich das olivgrüne Feld, welches das Wasserelement repräsentiert, von der Hexe aus gesehen rechts. Das verbleibende, linke, braunrote Feld versinnbildlicht das Feuerelement.

schen Literatur sprach man bald von den Weisen Frauen, die über magisches Wissen verfügen und durch ihre Künste auf das Schicksal der Menschen Einfluss nehmen können.

Die neuheidnischen Hexen berufen sich auf antike und mittelalterliche Überlieferungen, die sie mit eigenen Erfahrungen und persönlichen Meinungen ergänzen. Daraus entsteht ein neues Wissen, das seine Wurzeln in verschiedenen Kulturen und Traditionen hat. Ein Beispiel dafür ist das 1989 in Bridport erschienene Buch »Aphrodisiacs and Love Magic« von Pamela Allardice. Die Engländerin Claire Nahmad bezeichnet im Vorwort zu »Lovespells. The authentic Collection of a White Witch« (London 1993) ihre Grossmutter als eine in Yorkshire bekannte Weise Frau, die früher mit Kräutern und geheimnisvollen Pulvern Kranke heilte. Im deutschsprachigen Raum hat das Buch »Sandra. Ich, die Hexe« für einiges Aufsehen gesorgt. Deutschlands bekannteste Hexe schildert darin alles Wissenswerte über ihre magische Kunst und erzählt die wichtigsten Ereignisse ihres bewegten Lebens.

In den USA hat die aus der Hippiebewegung entstandene Gründung von Hexenzirkeln bereits in den sechziger Jahren eingesetzt. Zu den Leitfiguren der Szene gehört heute die amerikanische Hexe Starhawk, eine Feministin und Vorkämpferin der Friedensbewegung. Sie ist die bekannteste Vertreterin des so genannten Ökofeminismus, einer Bewegung, die ökologisches, spirituelles und politisches Denken und Handeln zu vereinen sucht. In ihren ins Deutsche übersetzten Büchern (»Der Hexenkult als Ur-Religion der Grossen Göttin« und »Mit Hexenmacht die Welt verändern«) versucht Starhawk das Bild von »hässlichen alten Weibern, die auf Besenstielen reiten« zu korrigieren und die Hexenzirkel, die Covens, als Alternative zur männlich dominierten Konsumgesellschaft zu propagieren.

Neben Starhawk ist Zsuzsanna E. Budapest, Begründerin eines feministischen »dianischen Covens« und Buchautorin (»Herrin der Dunkelheit, Königin des Lichts: Das praktische Anleitungsbuch für die neuen Hexen«), eine weitere schillernde Gestalt in der amerikanischen Hexenszene. Ihr Pseudonym wählte sie nach der Stadt, in der sie geboren wurde. 1956 emigrierte die gebürtige Ungarin in die USA, wo sie zum zündenden Funken für die feministisch-spirituellen Frauenbewegungen wurde. Seit 1971 leitet Zsuzsanna Budapest Hexenkonvente und Rituale und vermittelt Weisheiten europäischer Naturreligionen, die sie – wie sie sagt – selbst von ihren Vorfahren ererbt und beigebracht bekam. Auch ihre Arbeit zeichnet sich durch eine starke politische und feministische Orientierung aus. Nach ihrer Auffassung sind unsere heutigen »todes- und zerstörungsorientierten Gesellschaften« (Budapest) das unausweichliche Resultat eines ausschliesslich männlichen Wertsystems und die Folge einer Unterdrückung des Weiblichen.

Obwohl die meisten Hexen ihre Kunst von den Vorfahren gelernt haben wollen, sind ihre Zirkel aus historischer Sicht keine direkte Fortsetzung mittelalterlicher Hexenbünde, sondern eine politische Bewegung mit eigenständiger Weltanschauung. Dazu gesellt sich ein weiteres wichtiges Kriterium, das die moderne Hexe von der traditionellen unterscheidet. Die traditionelle (historische) Hexe wird von Fanatikern heute noch gegen ihren Willen zur Hexe gemacht. Sie, die Verunglimpfte, glaubt nicht, dass sie über Zauberkräfte verfügt. Sie leidet unter ihrem Ruf, eine Hexe zu sein, und setzt alles daran, als Teil der bürgerlichen Gesellschaft anerkannt zu werden. Besonders gefährlich wird ihr die Auffassung, dass sie als scheinbar mit dem Teufel im Bunde stehende Zauberin über magische Kräfte verfügen und diese zum Nachteil ihrer Mitmenschen einsetzen soll. Verwirrte Fanatiker trachten deshalb danach, die als Hexen verschrienen Frauen von den bösen Mächten zu »befreien«, zu »bekehren« und somit unschädlich zu machen. Immer wieder berichten die Zeitungen von derartigen Teufelsaustreibungen, die nicht selten mit dem Tod der Opfer enden.

Im Gegensatz dazu wird in den USA die neue Hexenbewegung von der Gesellschaft als religiöses Bekenntnis anerkannt. Die Frauen, die einem Zirkel angehören, stehen öffentlich zu ihrer Überzeugung. Die selbst ernannten Hexen treffen sich zu rituellen Festen und knüpfen an Gebräuchen an, die sie von den Hippies übernommen haben. Viele dieser Hexen sind jedoch Neuheiden, harmlose, kulturell und religiös entwurzelte und oft verunsicherte Menschen, die sich in ihrer exzentrischen Rolle gefallen. Ihre Feste sind geprägt vom Do-it-yourself-Gedanken: Tanz, Musik, Blumenkränze, magisches Brimborium aus einschlägigen Büchern und natürlich der unvermeidliche Kreis mit dem Drudenfuss, dem fünfzackigen Stern. Diese Hexen flössen weder Angst ein, noch sieht man in ihnen Verbündete des Teufels. Und da auch kaum jemand glaubt, dass sie tatsächlich über geheimes Wissen und magische Kräfte verfügen, gehören sie auch nicht zu den bevorzugten Opfern fanatischer Teufelsaustreiber.

Schutzamulett mit Hufeisen und Hexagramm, hergestellt von Jacka Kilinskiego, Warschau. Über seinen Gebrauch gibt die magische Literatur Auskunft.

Trotzdem ist der Beitritt zu einem *Coven* nicht unbedenklich. Wie bei religiösen christlichen Sekten entstehen dann Probleme, wenn die an sich harmlose Schwärmerei in Fanatismus umschlägt, dessen wesentlichste Merkmale die Vereinnahmung der Persönlichkeit des Einzelnen, Unbelehrbarkeit und Intoleranz gegenüber Andersdenkenden sind, denn wo der Wahn regiert, ist das Absurde nicht weit.

Die Sprache der neuen Hexen

Anrufung: Eine bei Zusammenkünften gesprochene Formel, mit der höhere Mächte gebeten werden, zu erscheinen oder sich durch bestimmte Zeichen bemerkbar zu machen.

Elemente: Nach den Vorstellungen der modernen Hexen sind die vier Elemente Himmel, Erde, Wasser und Feuer die Bausteine des Universums.

Magie: Unter Magie versteht die Hexe die Kunst, das Bewusstsein oder die Realität mit nichtphysischen Mitteln zu verändern oder zu beeinflussen.

Neuheide: Mit diesem Begriff werden Menschen bezeichnet, die sich von bürgerlichen Wertvorstellungen gelöst und einer Naturreligion zugewandt haben.

Tradition: Eine bestimmte Ausrichtung innerhalb einer neuheidnischen Naturreligion.

Kobolde und Zwerge als Wächter am Tor zum Jenseits

Die Unterteilung der Welt in das mit unseren Sinnen direkt wahrnehmbare Diesseits und das nicht sichtbare, aber dennoch allgegenwärtige Jenseits entwickelte sich aus einem einst als Einheit begriffenen Weltbild. In ihm waren das Irdische und das Göttliche wie auch das Profane und das Heilige nicht voneinander getrennt. Das Jenseits befand sich auf der realen Erde, die von den Göttern und den Stammesvätern auf ihren Wanderungen in ferner Zeit durchstreift und für die Nachkommen geschaffen wurde, bevor sie sich auf einsame Berge, in geheimnisvolle Seen, heilige Bäume, Höhlen und unter riesige Steine zurückzogen.

Später stellte man sich das Jenseits als Ort vor, zu dem sich die Seelen der Verstorbenen begaben und wo sie sich aufhielten. Doch auch nach dieser späteren Auffassung befand sich das Reich der Toten nicht irgendwo, sondern möglichst in der Nähe des Siedlungsgebietes der Sippe. An diese heiligen Stätten zog sich die Seele nach dem Tod zurück, und von dort kam folgerichtig auch das neue Leben. In Sagen und Märchen haben sich bis heute Relikte dieses Glaubens erhalten. Sie äussern sich im Glauben an die Reise der Seele an bestimmte Orte, ihrem Aufenthalt in Mooren und Seen, bei Wegkreuzungen, in bestimmten Bäumen, Höhlen und unter auffälligen Steinen.

Die heiligen Orte der Ahnen, auf die sich die Erzählungen des Volkes konzentrieren, sind vielfach auch die Zugänge zu einem weiter entfernt gedachten unterirdischen Reich, in dem die Toten ihren Aufenthalt haben. Wie ein unsichtbares Netz überziehen diese magisch-religiösen Bezugspunkte unseren Lebensraum. Besonders aber konzentrieren sie sich auf Gebiete, die der Mensch lange Zeit nicht urbar gemacht hatte, die unwirtlich waren oder die sonst von den Lebenden gemieden wurden. Dazu gehören finstere Wälder, gefährliche Moore und zerklüftete Berge wie der Pilatus bei Luzern, auf dem besonders viele Erdmännchen, Drachen und Totengeister hausen.

Die Unterschlüpfe der Zwerge

Höhlen und grosse Steine gelten als Schwellen zum Reich der Schatten. An diesen Orten wohnen die Erdmännchen, die Zwerge und Kobolde. Sie bewachen die Eingänge zur Unterwelt, die dem gewöhnlichen Menschen in der Regel verschlossen bleiben. Nur wenigen ist es der Sage nach vergönnt, die unterirdischen Paläste zu schauen und das Reich der Zwerge unversehrt wieder zu verlassen. In der mittelalterlichen Heldendichtung

In engen Höhlen und Felsspalten wohnen Zwerge und Kobolde. Die Öffnung der Züberlihöhle in Villmergen ist gerade so gross, dass ein Kleinkind heineinschlüpfen kann.

besiegt Dietrich von Bern den Zwergenkönig Laurin, obschon dieser über die Stärke von zwölf Männern und eine Tarnkappe verfügt, die ihn unsichtbar macht. Der besiegte Zwerg lädt Dietrich und seine Gefährten in sein verborgenes Reich ein. Dem hinterlistigen Zwergenkönig gelingt es, die Helden bei einem Gastmahl zu betäuben. Durch die Hilfe von Künhild, die von Laurin entführt und im unterirdischen Palast gefangen gehalten wird, werden Laurin und sein Zwergenvolk abermals überwunden. Laurin muss Dietrich als Gefangener nach Bern (Verona) folgen. Nach der Bekehrung zum Christentum wird der schlaue Laurin ein treuer Gefährte Dietrichs.

Die unergründliche Tiefe vieler Höhlen, ihr verzweigtes Netz von Gängen und die dort oder in der Nähe der Eingänge gefundenen tatsächlichen oder vermeintlichen Überreste von Lebewesen gaben dem Glauben Nahrung, Höhlen seien Zugänge zu einem tief im Innern des Berges

Zippeltritt heisst nichts anderes als sich wie ein Zipper oder Zwerg fortbewegen. Über die Entstehung des Zipperleins wird berichtet, es werde durch übermässigen Wein- oder Biergenuss, üppiges Essen und sexuelle Ausschweifungen hervorgerufen.

existierenden Zwergenreich. In Villmergen im Kanton Aargau heisst eine Höhle, in der Erdmännchen gehaust haben sollen, *Züberlihöhle*. Noch in meiner Jugend warnte man die Kinder vor dem Betreten. Die Höhle, hiess es, habe einen doppelten Boden; man könne durchbrechen und bleibe dann in einem tiefer liegenden Geschoss gefangen. Man erzählte sich auch, die Höhle sei mit einer anderen durch einen jetzt verschütteten Gang verbunden.

Aus neuerer Zeit stammt die Auffassung, wonach der Name der Höhle von einer in der Nähe wohnenden Familie stammt, die man *s'Züberlis* nannte. Zutreffender ist wohl, dass die Familie nach der Höhle benannt worden ist. *Züberli* oder *Ziberli* ist abgeleitet von *Zibärtli*. Man versteht darunter ein elbisches, koboldähnliches Wesen. In der Gegend von Mels ist *Zipper* der Name für den spukhaften Nachtvogel. Er verfolgt die Leute besonders an Orten, an denen sich Geistermusik vernehmen lässt. In an-

Ziberliberg hiess früher die Gegend bei Sigigen, Gemeinde Ruswil. Der Name stammt vom Ziberlibaum (Prunus insititia). Das aus seinen Früchten bereitete Mus ist die Lieblingsspeise der Zwerge.

deren Gegenden ist die *Zimpe* ein weiblicher Dämon, der in der Fastnacht am Weiberdonnerstag in einem von Kühen gezogenen Wagen herumfährt. »Grüess ech Frau Zipperinne, send d'Chender alli scho denne?« ruft man in einem Kinderfangspiel dasjenige, das als Hexen- oder Teufelsmutter ausgezählt ist und die ausserhalb des Kreises gebliebenen einfangen soll (ROCHHOLZ II [1856] 1989: 184).

Das *Zipperlein* haben ist eine heute noch gebräuchliche Umschreibung für die Fussgicht oder Podagra. Der Begriff entstand in Anlehnung an das mittelhochdeutsche *zippeltrit*, ein Wort, mit dem das trippelnde Gehen der Gichtkranken und das wiederkehrende Zucken bezeichnet wurde (JUNGBAUER 1934: 12). Gleichzeitig erinnert es auch an die Trippelschritte der Zwerge. Zippeltritt heisst nichts anderes als sich wie ein Zipper oder Zwerg fortbewegen. Über die Entstehung des Zipperleins wird berichtet, es werde durch übermässigen Wein- oder Biergenuss, üppiges Essen und sexuelle Ausschweifungen hervorgerufen. In einem alten Vers heisst es über die Ursache der Podagra, der Fussgicht:

»Vinum [Wein], der Vater
Coena [Essen], die Mutter
Venus [Geschlechtsverkehr], die Hebamm,
Machen das Podagram.«
(nach JUNGBAUER 1934: 12)

An der Häxete, einem Fest, mit dem in Ruswil im Januar die Fastnacht eröffnet wird, bereiten als Hexen verkleidete Frauen das Ziberlimus zu. Dazu trinkt man dünnen, mit viel Bauernschnaps versetzten Kaffee. (Foto: Bruno Meyer.)

Züberli bedeutet also Zwerg, Kobold, und die Bezeichnung Züberlihöhle weist darauf hin, dass in dieser Höhle nach altem Glauben Zwerge ihren Aufenthalt hatten. Erhärtet wird diese Auffassung durch den Vergleich mit ähnlich lautenden Ortsbezeichnungen. *Ziberlibärg* hiess früher die Gegend von Sigigen, Gemeinde Ruswil. Der Name ist von der Frucht des Ziberlibaums (*Prunus insititia*) abgeleitet, einer Untergattung der Hauspflaume oder Zwetschge. Der Obstbaum mit den schneeweissen (nicht grünlich-gelben) Blüten, der je nach Gegend auch Kriechpflaume, Spilling, Haferschlehe oder Zipper heisst, wurde besonders im Westen Deutschlands häufig kultiviert. Die ursprünglich aus dem Kaukasus stammende Pflanze ist in Europa schon sehr früh eingebürgert worden. Das aus den kugeligen, schwarzvioletten Früchten bereitete Mus, der *Ziberlistorm*, erscheint in vielen Sagen als rituelles Speiseopfer für Zwerge, Erdmännchen und dienstbare Hausgeister.

Die Ziberlizunft in Sigigen (Ruswil), die das traditionelle Fasnachtsbrauchtum wieder belebte, hat sich vor einigen Jahren auf diese uralten Vorstellungen besonnen. An der *Häxete*, einem Fest, mit dem Mitte Januar in Sigigen die Fasnacht eröffnet wird, trägt man als Spezialität *Ziberli-*

storm auf. Noch wird das Mus aus gewöhnlichen Zwetschgen zubereitet, wie auch das Zwetschgenwasser, das man dem dazu servierten Kaffee zusetzt, aus Hauszwetschgen gebrannt wird. In einigen Jahren, wenn die neu angepflanzten Ziberlibäume Ertrag abwerfen, wird die Leibspeise der Zwerge jedoch wieder aus den Früchten der Kriechpflaume zubereitet. Und falls die Bäume genügend Früchte tragen, lässt sich daraus immer noch der herrliche Ziberlischnaps brennen, der mit dem handelsüblichen Zwetschgenwasser in keiner Weise zu vergleichen ist.

Wie man die Lieblingsspeise der Zwerge richtig zubereitet

Ein aufwendiges Rezept

250 g Rollgerste
50 g Butter
1 Liter Wasser
2 Esslöffel Zucker
500 g frische oder 250 g gedörrte Zwetschgen

Die Rollgerste mit einem Stück Butter und mit Wasser bedeckt auf kleiner Flamme etwa eine 3/4 Stunde kochen lassen. Dann die am Vorabend eingeweichten Dörrzwetschgen und den Zucker dazugeben und das Gericht weitere 20 Minuten auf kleiner Flamme kochen. Das Einweichwasser der Zwetschgen nach und nach hinzufügen. Das jetzt entstehende Mus sollte nur so viel Flüssigkeit haben, dass es immer noch mit der Gabel gegessen werden kann.

Verwendet man anstelle der gedörrten frische Zwetschgen, werden diese entsteint und roh zur kochenden Rollgerste gegeben, in der sie nur wenige Minuten ziehen sollten. Am Schluss Petersilie und Schnittlauch hinzufügen.

Ein anderes Rezept für Ziberlimus

500 g entsteinte Zwetschgen
50 g Zucker
1 Messerspitze Maisstärke
1 Messerspitze Zimt
1 Prise Salz
geröstete Brotwürfel

Die entsteinten Zwetschgen im eigenen Saft kochen lassen und nach Gutdünken Maisstärke, Zimt, Salz und Zucker hinzufügen. 10 bis 15 Minuten kochen lassen.

Kurz vor dem Anrichten die gerösteten Brotwürfel über das Ziberlimus streuen.

Mitgeteilt von der Ziberlizunft Sigigen. Die Zubereitung ist von Hof zu Hof verschieden; eine besonders schmackhafte Version wird an der Häxete aufgetragen.

Die Höhle unter dem Erdmannlistein bei Bremgarten ist der Sage nach von Zwergen bewohnt. Der jetzt verschüttete Eingang galt als Schwelle zum Jenseits. Aus dem Stein kam aber auch neues Leben. Die Hebammen holten hier die Seelen der Neugeborenen.

In vielen Sagen spielt die Leibspeise der Zwerge eine Schlüsselrolle. Wird ihnen das Mus absichtlich vorenthalten, verlassen sie unverzüglich das Haus, denn Erdmännchen scheuen das Ungerade, das Falsche und Hinterlistige. In einem Haus in Winikon im Kanton Luzern fanden sie sich regelmässig ein, um dem Bauern, der die schönsten Kühe weit und breit hatte, Stall und Vieh zu besorgen. Zur Belohnung stellte man ihnen jedesmal einen *Ziberlistorm* in den Ofen. Einmal versteckten die Bauersleute das Gericht aus Spass unter einer Bank. Als das Zwergenvolk die Leibspeise nicht am gewohnten Ort fand, sagte eines der Männchen: »Gut, der Ziberlistorm ist wohl nicht für uns gemacht!« An einem anderen Ort sagten sie: »Es will nachten unter den Bänken, was wird auch der Ziberlistorm denken.« An beiden Orten verschwanden die Leutchen und wurden seither nicht mehr gesehen (LÜTOLF [1862] 1976: 474).

Auch an anderen Orten zeigten sich die Zwerge nicht mehr, als man vergass, ihnen die Lieblingsspeise bereitzustellen. Auf einem Bauernhof in Hergiswil am Napf hatte man soeben einen Ziberlistorm aufgetragen, als plötzlich einige bekannte Heidenweiblein daherkamen. Um mit ihnen nicht teilen zu müssen, verbarg die Bäuerin die Schüssel hinter dem Ofen. Die Zwerge betraten die Stube, und weil sie immer mehr wissen als die Menschen, blieb ihnen die Hinterlist nicht verborgen. Sie weilten nicht lange bei den geizigen Leuten. Beim Gehen bemerkte einer der Zwerge: »Denk der Ziberlistorm hinterm Ofen ist nicht für uns.« Dieser Spruch ist im Kanton Luzern zu einer Redensart geworden. Man sagt ihn neckend zu Gastgebern, die den Gästen die besten Speisen vorenthalten (LÜTOLF [1862] 1976: 369).

Erdmännchen hausen nicht nur in Höhlen, sondern auch unter grossen Steinen. Einer befindet sich im grossen Wald zwischen Wohlen und Bremgarten im Kanton Aargau. Er heisst Erdmannlistein und wird aus zwei tief im Boden verankerten und gegeneinander zulaufenden Felsblöcken gebildet. Auf ihren Scheiteln tragen die zwei Steine eine wie von Zauberhand über sie gelegte Felsplatte. Zwischen den beiden Trägersteinen soll sich der jetzt verschüttete Zugang zu den unterirdischen Wohnungen der Erdleutchen befinden.

Zwischen Luzern und Zug, auf der Allmend der Gemeinde Walchwil, wohnten die Erdleute in einer unter einem Felsen verborgenen Höhle, die man *Herdmandliloch* nennt, der Felsblock wird *Herdmandlistein* genannt. Einer der Zwerge soll einst eine Hebamme aus Walchwil in seine unterirdische Wohnung geholt haben. Durch ein Tobel führte er sie zu einer Erdspalte, durch die man in eine grosse unterirdische Halle gelangte (LÜTOLF [1862] 1976: 477).

In den Märchen und Sagen werden die im Bergesinneren verborgenen Wohnungen der Zwerge fast immer als stattliche Paläste geschildert. In ihnen lässt es sich gut leben. Vom Arniloch bei Wolfenschiessen wird erzählt, in den Sommermonaten habe es darin einen kleinen See, der im Winter von selbst abfliesse. Die Höhle sei nur über eine Felswand zu erreichen. Vor langer Zeit ist einmal einer hochgeklettert. Durch eine kleine Öffnung in der Wand sah er einen grossen Saal, in dem viele Säulen prächtig glitzerten. Die Wände, wusste er zu berichten, seien mit Gold überzogen, das hier wachse. Bis heute wird die Höhle *Goldloch* genannt (LÜTOLF [1862] 1976: 271).

An anderen Orten heissen die in die Tiefe der Erde führenden Höhlen *Heidenlöcher* oder *Heidenstuben*. Im Heidenloch bei Triengen hat man sogar Münzen gefunden, die auf geheimnisvolle Weise dortin gekommen sein sollen (Lütolf [1862] 1976: 272). Vielleicht stammen sie aber auch von Diebesgut, das dort versteckt wurde. Oder es hausten dort Bettler, die in der Höhle ihre wenige Habe versteckten.

Dass die höhlenartigen Behausungen über längere Zeit bewohnt waren, lässt sich nicht immer so eindeutig nachweisen wie bei den Felsenwohnungen von Altbüron. Am Weg von Altbüron nach Roggliswil sieht man noch heute die Reste merkwürdiger Behausungen, die irgendwann aus dem Sandstein herausgehauen wurden. Bei einer dieser Höhlen gelangt man durch eine Türe ins Innere eines Raumes, der noch im 20. Jahrhundert dem *Gräni Fredu* als Wohnung diente. Ganz hinten ist eine Kammer, die vielleicht ein Vorratsraum gewesen war. Der erweiterte Eingangsbereich hat wohl als Küche gedient.

Der längst verstorbene *Gräni Fredu* wurde am 29. Oktober 1890 als Alfred Wanner, Sohn des Franz (*Gräni Lonzis*) Wanner und der Kunigunda Steinmann, in Altbüron geboren. Am 24. Oktober 1924 verehelichte er sich mit Elisa Schaller von Altbüron. Er starb am 22. Februar 1965 (Marti 1998). Ein von Hans Marti aufgenommenes Foto zeigt Alfred Wanner, wie er in einem finsteren Winkel seiner Höhle Holz hackt. Links von ihm steht auf dem Lehmboden ein einfaches Küchenmöbel, rechts, am unteren Bildrand, ist ein Holzofen zu erkennen. Die Gusseisenplatten dieser Öfen sind abnehmbar, damit die Pfannen möglichst nahe am Feuer sind, was eine optimale Ausnutzung der Heizwärme ermöglicht. Das einzig Moderne des Raumes ist eine nackte Glühbirne, die verloren von der Decke baumelt.

Dass diese Höhlen schon vor Alfred Wanner bewohnt wurden, ist von Josef Steiner, Ettiswil, in einer bemerkenswerten Studie nachgewiesen worden (Steiner 1998). Bereits die Lexika des 18. Jahrhunderts erwähnen unter dem Stichwort »Altbüron« in den Felsen gehauene Gemächer, »welche von Einwohnern bewohnet werden«. Von sehenswerten Felswohnungen in Altbüron ist sodann 1827 in Heinrich Remigius Sauerländers Buch »Vollständige Beschreibung des Schweizerlandes« die Rede. Josef Steiner hat bei seinen Nachforschungen zudem festgestellt, dass Viktor Rölli von Altbüron von den Twinggenossen die Erlaubnis erhielt, sich in der Fluh an der Landstrasse nach Roggliswil eine Wohnung auszuhauen. Als ihm später einige Bürger die dürftige Unterkunft streitig machten, kam die Angelegenheit vor den Twingherrn von Altbüron. Nach einer eingehenden Prüfung erhielt Viktor Rölli am 1. Februar 1774 schriftlich zugesichert, dass er die Wohnung bis an sein Lebensende

Am Weg von Altbüron nach Roggliswil finden sich Reste merkwürdiger Felsenwohnungen, die Aussenseitern, wie dem Gräni Fredu, bis in die neueste Zeit als Behausung dienten. (Fotos: Hans Marti.)

Kleinwüchsige Menschen werden als Zwerge bezeichnet. In den fünfziger Jahren begegnete Gottfried (Godi) Erni, der zu seiner Zeit kleinste Luzerner, einem besonders grossen Zeitgenossen (links). Seine letzten Tage verbrachte Godi Erni im Bürgerheim von Ruswil (rechts). (Fotografen unbekannt.)

behalten dürfe. Sie könne jedoch weder verpfändet noch verkauft werden, und sie habe auch kein Hofstattrecht. Seinen Kindern wurde die Verpflichtung auferlegt, beim Ableben ihres Vaters erneut um das Wohnrecht nachzusuchen (nach STEINER 1998).

Die Felsenwohnungen in Altbüron, die manchmal noch mit gedeckten Bretterverschlägen erweitert wurden, sind ein beredtes Zeugnis für die Situation der Armen, der Randständigen, der Besitz- und Heimatlosen, Missgestalteten und Ausgegrenzten. Zu ihnen gehören auch die Kleinwüchsigen, die ihrer geringen Grösse wegen kein »ordentliches« Auskommen fanden. Einer von ihnen war der am 26. Januar 1902 geborene *Erni Godi* aus Werthenstein, ein liebenswürdiger und intelligenter Mensch, der zuletzt in einem Bürgerheim wohnte. Er war seinerzeit der kleinste Luzerner; ein Foto zeigt ihn, wie er dem damals grössten Einwohner des Kantons zur Hochzeit gratuliert. Auf einem anderen blickt er fröhlich grinsend in die Kamera. Seiner geringen Grösse wegen fertigte man für ihn spezielle Kleider an. Sein Mäntelchen, das noch erhalten ist, stellte eine gutmütige Schneiderin aus einem Waffenrock aus der Zeit des Ersten Weltkriegs her. Eine aus dem Zeughaus geholte Bluse, deren Ärmel man um die Hälfte kürzte, diente ihm als Arbeitskittel. Gottfried Erni blieb unverheiratet. Am 21. Mai 1985 ist er in Ruswil verstorben.

Auffällige Steine am Tor zum Jenseits

Unter grossen und auffallenden Steinen hausen nicht nur die Erdleutchen; hier haben nach weit in die Zeit zurückreichenden Vorstellungen auch die Seelen der Toten ihren Aufenthalt. Sie warten auf die Reinkarnation, denn nach den frühesten Auffassungen hatte die Zeugung eines Kindes nur einen geringen Anteil an der Geburt eines neuen Menschen. Entscheidend war das Eingehen eines Seelenwesens in den Mutterleib. Dieses Seelenwesen war das eigentliche lebensspendende Element. Folgerichtig markieren diese Steine nicht nur den Eingang in die Unterwelt, sie sind auch eine Quelle neuen Lebens. Unter dem oben erwähnten Erdmannlistein im Wald von Bremgarten wohnten demnach nicht nur die Erdleutchen, sondern auch Ahnengeister, die auf der Suche nach einer neuen Inkarnation waren. Wie viele auffallende Steine ist der Erdmannlistein deshalb auch ein *Chindlistein*, unter dem der Sage nach die Hebamme die kleinen Kinder hervorholte.

Die Herdmandli um Walchwil

»In den Gestrüppen und Felsenlöchern der Walchwiler Allmend, zumal gegen die Gnippenflue, hausten die Bergmandli, Schutz oder Plagegeister der Bergbewohner, je nachdem sie ihr Wohlwollen oder ihren Hass verdienten. Klein von Statur, schwarzbraun, stark, pfeilschnell Bäume zu erklettern oder in die Abgründe ihrer Wohnungen zu steigen, als wären sie verschwunden, in sonderbaren Künsten erfahren, Herrn über Geld und Gold, ohne selbst davon Gebrauch zu machen, in der Liebe wie in der Rache ohne Mass, waren sie eben so sehr verehrt als gefürchtet. Wo sie zusprachen Speisen zu begehren, war das Haus des Segens Gottes sicher, und wem sie im Sommer heueten, was sie gern und wohl thaten, der galt für den glücklichsten.«

(Lütolf [1862] 1976: 477)

Aus dem Hergottswald (Hergiswald, Gemeinde Kriens) kamen die Kinder der Stadt Luzern, vielleicht aus dem Stein, der hart an der Strasse steht, die Kriens mit Hergiswald verbindet. Es geht die Sage, der Teufel habe einst diesen Stein geworfen, um die Wallfahrtskirche Hergiswald zu zerstören. Ein *Chindlistei* steht auch an der Strasse, die von Retschwil (Kanton Luzern) nach Herlisberg führt (MÜLLER 1993: 80). Auch in Oberägeri im Kanton Zug holte die Hebamme die kleinen Kinder unter einem grossen Stein hervor, der am Dorfbach lag (LÜTOLF [1862] 1976: 271).

Die Seele des Menschen kam nach altem Glauben nicht nur aus dem Stein hervor, sondern sie kehrte nach dem Tod auch dorthin zurück. In Oberwil im Kanton Zug fliesst der Mühlibach durch ein wildes Tobel. In der Sage von der Mühlibach-Dame heisst es, einst habe ein Bauernmädchen, das in Zug diente, sein Kind in diesen Bach geworfen. Nach ihrem Tod erschien die Frau zu mitternächtlicher Stunde jungen Burschen bei einem grossen abgeplatteten Stein am Rand des Baches. Als ein verwegener Jüngling den Stein einmal beschmutzte, erschien ihm nachts die Mühlibach-Dame und hiess ihn, den Stein unverzüglich zu reinigen. Der Bursche tat, was ihm der Geist befohlen hatte, und es geschah ihm nichts. Als ein anderer in der Nacht vor das Haus trat und die Mühlibach-Dame verspottete, wurde wie von Geisterhand ein grosser Felsblock an die Türe geschleudert (LÜTOLF [1862] 1976: 287).

Vom grossen Stein in Roggliswil, einem Findling auf einer Anhöhe zwischen Roggliswil und Altbüron (Kanton Luzern), wird Folgendes erzählt: »Vor vielen hundert Jahren lebte in Fischbach eine arme Familie. Sie hatte einen Knaben. Als er erwachsen geworden war, ging er in die Fremde und verdingte sich bei einem Bauern. Nach einigen Jahren zog es ihn wieder in die Heimat zurück. Er verlangte seinen Lohn und der Bauer gab ihm einen Klumpen Gold. Als der Jüngling schon in Sichtweite des Dorfes war, überfielen ihn Räuber. Sie verlangten von ihm das Gold. Da er den Wegelagerern den Klumpen nicht abtreten wollte, töteten sie ihn. Augenblicklich verwandelte sich das Gold und der Jüngling in den grossen Stein, der noch heute hart an der Strasse zwischen Roggliswil und Altbüron steht« (mündlich aus Roggliswil, aufgeschrieben um 1935).

Ebenfalls zu einem Stein wurden in einer Walliser Sage zwei Hirtenknaben, die sich mit einem früher verbreiteten, aber von den Pfarrherren gar nicht gerne gesehenen Orakelspiel, dem »Seelenwägen«, die Zeit vertrieben. Zur Strafe wurden sie von einem grossen Stein begraben, den man heute noch sieht. Nur die Schwester der beiden, die beim Spiel nicht mitmachte und sich stattdessen dem Schutzengel empfahl, blieb am Leben. An manchen Tagen, wird erzählt, höre man ein jämmerliches Weinen, das unter dem Stein hervordringe (TSCHEINEN/RUPPEN [1872] 1989: 184).

Der grosse Felsblock an der Strasse von Retschwil (Kanton Luzern) nach Herlisberg wird vom Volk Kleinkinderstein genannt. Der Sage nach »holten« hier die Hebammen die Seelen der Neugeborenen.

Aus grossen Steinen kommt das Leben. Dorthin kehrt die Seele nach dem Tod zurück. Vom grossen Findling in Roggliswil heisst es, ein hier ermordeter Jüngling habe sich in diesen Stein verwandelt.

Der Angelsachsenstein in Sarmenstorf

Im übertragenen Sinne kehren auch die Seelen der drei Angelsachsen von Sarmenstorf wieder in den Stein zurück. Die frommen Männer, heisst es, seien von Einsiedeln ins Freiamt nach Muri gekommen. Am Grab des heiligen Märtyrers Laurentius hätten sie Gebete verrichtet und seien dann in Richtung Sarmenstorf weitergezogen. Als sie zu einem Wirtshaus kamen, hörten sie Musik, denn es war gerade ein Hochzeitsfest im Gange. Das Brautpaar lud die Fremdlinge ein, an ihrem Mahl teilzuhaben. Nach dem Fest geleitete sie die fröhliche Gesellschaft noch bis Bühlisacker. Dort dankten sie dem gastfreundlichen Paar, schenkten ihm einen goldenen Pfennig zum Andenken und zogen weiter. Drei unheimliche Gesellen hatten das beobachtet. Raublustig schlichen sie den Angelsachsen nach. Dort, wo der Weg steil ansteigt, lauerten sie den Fremden auf und trennten ihnen mit ihren Schwertern die Häupter vom Leib. Als die Räuber bei den Leichen nicht die erhoffte Beute fanden, suchten sie das Weite.

Die Ermordeten erhoben sich wieder, nahmen ihre Häupter auf und befreiten sie an einem Brunnen vom Staub. Auf diese Begebenheit geht der Glaube zurück, dass das rötliche Wasser des dort fliessenden Brunnens eine besondere Heilkraft habe. Bis in die neuere Zeit suchte man ihn auf, um in ihm Wunden auszuwaschen, die nicht recht zuheilen wollten. Von diesem Brunnen gingen die Angelsachsen mit ihren abgetrennten Köpfen weiter. Auf der Höhe zwischen Muri und Sarmenstorf setzten sie sich unter einen grossen Stein. Nach der Überlieferung ist dieser Stein aus einem kleineren gewachsen und hat über den toten Körpern ein Dach gebildet. Unter diesem Stein fand man am anderen Morgen die drei Enthaupteten. Beim Bau der Wendelinskapelle, die heute an dieser Stelle steht, wurde der mächtige erratische Felsblock in die Westmauer des Gotteshauses einbezogen.

Der Findling wird als altheidnischer Opferstein gedeutet. Noch Ende des 15. Jahrhunderts wird er als Balm, im 16. Jahrhundert als *Engelsechserstein* bezeichnet; die früher dort gestandene »unghüre Eych« lässt auf eine vorgeschichtliche Kultstätte schliessen, die später wohl eine christliche Umdeutung erfahren hat (FELDER 1967: 369 und dort zitierte Literatur). Unter dem Stein steht ein Sarkophag, in den der Überlieferung nach die Gebeine der Angelsachsen gelegt wurden. An den Schmalseiten des 1658 erneuerten Angelsachsensarkophags ist ein Relief zu sehen, das die drei Ermordeten zeigt. Bis in die Neuzeit wurde der Sarkophag als Heilstein vom Volk kultisch verehrt. Diese Verehrung geht

Der Sarkophag in der Wendelinskapelle bei Sarmenstorf. Der grosse Findling, der in vorchristlicher Zeit kultisch verehrt wurde, hat beim Bau der Kapelle eine christliche Umdeutung erfahren.

Nach der Legende trugen die enthaupteten Angelsachsen ihre abgeschlagenen Häupter bis zu jener Stelle, an der die Wendelinskapelle steht. Der Ort wird noch heute bei Kopfleiden aufgesucht.

Das bei sich getragene Bild des abgeschlagenen Hauptes des heiligen Anastasius schützt nach altem Volksglauben vor Kopfleiden.

vielleicht auf vorchristliche Zeit zurück. Denn als man die Gebeine der Angelsachsen in die Pfarrkirche übertrug, verlor der leere Sarkophag nichts von seiner bisherigen Bedeutung. Nach Ernst Ludwig Rochholz besteckte man ihn noch um 1860 mit brennenden Wachskerzen. Manche liessen auch den Deckel abheben und stiegen in den Sarg, um darin zu beten und auf diese Weise ihre Kopfleiden loszuwerden (ROCHHOLZ II [1856] 1989: 284). Selbst in unserer aufgeklärten Zeit findet man auf dem steinernen Sarkophag regelmässig Stummel von Wachskerzen. Sie bezeugen, dass der Kult bis heute lebendig geblieben ist.

Die Verehrung der Angelsachsen als Helfer bei Kopfleiden ist verwandt mit der Verehrung des heiligen Märtyrers Anastasius, der nach der Legende mit einer Axt erschlagen und anschliessend enthauptet worden war. Das Haupt des Heiligen, das an der deutlich sichtbaren Stirnwunde erkennbar ist, erscheint auf vielen Pestschutzbriefen. Trägt man ein Abbild des Anastasiushauptes auf sich, soll dies nach altem Glauben vor Kopfleiden schützen, wie auch der heilige Anastasius Patron gegen Kopfweh ist.

The Chiding Stone, Kent

»Von diesem Stein sagt das Volk, er sei einer jener heiligen Steine, die in der Geschichte von Cornwall eine wichtige Rolle spielen. Von Toland wissen wir, dass die Druiden die heiligen Steine in hohen Ehren gehalten haben. Wenn wir den sagenhaften Überlieferungen aus Irland Glauben schenken dürfen, bedeckten sie den berühmten Stein von Clogher [Irland] mit Gold. Der Chiding Stone von Kent ist ein unbehauener Stein, der in Grösse und Aussehen jenem gleicht, der in Borlase's Geschichte von Cornwall beschrieben und abgebildet ist. Er befindet sich in einem Dörfchen Namens Men [Gemeinde Constantine] und steht auf einer flachen Felsplatte, die eine Art Podest mit angedeuteten Stufen bildet. Ob diese Stufen künstlich in den Fels gehauen wurden oder durch einen Zufall dieses Aussehen haben, kann nicht festgestellt werden. Spuren einer Bearbeitung durch Menschen sind jedenfalls nicht sichtbar, oder dann sind sie längst verwittert.

Im Dorf selbst erzählt man sich, dass der Chiding Stone ein heiliger Stein gewesen sei. An bestimmten Tagen kam ein Priester, der sich auf die Stufen setzte, Beichte hörte und das Volk ermahnte. Die Verweise und Mahnungen des Mannes, wird berichtet, hätten dem Felsen den Namen ›Zankstein‹ eingebracht. Vom Stein habe auch der Ort seinen Namen erhalten. Das sind natürlich alles Legenden, die sich im Laufe der Zeit gebildet haben. Was jedoch zu stimmen scheint, ist die Überlieferung, wonach der Stein an einem Ort steht, der dem Volk früher heilig war.«

Nach einem um 1780 gedruckten englischen Flugblatt. Übersetzung K. Lussi. John Toland (1670–1722) war Religionsphilosoph und Hauptvertreter des englischen Deismus. Die Ortschaft Chiddingstone befindet sich nordöstlich von Brighton.

Der Chiding Stone von Kent war in vorchristlicher Zeit ein heiliger Stein. Wie der erratische Block von Sarmenstorf wurde er kultisch verehrt. (Aus einem um 1780 in England gedruckten Flugblatt.)

Verlassene Alpen, Geröllhalden und Felsspalten sind bewohnt von gespenstischen Kobolden. Diese Wesen sind dem Menschen wohlgesinnt, solange er nicht versucht, sich an ihrem Besitz zu vergreifen. (Foto: Stephan Kölliker, Ruswil.)

Erdmännchen auf dem Pilatus

Nach dem Luzerner Stadtschreiber Renward Cysat (1545–1614) halten sich die Erdmännchen nicht nur in Höhlen und unter grossen Steinen auf, sondern sie bevölkern auch die Alpen und hausen in unzugänglichen Felsgebirgen. Die Erdmännchen auf der Rigi und dem Pilatus sind sowohl weiblichen als auch männlichen Geschlechts. Cysat schildert sie als freundliche, zutrauliche Wesen, die sich in mancherlei Künsten verstehen. Von den Sennen wurden sie deshalb hoch geschätzt. Man setzte ihnen Speisen vor und tat auch sonst alles, um sie nicht zu verärgern.

Erdmännchen können sowohl in die Zukunft blicken, als auch Vergangenes offenbaren. Sie sind die Beschützer der Gemsen, weshalb sie den Jägern, die den Tieren nachstellen, das Übelste androhen. Manchmal gelingt es, mit ihnen einen Pakt zu schliessen. Dann legen sie dem Jäger an einem vereinbarten Ort die Beute zurecht, doch wehe dem, der sich nicht an die Abmachung hält und mehr erlegt, als ihm zusteht. Frevelnde Jäger und übermütige Sennen, erzählt Cysat, wurden von den Wichten gepackt und ohne Federlesens über die Felsen hinabgeworfen. Derartiges widerfuhr dem Nidwaldner Landammann Heinrich Omlin, der in jungen

Jahren im Pilatusgebirge auf die Jagd ging. Als er einmal einer Gemse nachgestiegen war, um so auf das Rudel zu treffen, verbot ihm ein Erdmännchen das weitere Nachstellen. Als er sich, auf seine Bärenkräfte vertrauend, dem Wicht widersetzte, nahm ihn dieser und warf ihn kurzerhand über eine Wand. Etliche Stunden lag der schwer verletzte Landamman am Fuss des Felsens, bis ihn die Seinen fanden und heimtrugen.

Im Jahre 1592 will Hans Bucher, Untervogt in Malters, von einem Erdmännchen angefallen worden sein: Als er in einem Wildbach Fische fing, sprang ihm ein Erdmännchen an den Hals und drückte sein Gesicht mit solcher Kraft in das Gewässer, dass er glaubte, ertrinken zu müssen. Mit zornigen Worten herrschte ihn der Zwerg an: »Du bist auch einer der Gesellen, die meine Tiere plagen und vertreiben. Ich will dir eine Strafe geben, die es dir unmöglich macht, nochmals herzukommen.« Nach diesen Worten verschwand der Wicht. Vom Erlebnis geschwächt und übel zugerichtet kam der Mann nach Hause. Auf der einen Seite des Körpers blieb er nach dieser Begegnung gelähmt. Seine Behinderung verunmöglichte es ihm bis an sein Lebensende, nochmals auf die Jagd zu gehen (SCHMID 1969: 4, 599).

Zwerge im europäischen Volksglauben

Alberich ist der Name des zauberkundigen Zwerges, der den Schatz der Nibelungen bewacht. Er hat die Gestalt eines dreijährigen Kindes. Seine Kleinwüchsigkeit hat er dem Zauber einer bösen Fee zu verdanken. Alberich ist der König der Elfen. Sein Name ist abgeleitet von Alb, Alf oder Elf.

Goggolore heisst ein bayrischer Wald- und Wiesenzwerg. Er kann sich in einen schwarzen Raben verwandeln. Das Auftreten dieses Vogels erinnert die Menschen deshalb an das Volk der Zwerge. Raben und Krähen sind zudem Todesboten. Fliegen sie krächzend ums Haus, muss jemand aus der Familie demnächst sterben.

Habetrot ist eine Zwergenfrau. Sie ist die Schutzherrin der Spinnerinnen. Überhaupt beschäftigen sich die Zwergenfrauen vor allem mit Spinnen. Trot ist von Trud abgeleitet. Trud ist ein meist weiblicher Druckgeist, der in der Nacht die Schlafenden beschleicht, ihnen auf die Brust hockt und sie drückt und würgt, bis sie von Atemnot gepeinigt erwachen. In der Zentralschweiz ist die Trud mit dem Toggeli identisch (siehe auch Seite 121 f.).

Das **Kasermandl** ist ein koboldartiger Dämon. Im Winter, wenn die Sennen ins Tal gezogen sind, treibt es in den verlassenen Alphütten sein Unwesen. Der Name Kasermandl ist vor allem im Tirol und im Salzburger Land verbreitet. In der Zentralschweiz spricht man von Alpgeistern, Wintersennen oder Heidenleutchen.

Killmouli ist ein englischer Mühlengeist. Seinem Auftreten nach ist er ein Zwerg. Killmouli hat keinen Mund, weshalb er seine Nahrung durch die Nasenlöcher einnehmen muss. Ein anderer englischer Zwerg ist **Yallery Brown.** Er ist ein hilfreicher Hausgeist, der manchmal auch als bösartiger Kobold auftritt.

Der Zwergenkönig **Laurin** wohnt der Überlieferung nach in den Dolomiten im Südtirol. Er besitzt eine Tarnkappe, die ihn unsichtbar macht. Laurin verfügt über die Stärke von zwölf Männern. Mit seinem Volk haust er in einem unterirdischen Kristallpalast und nennt einen zauberhaften, mit einem Seidenfaden umspannten Rosengarten sein Eigen. Dietrich von Bern überwindet mit seinen Getreuen den König der Zwerge. Als Gefangener folgt Laurin seinem Besieger nach Bern (Verona), wo er zum Christentum übertritt. Die Kämpfe Laurins mit Dietrich von Bern sind in einer um 1250 entstandenen Versdichtung beschrieben.

Der italienische **Munaciello** oder **Munachino** ist ein elfenartiger Zwerg. Er ist als Mönch gekleidet und trägt auf dem Kopf eine rote Kappe. Munacielli sind den Menschen gegenüber freundlich gesinnt. Manchmal treten sie aber auch als boshafte Kobolde auf. Nach altem neapolitanischem Volksglauben sind Munacielli »verlorene Seelen«. Das sind die Seelen jener Toten, die unerlöst in der Welt der Lebenden wandeln müssen. Eine Besonderheit ist das Auftreten des Munaciello: In der Nacht schleicht er sich zu den schlafenden Menschen und vollführt am Fussende des Bettes einen wilden Tanz, der die Menschen um ihre Nachtruhe bringt (siehe Seite 303 ff. und 122 f.).

Zwerge sind die Behüter und Bearbeiter der in der Unterwelt gelagerten Metalle und Erze. Von ihnen haben die Menschen die Schmiedekunst gelernt. Wie der gutmütige Zwerg Tomte ist **Regin** einer der bekanntesten Schmiede des Zwergenvolkes.

Der schwedische **Tomte** gehört zu den nordischen Hausgeistern. In den Märchen von Astrid Lindgren ist er ein gutartiger Kobold, der die Habe der Hausbewohner schützt. Als Gegenleistung erwartet er, dass man ihm sein Essen in den Ofen stellt. An Weihnachten erhält er von jeder Speise etwas. Besonders gerne hat er Käse, Brot und eine kleine Schüssel mit Bissen der Festmahlzeit. Er ist verwandt mit den Heiden- oder Erdleutchen in der Zentralschweiz. Im Gegensatz zu Tomte muss den Erdmännchen jedoch eine besondere Speise, das Ziberlimus, vorgesetzt werden, um sie bei Laune zu halten. Bei der engen Beziehung der Zwerge zur Schmiedekunst verwundert es nicht, dass Tomte in der Thomasnacht (20./21. Dezember) von der Schmiede Besitz nimmt und mit dem Hammer die Silberbarren seines Schatzes bearbeitet.

Von Cysat wissen wir auch, wie die Erdmännchen, denen die Sennen und Jäger auf dem Pilatus begegnet waren, ausgesehen haben. »Jr gstallt sye gewesen«, schreibt Cysat in seiner Chronik, »wie ein allter wyssgrawer mann mitt langem har vnd bart, doch gar kurtz vnd klein anzesehen alls ein

Nicht nur schwer zugängliche Geröllhalden und einsame Bergwälder sind von gespenstischen Zwergen bewohnt, sondern auch Moore, Tümpel und Bäche. Auf dieser Lithografie begegnen zwei Kinder einem koboldartigen Wassergeist.

knablin von 6 oder 7 jaren; ettwan haben sy sich sehen lassen jn wysser kleidung« (SCHMID 1969: 4, 599). Cysats Schilderungen nahe kommt der nordische Wicht Tomte, wie ihn Harald Wiberg in seinen Illustrationen zu Astrid Lindgrens »Tomte und der Fuchs« dargestellt hat. Wibergs Zeichnungen entsprechen der Vorstellung, wonach Zwerge zwar ein runzliges, im Allgemeinen aber gutmütiges Aussehen haben. Sie sind jedoch selten so zierlich gebaut und niedlich anzuschauen wie die Heinzelmännchen in den Kinderbüchern. Dafür wird bei fast allen Beschreibungen die Missgestalt betont. Das Aussehen der Zwerge, heisst es, sei kaum

Die heute zur Zierde aufgestellten Korndämonen hatten früher die Bedeutung, die Wesen der Schattenwelt von Haus und Hof fernzuhalten (Schötz).

menschenähnlich, dafür krüpplig und die Hautfarbe gräulich. Der Kopf sei aufgedunsen, der Nacken höckrig, der Hals dick und runzlig. Die Gesichter der Zwerge sind im Allgemeinen blass, grau, aschgrau, braun und sogar schwarz. Die Köpfe sind meistens dick, unförmig und mit Moos bewachsen. Von den Augen heisst es, sie seien gross und würden hell leuchten. Eine entsetzlich grosse Nase, ein wulstiger Mund und Schlappohren sind andere auffällige Merkmale. Erdmännchen sind selten bartlos. Fast immer sind Haare und Bärte weiss und lang (Bächtold-Stäubli 1987: 9, Nachtrag 1028 ff.). Ihre Kleidung ist einfach, oft ärmlich oder zerschlissen (Lütolf [1862] 1976: 477). Im Kanton Obwalden sind die *Herdmanndli* grau gekleidet. Sie hausen in verlassenen Bergwerken und tragen als Kopfschutz einen grossen herabfallenden Filzhut (Lütolf [1862] 1976: 495). Die oft genannten Farben Grau und Grün weisen auf den Bezug der Erdmännchen zur Natur. Vielleicht ist darin ein Hinweis auf die ursprüngliche Funktion der Erdmännchen als Vegetationsdämonen zu sehen.

Wichte und Kobolde tragen oft auch einen breikrempigen Schlapphut, der es unmöglich macht, ihr Gesicht zu erkennen. In der Luzerner Gemeinde Ruswil sind derartige Kobolde unter anderem in Althus und im Roterwald gesehen worden, wo sie jenen, die ihnen begegnet sind, jedoch nicht gefährlich wurden.

Der Kobold von Althus

»Auf Grofehuse [Gemeinde Ruswil im Kanton Luzern] liess sich früher bei der Remise zwischen Haus und Scheune ein kleines Männchen mit grossem Hut blicken. Manchmal wanderte es über das Moos gegen Althus. Eine frühere Bäuerin erzählte, sie habe dem Männchen oft nachgeschaut. In der Regel sei es so schnell verschwunden, wie es gekommen war.«

Vom gleichen Männchen berichtete mir ein achtzigjähriger ehemaliger Handwerker. Demnach hatte der grün gekleidete Kobold den Hut so aufgesetzt, dass es unmöglich war, sein Gesicht zu erkennen.
(Lussi 1992: 83)

Der Hinweis, wonach die Erdmännchen im Innern der Berge wohnen und dort Erz abbauen, bringt sie in Beziehung zu den Bergknappen. Für die Bergwerksarbeiter war früher die Einfahrt in den Stollen immer auch ein Eindringen in eine jenseitige, unbewohnte und geisterhafte Welt. In diesem Zusammenhang sind die bekannten Lichterbögen zu sehen, die man in Sachsen *Schwibbögen* nennt. Sie stehen in engem Zusammenhang mit der Bergwerkstradition, die im Erzgebirge besonders ausgeprägt ist.

Verborgene Welt in der Tiefe des Berges

Die Bezeichnung Erzgebirge für einen Teil der östlichen deutschen Mittelgebirgsschwelle taucht erst 1589 in einer Bergchronik auf, obschon der Abbau der Erze bereits für das 12. Jahrhundert belegt ist.

Im 15. Jahrhundert erhob sich ein grosses *Berggeschrey*. Überreiche Funde lockten nicht nur Bergleute an, sondern auch Abenteurer, Handwerker und Geschäftsleute. Freie Bergstädte, in deren Hoheitsgebiet jeder gegen die Abgabe von einem Zehntel der Fördermenge Erze abbauen konnte, schossen wie Pilze aus dem Boden. Neustadt am Annaberg (1496), Buchholz (1501), Marienberg (1521), Scheibenberg (1522) und Oberwiesenthal (1527) werden als Folge des Silberfiebers gegründet. Überreiche

Funde sorgen für Wohlstand. Allein zwischen 1470 und 1500 wird bei Schneeberg Silber im Wert von vier Millionen Gulden verhüttet. Doch dann verebbt der Rausch. Die oberen Gesteinsschichten waren bald abgetragen und mit der zunehmenden Tiefe wurde der Abbau des Erzes schwieriger. Die einfachen Werkzeuge der Bergknappen, Hacke und Kratze, Schlegel und Eisen, wie auch einfache Tröge und Körbe genügten nicht mehr. Um die Schächte in die Tiefe zu treiben, waren neue Techniken nötig. Zur Entwässerung mussten Pumpen konstruiert und zum Transport des Erzes von Knechten betriebene Förderanlagen erstellt werden.

Auch die Aufbereitung machte neue Verarbeitungsmethoden erforderlich. Doch Pochwerke und Erzwäschen waren kostspielige Einrichtungen. Sie überstiegen die finanziellen Möglichkeiten des Erzknappen, der immer mehr von geschäftstüchtigen Unternehmern abhängig wurde. Aus einem alten erzgebirgischen Gedicht geht hervor, wem damals die Arbeit und wem der Gewinn aus den Bergwerken zufiel:

»Ich treib alles Ertz Knappenwerck
Im Thal und auf Sanct Annen Berg
mit den Steigern, Knappen und Bubn
In Stollen, Schacht und Erzgrubn.
Mit Graben, Zimmern, Böltzn und Bauen,
Mit eynfahrten, brechen und hauen,
Werd ich fündig und Silber bring,
so ist der Bergherr guter Ding.«

Schon mit acht Jahren wurden Kinder in Pochwerken und Erzwäschen eingesetzt. An der berüchtigten Scheidebank zerschlugen bis zu fünfzig Scheidebuben grosse Gesteinsbrocken, um das Erz vom Nebengestein zu trennen. Steinmehl und Erzstaub setzten sich in der Lunge ab. Jedes zweite Kind starb vor seinem 14. Geburtstag und nur jeder zehnte Bergmann erreichte das 60. Altersjahr.

Angesichts dieser grossen Not erstaunt es nicht, wenn sich um die Erzgewinnung viele Geheimnisse ranken. In den Schächten hausen nach altem Glauben gutartige Berggeister und Kobolde, die freundlichen Bergknappen bei der Arbeit halfen. In einer Freiberger Sage erscheint einem Bergknappen ein Männchen, das von ihm Brot und Kerzen verlangt. Als Entgelt wolle es ihn so viel Silber finden lassen, dass er fortan genug zum Leben habe. Nur solle er, betont das Männchen, davon niemandem etwas sagen. Eines Tages verrät der unvorsichtige Knappe das Geheimnis

Die Lichter des aus dem Erzgebirge stammenden Schwibbogens drücken die Sehnsucht des Bergmanns nach Licht aus. Diese Sehnsucht bezieht sich nicht nur auf das sichtbare Licht, sondern auch auf das ewige Licht jenseits des Todes. (Scherenschnitt von Lilo Pannwitz-Oetterer.)

doch. Fürchterlich ist die Rache des Berggeistes. Als die Haspelknechte am anderen Tag den Förderkorb nach oben ziehen, liegt auf dem Erz die Leiche des Bergknappen.

Auch das Märchen von Schneewittchen und den sieben Zwergen steht im Zusammenhang mit dem Bergbau. In den Märchenbüchern sind die sieben Zwerge meist als Bergknappen gekleidet. Wie diese tragen sie Kniehosen, Knieleder und umgehängte Grubenlampen. Auf dem Kopf sitzt eine krempenlose Kappe, wie sie früher die Bergleute trugen. Mit Schlegel, Hacke und brennendem Licht brechen die rotkappigen Zwerge am frühen Morgen zur Arbeit im Bergwerk auf. Spät am Abend kehren sie zurück und entdecken das schlafende Schneewittchen, das aus einer »anderen Welt« zu ihnen gekommen ist.

Auf die Anderswelt, mit der die Bergknappen konfrontiert sind, nehmen auch die zahlreichen bergmännischen Lichtbräuche Bezug, die heute auch ausserhalb des Erzgebirges Brauch sind. Zu ihnen gehört die neu aufgekommene Sitte, in der Weihnachtszeit *Schwibbögen* auf die Fensterbänke zu stellen. Die mit sechs, acht oder mehr elektrischen Kerzen besteckten Holzpyramiden werden heute meistens im Fernen Osten hergestellt. Für den Liebhaber echter Volkskunst, der nicht nur einen weihnächtlichen Dekorationsgegenstand sucht, gibt es aber auch im Erzgebirge hergestellte Exemplare. Die meisten Menschen kümmern sich jedoch weder um die Geschichte noch um die Herkunft der Schwibbögen, und weil sich das Interesse auf das Dekorative und Sentimentale

Der Winter ist die Zeit der ruhelosen Toten, der Geister und bösartigen Dämonen, die den Menschen gefährlich werden können. Besonders häufig sind diese Wesen in den Rauhnächten. Als Rauhnächte werden die zwölf geheimnisvollen Nächte zwischen Weihnacht und Dreikönige bezeichnet. (Foto: Stephan Kölliker, Ruswil.)

beschränkt, weiss auch kaum jemand, dass der Lichterbogen seine Wurzeln im alten bergmännischen Brauchtum des Erzgebirges hat.

Um 1726 fertigte in Johanngeorgenstadt der Schmied Johann Teller den ersten Schwibbogen. Ebenfalls aus Johanngeorgenstadt stammt der älteste datierte Schwibbogen. Der 1730 geschmiedete Leuchter zeigt das Wappen der Stadt, das von zwei Grubenarbeitern gehalten wird. Auf der Silberzeche *Neu-Leipziger-Glück* stand ein um 1796 gearbeiteter Schwibbogen mit dem sächsischen Wappen, das von Bergarbeitern, schwebenden Engeln sowie Adam und Eva umgeben war (Bachmann 1993: 79 f.). Damit sind die wesentlichsten Zierelemente dieser ursprünglich aus Eisenblech gefertigten Zeugnisse bergmännischer Weihnachtskunst genannt.

Ursprünglich war die hufeneisenförmige Anordnung von Lichtern die traditionelle Beleuchtung am *Zechenheiligabend* der sächsischen Bergleute. Während der so genannten *Mettenschicht*, die am Nachmittag des 24. Dezember in den Hutstuben abgehalten wurde, versammelten sich die Grubenarbeiter zu einer gemeinsamen Weihnachtsfeier mit Essen und Gesang. Dabei hängten die Männer ihre Grubenlampen – den Stolleneingang andeutend – halbkreisförmig an die Wand. Die so zum Ausdruck gebrachte Lichtsehnsucht des Bergmanns, die sich im Erzgebirge gerade zur Weihnachtszeit im überlieferten Formenschatz der Schnitzerei und des Drechselns so einmalig ausweist, ist im übertragenen Sinne zu verstehen. Sie bezieht sich nicht so sehr auf das Dunkel der Nacht oder die absolute Finsternis des Bergwerkstollens, aus dem, wie der sächsische Heimatdichter Walter Fröbe sagt, »der eisige Hauch des Gebirges strömt, der Atem, wie ihn all die vorangegangenen Geschlechter verspürten, die mit Schlägel und Eisen scharwerkten« (FRÖBE 1993: 117). In ihnen kommen auch die weit in die Zeit reichenden Vorstellungen zum Ausdruck, wonach beim Übertritt ins Jenseits das göttliche Licht an die Stelle der im übertragenen Sinn zu verstehenden Finsternis tritt. Durch die Einsamkeit in der Tiefe des Stollens und die Gefahren, die mit der Ausübung der Tätigkeit verbunden sind, sind dem Bergmann diese Gedanken besonders nahe. In diesem Zusammenhang ist der Lichterbogen ein sichtbares Zeichen der wohl allen Menschen eigenen Sehnsucht nach Liebe, Wärme und Geborgenheit. Und diese Wärme der Empfindsamkeit steht in krassem Gegensatz zu der durch den Grubeneingang verkörperten Kälte des Herzens.

Sowohl in der Antike, wie auch im Mittelalter und in der Neuzeit versinnbildlichten Lichter im religiösen Bereich die Erleuchtung, das Leben und das Heil. In fast allen Religionen folgt auf die Finsternis das Licht, eine Aussage, die sich in erster Linie auf das innere Licht bezieht. In diesem Zusammenhang bedeutet Licht Leben, Glück, Erkenntnis; die Finsternis hingegen steht als Sinnbild für Übel, Strafe, Verdammnis und ewigen Tod der Seele. Wer nach dem Licht strebt, kann der ewigen Finsternis entrinnen und am Licht der Schöpfung teilhaben. In seinen Erinnerungen bezieht Walter Fröbe diesen Gedanken auf die Mettenschicht, wenn er schreibt: »Und so war Mettenschicht, ein Jahr wie das andere, bis sie alle das Gezäh [das Werkzeug] weglegten bei dem letzten grossen Anbruch, der die Wand durchstiess zwischen dem Diesseits und Jenseits und ihnen das helle Licht ewiger Christnacht aufblinken liess« (FRÖBE 1993: 117).

Der tanzende Zwerg oder die Reise in eine andere Bewusstseinsdimension

Ganz im Gegensatz zu den scheuen Heinzelmännchen und Heidenleutchen, die von den Lebenden kaum wahrgenommen werden, ist der italienische Zwerg Munaciello ein aufdringlicher Störenfried. In der Finsternis schleicht er an die Betten der Menschen und vollführt dort einen wilden Tanz. Wer schweissgebadet aufwacht, findet die ganze Nacht keinen Schlaf mehr. »*S‘ annasconne fa‘ rummore e nun duorme a tutte l‘ ore*« (er versteckt sich, er macht Lärm und du kannst kaum schlafen), heisst es von ihm in einem neapolitanischen Volkslied, in dem er auch mit den wandelnden Seelen unruhig Verstorbener gleichgestellt wird.

Siente Munacie

»Tene ‘a arteteca ‘a matina.
Vide llà ca te cumbina.
S‘ annasconne fa‘ rummore e nun duorme a tutte ll‘ ore.
Sarrà n ‘anema, mamma mia – sissantadoje arrassussia!
Nun t’haje mettere appaura, spissi wote è e bbone aurje.
E si ‘o vuò bbene, ‘a verità, ‘a furtuna te po‘ dà
E si ‘munno è cagnato, e tu pure c’haje lassato.
Munaciè, mò so‘ turnate ‘e fantasme d‘ ‘o passato.
Famma, morte e malatia, fanno sempe ‘a stessa via.
C‘ hanno levato ‘a fantasia senza darce l’alleria.«

Aus dem CD-Booklet von Spaccanapoli. Real World Records Ltd. 2000.

Auf Deutsch lautet der Text des Liedes:

Höre die Geschichte vom Munaciello

»Er ist so unruhig am Morgen.
Schau hin, wie er alles durcheinander bringt.
Er versteckt sich, er macht Lärm und du kannst kaum schlafen.
Mein Gott, vielleicht ist es eine verlorene Seele – zweiundsechzig*,
Gott verhüte es!
Trotzdem, fürchte dich nicht, er bringt dir manchmal auch Glück
Die Welt ändert sich und auch du musst uns einmal verlassen.
Aber die Munachini, die Geister der Vergangenheit, müssen zurück kommen.
Denn immer noch wird Hunger, Tod und Krankheit herrschen, das bleibt sich gleich!
Man hat uns unsere Fantasie weggenommen, ohne uns Freude zu geben.«

**Im neapolitanischen Lotto hat jede Zahl eine schicksalshafte Bedeutung. Die Zahl 62 bedeutet »vom plötzlichen Tod ereilt«. Im europäischen Volksglauben können jene, die plötzlich sterben, nicht in Frieden ruhen. Als unruhige Geister müssen sie wandeln und sich den Lebenden gegenüber bemerkbar machen.*

Mit seiner roten Mütze und der braunen Kutte erinnert der *Munaciello* an den Fliegenpilz, der in zahlreichen Märchen und Sagen immer wieder mit

Der Fliegenpilz ermöglicht Reisen in das verborgene Reich der Zwerge und Naturgeister. Bei den Ureinwohnern Sibiriens ist der Fliegenpilz die heilige Pflanze der Schamanen. (Foto: Stephan Kölliker, Ruswil.)

dem Volk der Zwerge in Zusammenhang gebracht wird. Sind die Schilderungen von den unterirdischen Kristallpalästen der Zwerge vielleicht poetische Umschreibungen für Rauschzustände, die nach der Einnahme des Fliegenpilzes auftreten? Ermöglicht der Fliegenpilz, wie es der Name sagt, das »Fliegen« in andere Bewusstseinsdimensionen, eine innere Reise in die normalerweise verborgene Welt der Feen und Elben zum Beispiel oder einen Trip in die verwunschenen Märchenreiche und unterirdischen Schatzhöhlen, in denen das Volk der Zwerge, Kobolde und Naturgeister haust? Ist dies das Reich, in das die Seelen der Toten nach einem Prozess der Läuterung eintreten? Verbergen sich in Zwergensagen weit in die Zeit zurückreichende Jenseitsvorstellungen? Wie das Hufeisen ist der Fliegenpilz mit dem weissen Stiel und der roten Kappe jedenfalls bis heute ein Glückssymbol; wer ihn findet, ist ein Glückspilz. Ihm steht das Tor zu einer anderen Welt offen.

In der märchenhaften Erzählung vom Zwerg mit der roten Mütze entdeckt die Hauptfigur der Geschichte im Wald zufällig einen »kleinen alten Mann«. Das Gesicht der seltsamen Gestalt hat die rotbraune Farbe eines alten Pilzes; auf dem Kopf trägt er eine rote Kappe. Mit den zwei »Presssteinchen«, die er vom Alten erhält, kann er zuerst nichts anfangen. Dann erklärt ihm der Kobold, wie er daraus ein Zaubermahl zubereiten kann, das ihn so hoch steigen lässt, wie den »Adler am Himmel«. Die Geschichte wurde zusammen mit vielen anderen Feensagen und anderen merkwürdigen Geschichten von T. Crofton Croker (1798–1854) aufgezeichnet (BAUER 1992: 48).

Ist der neapolitanische Zwerg Munaciello vielleicht eine poetische Umschreibung für die Schwindelzustände, die jene befallen, die sich an der roten Kappe gütlich tun? Im Märchen »Rotkäppchen« nimmt sich der Wolf zuerst die Grossmutter, die »alte Kappe«, vor. In seiner Gier schnappt er sich auch noch das kleine Rotkäppchen und fällt darauf in einen tiefen Schlaf. Sind mit der alten und der jungen Kappe Fliegenpilze gemeint?

»Ein Männlein steht im Walde« von August Heinrich Hoffmann von Fallersleben (1798–1874) heisst eines jener unsterblichen Lieder, die von Jung und Alt bis heute gerne gesungen werden. Das Männchen steht auf einem Bein und trägt »ein Purpur Mäntelein«. Die Frage »Sag wer mag das Männlein sein?« wird von den Illustratoren meist durch die Abbildung eines Fliegenpilzes beantwortet.

Auffällig oft erscheint der Fliegenpilz in Sagen und Märchen, die mit Zwergen und ihren unterirdischen Schatzhöhlen in Zusammenhang stehen. Meistens wird der Fliegenpilz als Männchen mit roter Kappe umschrieben. Manchmal erscheint er als Kobold oder rotkappiger Zwerg. In Sibirien ist der Fliegenpilz die heilige Pflanze der Schamanen, die sich mit seiner Hilfe in eine andere Bewusstseinsdimension begeben. Rituell verwendet werden Fliegenpilze vor allem noch von den Kamtschadalen, Korjaken, Tschuktschen und den Jukagiren (ROSENBOHM 1991: 121 f.).

Versuche haben ergeben, dass ein bis vier mittelgrosse Pilze zu Übelkeit, Dösigkeit und Mattheit führen. Dazu kommen Gefühle der Schwerelosigkeit, Euphorie und manchmal auch die Wahrnehmung farbiger Bilder. Beim Genuss von fünf bis zehn Pilzen treten deutliche Vergiftungserscheinungen auf. Erregungszustände und wirre Halluzinationen sind die Folge. In einem traumreichen Schlaf klingen die Wirkungen wieder ab. Ob grössere Mengen zum Tod führen, ist bis jetzt nicht erwiesen. Ebenso ist die Annahme falsch, dass Milch, in der vorher getrocknete Fliegenpilze eingeweicht wurden, Stubenfliegen töten. Die Fliege, die von dieser Milch trinkt, stirbt nur scheinbar. Nach einigen Flugversuchen fällt sie zwar wie tot nieder. Doch nach einiger Zeit erhebt sie sich wieder, als ob nichts geschehen wäre (SCHMIDBAUER 1993: 142).

Wolfram Leonhardt befasste sich 1992 in einer interessanten Studie mit den Vergiftungserscheinungen, die nach dem Genuss des mit dem

Fliegenpilz verwandten Pantherpilzes (*Amanita pantherina*) auftreten. Er stützte sich auf 18 Fälle von Pantherpilzvergiftungen, dic 1949 erstmals in »Der Nervenarzt« publiziert wurden (*Der Nervenarzt* 20[4]: 181–188, Heidelberg 1949). Das Alter der damals (Juli 1948) ins Landkrankenhaus Coburg eingelieferten Patienten schwankte zwischen 14 und 76 Jahren. Es handelte sich dabei um Männer und Frauen aus verschiedenen sozialen Schichten und unterschiedlicher Intelligenz.

Etwa ein Stunde nach der Einnahme verspürte eine 24 Jahre alte Frau beim Abwaschen des Geschirrs »ein herrliches Gefühl der Leichtigkeit«. Sie musste sich bemühen, die Teller festzuhalten, da diese sonst weggeflogen wären. Beim Gehen hatte sie das Gefühl, als ob sie fliegen würde. Wellenförmig sei sie über ein Meer dahingeschwebt. Dann habe sie noch gesehen, wie sich der Kühlschrank pendelnd hin und her bewegte. Sie sei dann plötzlich sehr müde geworden und habe sich um 21.50 Uhr hingelegt. Sie sei sofort eingeschlafen und erst wieder gegen Morgen erwacht, als ihr Mann versuchte, sie zum Erbrechen zu bringen. Was dann geschehen sei, habe sie nur undeutlich wahrgenommen (nach LEONHARDT 1992: 124). Ein 58 Jahre alter Maler, der vom gleichen Gericht gegessen hatte, klagte zuerst über Schwindel. Die Welt habe sich horizontal im Kreis gedreht. Er habe sich dann hinlegen müssen und dabei das Gefühl gehabt, »als wenn ein Finger, ein Arm oder ein Bein sich trenne und selbständig davonflöge. Zwischendurch habe er den Eindruck gehabt, als wenn er wie ein Luftballon mit seinem gesamten Körper in die Luft steige und fliege« (LEONHARDT 1992: 124). Auf dem Höhepunkt der Vergiftungserscheinungen traten herrliche Farbvisionen auf: kreisende Sonnenräder in den prachtvollsten Farben von tiefstem Purpurrot bis zu prachtvollstem Gelb. Dazwischen traten leuchtende Streifen und flammende Bänder auf, verschiedenfarbige Ornamente, Sternchenmuster und Schneegestöber.

Ein anderer Patient hatte nach dem Einsetzen der Wirkung nicht Drehschwindel, sondern das Gefühl von einer Art »Taumeligsein«. An das, was danach folgte, konnte er sich nicht mehr genau erinnern. Am anderen Morgen, als er bereits im Krankenhaus lag, hatte er bei geschlossenen Augen Bilder und Handlungen gesehen, die beim Öffnen der Augen wieder verschwanden. Vier dieser Bilder sind im Bericht von 1949 beschrieben. Davon interessieren uns zwei besonders, weil sie von der Handlung her vieles mit dem Inhalt einiger Märchen gemeinsam haben. Im aufgetauchten Traumbild sah einer der Patienten ein kleines rosafarbenes Schweinchen, das sich plötzlich in einen Pudel verwandelte.

Dieser wurde zu einem Hühnchen. Dann löste sich das Bild auf, und es erschien eine Burg mit einem grossen Tor, das von drei Löwen bewacht wurde. Plötzlich verwandelten sich die Tiere in drei immergrüne kugelförmige Stauden, aus denen ein Hühnervolk entstand, das emsig »herumkrabbelte«. In einem anderen Bild erschien eine grosse Steinmauer, in deren Mitte sich ein grosses Loch befand. Plötzlich war die Mauer wieder glatt und das Loch verschwunden.

Im Gegensatz zum nüchternen medizinischen Bericht, der protokollartig die Auswirkungen der im Fliegenpilz enthaltenen Stoffe Ibotensäure und Muscimol beschreibt, sind in den Märchen und Sagen die Reisen in die Anderswelt poetisch umschrieben (zu den Wirkstoffen des Fliegenpilzes siehe COSACK 1995: 209 f.). Nicht der Pilz an sich war nach altem Glauben die Ursache der Visionen, die man als Blick in ein dem gewöhnlichen Sterblichen verborgenes Zauberreich deutete, sondern der darin wohnende Pflanzengeist. Die Orte, an denen das in der Pflanze steckende Wesen seinen Aufenthalt hat, sind sichtbar, und die Kraft, die von diesen Geistern ausgeht, ist erfahrbar. Daraus ergibt sich, dass die Zwerge und Kobolde in doppelter Hinsicht zwischen dem Diesseits und dem Jenseits stehen. Bei den Höhleneingängen, unter kultisch verehrten Steinen, heiligen Bäumen und bevorzugten Tanzplätzen glaubt man ihre sichtbaren Spuren zu finden. Der Zutritt zu den dem Auge verborgenen unterirdischen Reichen geschieht jedoch nicht durch das Betreten dieser Orte, sondern über die Einverleibung des Pflanzengeistes. Der im Fliegenpilz wohnende Geist, der mit den Zwergen in den Sagen und Märchen vieles gemeinsam hat, ist folglich einer der Schlüssel zur Anderswelt. Die Schilderungen von der Reise in die Tiefe der unterirdischen Kristallpaläste, den vielen verschlossenen Gängen, deren Türen wie von Zauberhand Durchgang gewähren, stehen demnach in engem Bezug zu den durch bestimmte Pflanzen ermöglichten Reisen in die Tiefen des eigenen Bewusstseins.

Die weit in die Zeit zurückreichenden Vorstellungen einer von Göttern und den Geistern der Ahnen beseelten Natur haben sich in den Vorstellungen von tanzenden Elben, Zwergen, heiligen Bäumen und Stätten erhalten. Meistens kommen die lichtscheuen Wesen erst in der Nacht aus ihren Verstecken, um zu musizieren und zu tanzen. Wer ihnen zufällig begegnet, wird mitunter reich beschenkt, denn im Grunde genommen sind diese Wesen den Menschen freundlich gesinnt. Undankbare und Habgierige jedoch, die nie genug zusammenraffen können, werden hart bestraft und müssen oft bis ans Ende ihres Lebens an den Folgen dieses Tuns leiden.

Exkurs
Shemus Ruas Reise in die andere Wirklichkeit

In der irischen Erzählung »The Witches' Excursion« (Der Hexenflug) wird Shemus Rua, die Hauptfigur der Geschichte, mitten in der Nacht von eigenartigen Geräuschen geweckt, die aus seiner Küche nach oben dringen. Er schleicht sich hinab und sieht, wie sechs ältere Frauen, darunter auch seine langjährige Haushälterin, um den Kamin sitzen. Es fällt ihm auch auf, dass alle sechs merkwürdig aufgeregt sind. Sie schwatzen und stossen mit Gläsern an, die mit einem eigenartigen »Punsch« gefüllt sind. Zuerst entsetzt er sich ob der Unverfrorenheit seiner Haushälterin, die ohne sein Wissen ihm unbekannte Frauen in der Küche bewirtet. Dann erinnert er sich auch an ein Mittel, das ihm die Haushälterin vor dem Einschlafen gab mit der Bemerkung, dieses unbedingt vor dem Einschlafen einzunehmen. Jetzt wird ihm der Zweck ihres Tuns bewusst. Hätte er es genommen, wäre das nächtliche Zusammentreffen von ihm niemals bemerkt worden. Schon will Shemus Rua, erbost über die Hinterlist seiner Magd, die Frauen aus seiner Küche verjagen, da überkommt ihn die Neugier, und er gibt sich den immer ausgelassener werdenden Weibern zu erkennen. Eine nach der anderen leert jetzt den Becher, und eine besonders vorwitzige schreit in die Runde »It is time to be gone« (Es ist Zeit aufzubrechen). Hurtig nimmt sie eine rote Kappe und sagt:

> »By yarrow and rue
> And my red cap too,
> Hie over to England.«
> (Kennedy 1991: 27)

> Auf Deutsch lautet der Zauberspruch:
> »Schafgarbe und Raute
> Und die rote Kappe dazu,
> Auf nach England.«

Mit Hilfe eines Zweiges, der als Steuerruder dient, fliegt eine nach der anderen durch den Kamin hinaus in die dunkle Nacht. Wie die Reihe an den Hausherrn kommt, packt auch er Zweig und Kappe. Wie die anderen spricht er die Zauberformel »By yarrow and rue and my red cap too, hie over to England.«

Das letzte Wort ist noch nicht verklungen, da packt es auch ihn, und er schwebt aus dem Haus hoch in die Luft. Keinen Laut gibt er von sich,

In vielen Sagen und Märchen steckt ein verborgenes Wissen, das auf reale Erfahrungen mit bewusstseinserweiternden Pflanzen zurückgeht. »Mad Alice's Smokin' Herbs«, eine Räuchermischung aus England, »gets you Mad as a Hatter ...«

denn das hätte unweigerlich den Absturz und die Rückkehr in seine Küche bewirkt. Mit der Schnelligkeit eines Wirbelwinds fliegt er über die Wicklow Hills, die Irische See und die Berge von Wales. Schon nach wenigen Augenblicken befindet er sich in der Halle eines Schlosses in England. Ohne Halten steuert er auf eine grosse Eichentüre zu. Die Angst, an der Tür zu zerschellen, scheint sein Herz zusammenzuschnüren. Doch dann fliegt Shemus Rua wie ein körperloses Wesen durch das Schlüsselloch, ohne anzustossen oder sich zu verletzen. Durch einen dunklen Gang geht es pfeilschnell weiter in die Tiefe des Kellers. Am Ende des tunnelartigen Gewölbes versperrt ihm eine zweite Türe den Weg. Wieder packt ihn die Angst, daran zu zerschellen, doch abermals geschieht es, dass er ohne anzuhalten oder anzustossen rasend schnell durch das Schlüsselloch fliegt. Als sich Shemus Rua endlich wieder besinnen kann, bemerkt er flackernde Lichter und einen Tisch, um den die sechs Frauen sitzen, als ob nichts geschehen wäre. In den Händen halten sie mit Wein oder Punsch gefüllte Becher. Und zum grössten Erstaunen Shemus Ruas befindet er sich nicht auf einem Schloss in England, sondern in seiner eigenen Küche (nach KENNEDY 1991: 27).

Die vom irischen Schriftsteller Patrick Kennedy um die Mitte des 19. Jahrhunderts aufgezeichnete und erstmals zwischen 1866 und 1870 in Dublin publizierte Geschichte ist in Bezug auf den Zusammenhang zwischen Zwergen und Fliegenpilzen von besonderem Interesse. Beschrieben wird nämlich nicht eine fiktive Geschichte, sondern eine innere Reise in eine andere Bewusstseinsdimension, denn nach der Erzählung hat Shemus Rua, nachdem er sich der roten Kappe bemächtigt hat, den Raum nie verlassen.

Auffallende Gemeinsamkeiten mit dem Hexenflug in Kennedys Sage haben Erfahrungen, die mit MDMA gemacht werden. MDMA (3,4-Methylendioxymethamphetamin) wird durch Aminierung aus Safrol gewonnen, einem ätherischen Öl, das in der Gewürznelke (*Syzygium aromaticum*) und im Sassafrasbaum (*Sassafras albidum*) enthalten ist (RÄTSCH 1998: 374). Durch die Einnahme von MDMA findet eine innere Öffnung statt. Der Mensch nimmt Wirklichkeiten wahr, die ihm gewöhnlich verschlossen bleiben, wie die nachfolgende Erfahrung, die mit 125 mg MDMA gemacht wurde, zeigt:

»Zuerst hatte ich Gefühle der Übelkeit und des Würgens; im Unterleib verspürte ich einen Schmerz, der alles zu blockieren schien. Eine beklemmende Angst stieg in mir hoch. Dann, als ich den Schmerz durchlitten hatte, tauchten plötzlich in kaum beschreibbarer Abfolge Bilder auf, die nach und nach ineinander übergingen und zur Unkenntlichkeit verschwammen. Dann glaubte ich, über einem grossen Abgrund zu schweben. Gefühle von Leichtigkeit und Unbefangenheit überkamen mich. Langsam in die Tiefe sinkend, leicht schwebend, den Augenblick geniessend und mich gleichsam fallen lassend, steuerte ich auf einen spiralförmigen Tunnel zu. Ich betrachtete die bunten Bänder oder Schläuche, mit denen er ausgekleidet war. Langsam liess ich mich hineingleiten. Doch dann packte mich überraschend eine unglaubliche Energie, der ich nicht ausweichen konnte. In drehenden und nicht beeinflussbaren Bewegungen jagte ich durch den Tunnel auf eine dunkle Fläche zu, in deren Mitte eine runde Lichtscheibe war. Schon glaubte ich, auf dieses Licht aufzuprallen und mich darin irgendwie aufzulösen. Wieder packte mich für einen Augenblick die Angst. Dann wurde der Boden mit einem dumpfen Knall auseinander gerissen und der Zugang zu einem weiteren Tunnel freigemacht. Durch diesen ging die Reise weiter. Wieder jagte ich auf das Ende des Ganges zu und wieder öffnete sich

nach einem kurzen Gefühl der Beklemmung der Boden. Diesmal befand ich mich in einer Unendlichkeit, in der Zeit und Raum aufgehoben schienen. Ohne meinen Körper wahrzunehmen glitt ich dahin, getragen von einer blauen Wirklichkeit, die weder ein Oben noch ein Unten zu haben schien. In dieser Dimension schienen sich jegliche Bilder im Nichts aufgelöst zu haben. Selbst die Zeit existierte nicht mehr. Während ich dahinschwebte, umfing mich ein unglaubliches, kaum beschreibbares Gefühl der Leichtigkeit, des unaussprechlichen Glücks und des absoluten inneren Friedens. Dann tat sich wieder eine Tür auf und ich stand in einem von hellstem Licht erfüllten Raum. Augenblicklich wich jegliche Form des Schmerzes. Ich verspürte ein kaum noch aufzuhaltendes Verlangen, mit diesem Licht zu verschmelzen und für immer in diesem Zustand zu verweilen. Als ich versuchte, zu einer Entscheidung zu gelangen, war es mir, als ob ich einen Schritt rückwärts machen würde. Im gleichen Augenblick schloss sich vor meinen Augen lautlos die Türe, die mir den Blick in eine mir bis dahin völlig unbekannte Welt geöffnet hatte. Ich spürte, wie die Sinne nach und nach von mir wieder Besitz ergriffen und mir wurde schmerzlich bewusst, dass ich die Rückkehr in die irdische Wirklichkeit angetreten hatte.«

Vom Fliegenpilz ist nicht bekannt, dass die darin enthaltenen Alkaloide innere Reisen von der oben beschriebenen Intensität ermöglichen. Nach der Einnahme des mit dem Fliegenpilz verwandten Pantherpilzes treten zwar Bilder auf, die ansatzweise den Beginn einer inneren Reise andeuten. Bei Shemus Ruas Reise fällt aber auf, dass der Fliegenpilz nicht für sich allein, sondern zusammen mit Schafgarbe und Raute eingenommen wird. Das ist befremdlich, weil Schafgarbe und Raute Pflanzen sind, die nach dem Volksglauben den zauberischen Kräften der Hexen entgegenwirken.

In dem von Patrick Kennedy erwähnten Spruch »By yarrow and rue, and my red cap too« (Bei Schafgrabe und Raute, und die rote Kappe dazu) werden hingegen alle drei Substanzen beschwörend angerufen, die Reise in eine andere Welt (»Hie over to England«) zu ermöglichen. Haben Schafgarbe, Raute und Fliegenpilz vielleicht die Eigenschaft, ihre wahren Kräfte nur als Kombinationspräparat entfalten zu können?

Bis heute benützen die Schamanen am Amazonas für ihre Reise in andere Wirklichkeiten einen psychoaktiven Trank, der eine einzigartige pharmakologische Kombination aus der harmalinhaltigen Liane (*Banisteriopsis caapi*) und den DMT-haltigen Chacrunablättern (*Psychotria viridis*) ist. Das in der Liane enthaltene Harmalin ist ein MAO-Hemmer. Es vermindert die Ausschüttung der körpereigenen Monoaminooxidase, die den in den Chacrunablättern enthaltenen Wirkstoff N,N-DMT abbaut (RIVIER und LINDGREN 1972). Die harmalinhaltige Liane macht es somit erst möglich, dass das überaus starke Psychedelikum DMT (Dymethhyltriptamin) freigesetzt werden kann. DMT kommt in sehr vielen Pflanzen vor und ist auch in Säugetieren nachgewiesen. Bei der Aufnahme DMT-haltiger Nahrungsmittel wird der Wirkstoff durch die körpereigene Monoaminooxidase abgebaut. Erst durch den MAO-Hemmer wird das DMT freigesetzt und kann seine Wirkung entfalten. Aus diesem Grund entfaltet Ayahuasca, der »Trank der wahren Wirklichkeit«, seine Wirkung als Kombinationspräparat (vgl. RÄTSCH 1998: 831). Ein ähnliches Zusammenspiel der Kräfte ist vielleicht auch die Erklärung für Shemus Ruas innere Reise in Kennedys Geschichte »The Witches Excursion«.

Die Gartenraute (*Ruta graveolens*) ist eines der häufigsten Mittel gegen den »bösen Blick«, mit dem nach dem Volksglauben Zauberer und Hexen den Menschen Schaden zufügen können. In den Abruzzen diente die Raute bis in die neueste Zeit dazu, magische Einflüsse abzuwehren. Zu diesem Zweck nähte man ein Stück der Pflanze mit anderen Sachen in kleine Beutel, die man auf der Brust trug (MARZELL [1938] 1967: 120).

Bestimmte Teile der Raute wurden besonders auch unter Türschwellen gelegt oder in Bohrlöcher gestopft, die man mit einem Zapfen verschloss. Das sollte allfällige Hexen daran hindern, ins Haus einzudringen. Derartige Verpflöckungen werden in alten Bauernhäusern, die nun nach und nach renoviert werden, immer wieder gefunden. Im 1823 niedergeschriebenen Zauberbüchlein des Christian Abbühl von Wilderswil (Schweiz) finden wir eine Anweisung, wie die Schweine mit Verpflöckungen vor angezauberten Krankheiten beschützt werden können. Im Rezept mit dem Titel »Für den Vergust in einem Stall für in die Schwellen einzuboren« werden als Schutzmittel Beifuss sowie Fruchtknollen und Samen der Raute erwähnt.

Für den Vergust in einem Stall für in die Schwellen einzuboren

»Erstlich Balmholz [Holz von den in katholischen Kirchen am Palmsonntag geweihten Palmbäumen oder Palmbüscheln] und das am Balmsonntag ob der Tag anstosst in drey Strechen [mit drei Schlägen] hauen oder Holz da das Wetter d'rein geschossen [Holz von Bäumen, die vom Blitz gefällt wurden] hat ist auch gut und das auch in 3 Streichen.

Zweytens. An einem Nachtmalsontag im Zusammenleuten [Läuten aller Glocken unmittelbar vor Beginn der heiligen Messe] Würzen graben nehmlich

Die Weinraute spielt im Zauberglauben des Volkes eine wichtige Rolle. Im »Romanus-Büchlein«, dem bekanntesten Zauberbuch, finden sich zudem Formeln und Beschwörungen, mit denen Macht über andere gewonnen und Dämonen gebannt werden können. (Sammlung des Verfassers.)

Buggelen [als Buckele oder roter Buck wird in der Innerschweiz der Beifuss, *Artemisia vulgaris*, bezeichnet].

Drittens von Rauten drey Bölleni [Fruchtknollen]) abnehmen nehmlich [ebenso] Saamen.

Viertens. An einem alt Heiligen Abend zwischen 11 u. 12 Uhr Abends Brod machen und denn es zu Predigt nehmen zum heiligen Abendmahl.

Fünftens. Ein Loch in die Schwellen der Thür bohren und 3 Wurzen Bugelen drein thun und 3 Bölleni Rautenblust und 3 Bitsleni [Stücke] Brod und das Balmholz, oder Holz wie vorher gesagt ist, dervon ein Nagel machen und ihn in drey Streichen einschlagen.«

Aus dem Zauberbuch des Christian Abbühl von Wilderswil, 1823. Das Büchlein befindet sich in Privatbesitz. Als Faksimile ist es in der Schriftenreihe des Fördervereins Ballenberg abgebildet.
(Ritschard 1982: 7 f.)

Dasselbe lässt sich auch von der Schafgarbe (*Achillea millefolium*) sagen. In der Ukraine schützt sie gegen die von den Hexen verursachten Unwetter. Im Niederbayerischen heisst die Pflanze »Pestilenzkraut«. Als Zauberkraut tritt die Schafgarbe sonst nur selten auf (MARZELL [1938] 1967: 269).

Andererseits enthält die Schafgarbe das berauschend wirkende Thujon, das vor allem auch im Wermut (*Artemisia absinthium*) enthalten ist. Der daraus hergestellte Schnaps, Absinth, stimuliert und macht wach. Mit zunehmender Wirkung treten Gefühle des Entschwebens auf (RÄTSCH 1995; LUSSI 1996). Die Weinraute (*Ruta graveolens*) enthält unter anderem den MAO-Hemmer Harmalin. DMT kommt in verschiedenen Pilzen der Gattung Amanita vor. Der Porphyrbraune Wulstling (*Amanita porphyria*) enthält das Tryptamin 5-MeO-DMT sowie Spuren von Bufotenin (vgl. die entsprechenden Artikel bei RÄTSCH 1998).

Ob das Zusammenspiel von Fliegenpilz, harmalinhaltiger Raute und Schafgarbe einen berauschenden Trank ergibt, der ähnlich wie Ayahuasca Reisen in andere Wirklichkeiten ermöglicht, muss durch wissenschaftliche Versuche noch nachgewiesen werden. Patrick KENNEDYS Schilderung von Shemus Ruas Reise in die Anderswelt belegt jedenfalls, dass viele Sagen und Märchen poetische Umschreibungen von absichtlich unternommenen Reisen in andere Bewusstseinsdimensionen sind.

Die hier geschilderten Zusammenhänge verdeutlichen, dass in den vielen Sagen und Märchen ein vergessenes Wissen steckt, das nach und nach wieder entdeckt wird. Einerseits sind die Erzählungen von rotkappigen Zwergen, strahlend hellen Kristallpalästen und merkwürdigen Reisen in lichterfüllte Anderswelten poetische Umschreibungen für die absichtlich unternommene Reise bestimmter Menschen in andere Bewusstseinsdimensionen. Demgegenüber beziehen sich die Geschichten von unerlöst wandelnden Toten, geisterhaften Hunden, Dämonen und Teufeln auf die zufälligen und überraschend auftretenden Begegnungen der Menschen mit dem Unfassbaren, dem Jenseitigen und Unbeschreiblichen.

Christian Rätsch

Zum Jenseits

Die Seelenschiffe in altgermanischer Darstellung.

Prolegomenon

Das Seelenschiff sticht in See
Die Segel blasen sich auf zum kosmischen Schirm
Zum Segelpilz, zum Seelenpilz
Die Ruderer werden geleitet
Zwei Drachen ziehen den Draken
Über das Meer ins Jenseits
Die Seele reitet auf der See
Dem wässrigen Grund der Seele
Aus der Ursuppe kam sie geschlüpft
Aus dem Jenseits aufgesprudelt
Kehrt sie zurück

Das Jenseits ist die Rückkehr
Die Petroglyphen künden davon
Kultursprechende Steine
Von der Grenze des Lebens
Das Schiff ist der Übergang
Die Rückfahrt, überbrückende Reise
Aber auch Aufbruch in Neues, Ungewisses, Ungeahntes,
Ungedachtes
Die Fahrt führt jenseits des Horizonts

Die See – Rausch, in dem man ertrinkt
Das Meer ein rauschender Braukessel
Planetarer Gärbottich

Gefahr und goldene Glut
Der Urozean unserer Gefühle
Das Bier Thors
Ein Füllhorn, ein hehrer Hort
Berauschendes Meeresrauschen
Beruhigend und beängstigend
Umspült die Seele, einlullend, besänftigend
Auf dem Wege zur Insel, dem Jenseits
Wenn die Wogen wallen
Waia waga Wagner walla Walhalla
Das Meer schäumt, die Sonne glitzert
Der Regenbogen steigt aus der Brandung
Ein anderer Weg in ein anderes Jenseits
Die Seele verlässt die See
Von psychedelischer Farbenpracht in den Himmel gehievt
Von der Gischt zum Gipfel

»Yes … When I see you,
I'll see you on the other side.«
Ozzy Osbourne,
Ozzmosis
(1995, Sony Music)

»Welcome to the other side.
No need for a place to hide.«
Rage
Welcome to the Other Side
(2001, BMG)

»The need to know
And the chance to try
The hope to find
The other side of the sky«
Colloseum
Bread & Circuses
(1997, Cloud Nine Records)

Woher wissen wir vom Diesseits? Durch unsere Wahrnehmung, durch unsere Sinnesantennen in die Aussenwelt, deren Signale wir kognitiv zu Erkenntnissen verarbeiten, die in einem eingeübten kulturellen System das Weltengebäude konstruieren. Aber das Diesseits ist nur eine Seite der Welterfahrung. Daneben liegt das Jenseits. Woher kennen wir das Jenseits? Durch Mythen, Märchen, Legenden, durch Erzählungen, kurz: durch das gesprochene Wort oder die bildende Kunst. Wir kennen das Jenseits aus unseren Träumen und Visionen, Nahtodeserlebnissen und psychedelischen Offenbarungen, also aus den nichtalltäglichen Bewusstseinszuständen.

Das Jenseits ist der Ort der Seelen, der Totengeister, der Götter und Monster. Dorthin reisen die Toten nach ihrem Lebensende. Dorthin verschlägt es die Seelen der Fastgestorbenen, dorthin fliegen die (gehörnten)

Ein bepilztes Seelenschiff der Wikinger als blutgefärbte Petroglyphe (Dänemark, Nationalmuseum/Kopenhagen, Foto: C. Rätsch).

Der Greif, eigentlich ein Mischwesen, ein Fabelvogel (eine Spezies des »Löwendrachens«; vgl. Mode 1983: 120 ff.), über dem Schiff schwebend, das die Seelen ins Jenseits befördert, ein Beschützer in den mystischen Gefilden. Die Spiralen deuten auf das Weiterleben in anderen Wirklichkeiten. Der Greif ist auch ein beliebter Fastnachtsbegleiter. (Altgermanische Darstellung.)

Schamanen. Die Nahtodeskandidaten kehren unwillentlich in ihren Leib und damit ins Diesseits zurück. Die Schamanen pendeln absichtlich zwischen den beiden Seiten, hin und her, hüben und drüben. Sie haben den Tod überwunden und das Nadelöhr zwischen den Welten gefunden.

Das Jenseits gibt es überall, das heisst in allen Kulturen. Das Jenseits ist in jedem Menschen, meist liegt es aber neben dem Alltagsbewusstsein. Diesseits und Jenseits sind die zwei Seiten der Medaille. Das eine existiert nicht ohne das andere: »Meine Qualen und Wonnen im Jenseits«, schreibt Gustav Meyrinck gegen 1913.

Das Jenseits erscheint bisweilen als Insel im Ozean. Dabei ist das Meer auch der Quell des Lebens. Es ist die Ursuppe, aus der das Leben an Land gekrochen kam. Es ist die Heimat der Seelen, die sich darin in ozeanischer Selbstentgrenzung tummeln. Die Wasseroberfläche ist eine Schnittstelle zwischen den Wirklichkeiten. Die Insel im Strom der Zeit, in Gewässern oder Wolkenmeeren. Das Weltenmeer, der See, alle Gewässer sind von Grund auf mit den Geistern und Seelen verseucht. Dort lauern die Untoten, die Drachen und Meeresschlangen. Dort sitzen die schamanischen Göttergestalten, brauen ihr Gebräu und kochen die Seelen. So singen es die Skladen, so singen es die Schamanen, so singen es die Orphiker.

> »Das Bewusstsein ist wie ein Schiff, das man navigieren kann; allerdings vergisst man manchmal, dass man nicht das Schiff selbst, sondern der Kapitän darauf ist.« cme

Der offizielle Hamburger Stadtgott ist Hermes, der knöchelgeflügelte Götterbote und Seelengeleiter (Kerényi 1996). Der wirkliche Stadtgott der südlichsten Wikingerstadt ist aber natürlich dem alten Namen zufolge Thor, Donar, Donner: die Hammaburg war sein Nest, die Burg des

Hammers, des Thorshammers, der auf den Kopf gestellt ein (psychedelischer?) Pilz ist.[1] Von dort, dem hammerfesten Hafen, starteten die Segelboote, die Galeeren und die Seelenboote mit ihren Pilzsegeln (Kaul 1998). Auf dem Fluss Elbe – Albe, das heisst Alberichs Fluss, fuhren sie der Nordsee zu, ins offene Meer. Zur Seeleninsel, die vielleicht Helgoland war, von der manche annehmen, sie sei Atlantis oder zumindest der letzte Rest davon gewesen.[2] Jedenfalls gibt es dort hübsche Fossilien und radioaktive Mineralien, die es dem Strandsucher schwer machen, die Insel wieder zu verlassen.

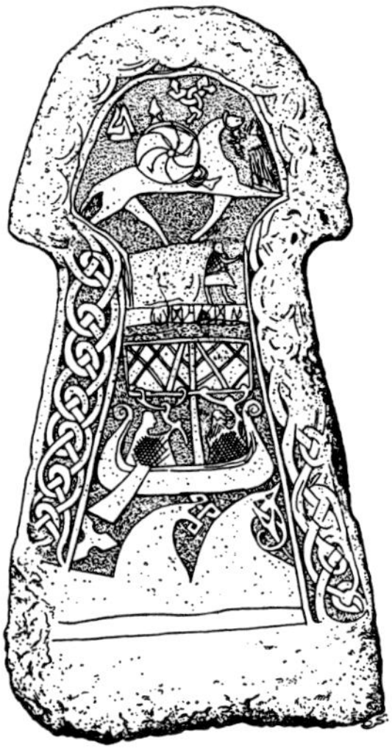

Ein germanischer »Pilzstein« mit dem Totenschiff und Wotan/Odin als Seelengeleiter (Bildstein von Stenkyrka, Lillbjärs, Gotland; nach Crumlin-Pederson und Thye 1995: 171).

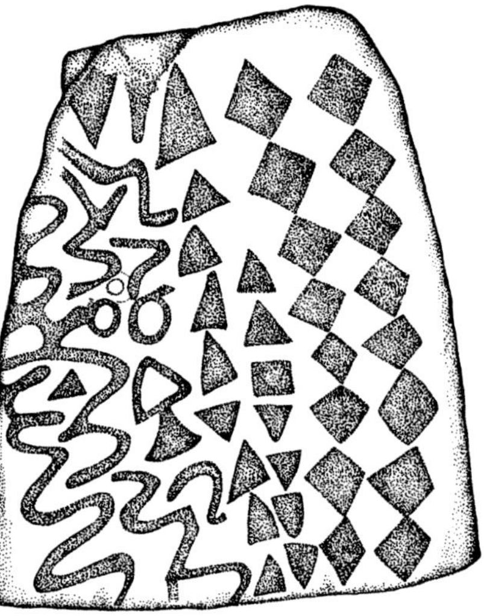

Schlangen, Pilze und geometrische Elemente zeigen vielleicht etwas vom Jenseits, von den anderen Wirklichkeiten (nach Wilson 1999).

1 Es ist ziemlich sicher, dass für die Germanen psychoaktive Pilze wie der Fliegenpilz (*Amanita muscaria*), Pantherpilze (*Amanita pantherina*) oder Kahlköpfe (*Psilocybe* spp.) von grosser Bedeutung im Totenkult waren (vgl. Kaul 1998, Wilson 1999).

2 Vielleicht ist Atlantis nur eine andere Metapher für das Totenreich im Meer, so wie von fast jeder Insel (wie etwa Santorini, Ibiza, die Kanaren, die Falklandinseln, Cozumel, die Osterinseln) behauptet wird, sie sei der letzte Gipfel des versunkenen Atlantis.

Ein mythisches Wesen des germanischen Jenseits mit einem Schwanz, dessen Spitze wie ein psychedelischer Spitzkegeliger Kahlkopf (Psilocybe semilanceata) aussieht (nach DAVIS 2000). Ein Hinweis auf das Jenseitsreisemittel?

Die Seele ist der Anteil des Menschen, der in das Jenseits geht. Die Seele ist die Brücke zwischen den Welten. Sie fliegt als Vogel über den Wassern, über dem See oder der See. Die Seele ist ein Geist der See. Der Geist über den Wassern. Aber Vögel können auch tauchen. Sie tauchen in die Tiefen der Wasser und finden dort ausser Nahrung noch die jenseitigen Reiche, die Welten unter Wasser, die Geheimnisse der Tiefe. Vögel nisten aber an Land. Deshalb braucht es eine Toteninsel. Dort nistet sich die Seele ein, im Sand, auf Felsen, in Baumkronen.

Wer nicht fliegen kann, muss anders reisen, z.B. mit dem Schiff, dem Kahn, dem Nachen, dem Einbaum, dem Floss, dem Luftkissenboot.

> »... welcher Mensch sein Leben gerecht und fromm geführt hat, der gelangt nach seinem Tode in die Inseln der Seligen, und lebt dort sonder Übel in vollkommener Glückseligkeit; wer aber ungerecht und gottlos, der kommt in das zur Zucht und Strafe bestimmte Gefängnis, welches sie Tartaros nennen.«
> *Sokrates* in: PLATON, *Gorgias 532A-527E*

Unser Bild der Toteninsel ist sicherlich durch Böcklin geprägt, unser Bild vom Seelenschiff von den Germanen. Der Totennachen ist uns aus der griechischen Mythologie bekannt. Wir kennen die Anderswelt der Kelten. Jenseitsvorstellungen gibt und gab es in allen Kulturen. Dabei gab und gibt es immer auch die Vorstellungen von verschiedenen Jenseitsreichen (COULIANO 1995). Manchmal sind es verschiedene Welten für die Seelen der auf unterschiedliche Art gestorbenen Menschen. So hatten die Azteken verschiedene jenseitige Paradiese für die Seelen der im Meer Ertrunkenen, der Opfertoten, der an Krankheit Dahingesiechten usw. Es sind nur andere Welten, nicht einander entgegengesetzte wie in den monotheistischen Religionen, wo das Jenseits schizophren gespalten erscheint

Ein fraktalisierter Wotan im Gesamtkunstwerk der »Kunststätte Bossard« bei Jesteburg in der Lüneburger Heide (Bildhauerwerk von Johann Michael Bossard, 1874–1950).

in das himmlische Reich für die Braven und Hörigen, die »Guten«, und die Hölle für die Aufsässigen, Rebellierenden, die »Bösen«, mit ewigem Hosanna oder ewiger Qual, bis zum Jüngsten Gericht. Die »Guten« werden im Jenseits belohnt, die »Bösen« bestraft (ZLATOHLÁVEK et al. 2001), dies die Vorstellung in den monotheistischen Religionen und Weltbildern und ebenso im Platonismus (vgl. KYTZLER 1997).

In schamanischen, animistischen oder polytheistischen Weltentwürfen sind die jenseitigen Welten genauso ambivalent wie alles andere im Kosmos. Für sie gibt es nicht »Gut« und »Böse«, sondern so wie im Leben überhaupt lediglich eine Fülle von Zuständen und Eigenschaften, die für die Einzelnen als positiv oder negativ empfunden und dementsprechend bewertet werden.

Bei den yucatekischen Maya der präkolumbianischen Zeit gab es auch eine Toteninsel: *jainá* in spanischer Umschrift, richtig *u ha'il nah* oder *u ha'il na'*; ersteres bedeutet »des Wassers Haus«, das zweite »der Wasser Mutter« (Piña Chan 1968). Mit einem kleinen gutturalen Klick (glottalisiert) verändert sich die Bedeutung, aber ergänzt sich auch. Denn Haus und Mutter sind eins, im Diesseits und im Jenseits. In dem Wasserhaus hausen die Seelen. Dort wurden von den Maya die Toten sogar bestattet, mit einem Boot über das Meer gebracht zur letzten Ruhestatt (De La Garza 2000). Aber es ist keine Ruhestatt. Denn dort beginnt die Reise in die vielen jenseitigen Welten. Die Maya kannten allein neun Unterwelten, in denen sich die Seelen zwecks Läuterung aufhielten (Rätsch 1994).

Die Lakandonen, der letzte Mayastamm, der die vorspanische Mythologie und Kosmologie behalten hat, kennen nicht nur Himmel und Unterwelt als jenseitige Reiche, sondern auch den Drachen unter Wasser, ganz ähnlich der germanischen Midgardschlange auf dem Meeresgrund: *u subin petha'*, »der Drache des glatten Gewässers«, heisst der Saurier auf dem Grund des Sees *naha'* (»Haus des Wassers«), über dem die Seelen schweben (Rätsch und Ma'ax 1994). Ganz wie bei den Germanen und den Wikingern (Kalweit 2001). »Schiffe für die Götter« (Klesius 2000).

Literaturverzeichnis

Allardice, Pamela: *Aphrodisiacs and Love Magic*, Bridport, Dorset, 1989.

Bachmann, Manfred: »Die Erzgebirgischen Schwibbögen«, in: Gerhard Heilfurth, Ehrhardt Heinold, Hans Jürgen Rau (Hg.): *Weihnachtsland Erzgebirge. Geschichte und Geschichten, Volkskunst, Holzspielzeug, Sitten und Bräuche, Lieder, Gedichte und Rezepte*, Husum 1993, S. 79–82.

Bächtold-Stäubli, Hanns (Hg.): *Handwörterbuch des deutschen Aberglaubens*. Mit einem Vorwort von Christoph Daxelmüller, Berlin und New York 1987 (unveränderter Nachdruck der Ausgaben 1927–1942).

Bartsch, Karl: *Sagen, Märchen und Gebräuche aus Mecklenburg*, 2 Bde., Wien 1879–1880.

Bauer, Wolfgang: »Der Fliegenpilz in Zaubermärchen, Märchenbildern, Sagen, Liedern und Gedichten«, in: *Integration. Zeitschrift für geistbewegende Pflanzen und Kultur*, 2/3 (1992) 39–54.

Bauer, Wolfgang: »Ein Versuch mit ›Zwergenwein‹«, in: *Integration. Zeitschrift für geistbewegende Pflanzen und Kultur*, 6 (1995) 45–46

Bauer, Wolfgang, Edzard Klapp, Alexandra Rosenbohm: *Der Fliegenpilz. Traumkult, Märchenzauber, Mythenrausch*, Aarau 2000.

Bischoff, Michael: *Himmelszeichen. Eine bildreiche Kunde von Aberglauben und Ängsten*, Nördlingen 1986.

Brooks, J. A.: *Ghosts of London. The East End, City and North*, Norwich 1982.

Brown, Theo: *Devon Ghosts*, Norwich 1982.

Brunner, Ernst: »Seltsame Verpflöckungen an Luzerner Bauernhäusern. Ist Gotthelfs ›Schwarze Spinne‹ immer noch am Leben?« in : *Der Geschichtsfreund. Mitteilungen des Historischen Vereins der fünf Orte Luzern, Uri, Schwyz, Unterwalden ob und nid dem Wald und Zug*, 120 (1967) 169–177.

Bucher, Josef: *Geschichte der Korporationen von Grossdietwil*, Willisau 1964.

Buck, M. R.: *Medicinischer Volksglauben u. Volksaberglauben aus Schwaben. Eine kulturgeschichtliche Skizze*, Ravensburg 1865.

Cosack, Ralph: »Die anspruchsvolle Droge. Erfahrungen mit Fliegenpilzen«, in: *Jahrbuch für Ethnomedizin und Bewusstseinsforschung*, Berlin 1994, Bd. 3, S. 209–244.

Crowley, Aleister: *Magick in theory and practice*, New York 1991.

Dinand, A.: *Taschenbuch der Giftpflanzen*, Esslingen und München 1911.

Dinand, A.: *Taschenbuch der Hausmittel*, Esslingen und München 1920.

Duerr, Hans Peter: *Traumzeit. Über die Grenze zwischen Wildnis und Zivilisation*, Frankfurt/M. 1985.

Dunning, John: *Mysterious Murders. True murders of the occult*, London 1993.

Durrer, Toni: *Votivbrauchtum und Medizin in der Innerschweiz*. Stans 1982 (Separatdruck aus: *Der Geschichtsfreund*, 135. Band, Stans 1982).

Eberle, Ildefons: *Gebetserhörungen erfolgt auf Anrufung des wundertätigen Sarner Jesus*kindes, Sarnen 1932.

Erni, Anton: *Geographische, statistische und geschichtliche Beschreibung der politischen Gemeinde Ruswil*, Willisau 1878.

Ewald, Jürg: »Eine Teufelsaustreibung im Baselbiet im Jahre 1988«, in: Schweizerische Gesellschaft für Volkskunde (Hg.): *Schweizerisches Archiv für Volkskunde*, Basel 1989, S. 103–121.

Felder, Peter: *Die Kunstdenkmäler des Kantons Aargau*, Bd. IV *Der Bezirk Bremgarten*, Basel 1967.

Franz, Adolph: *Die kirchlichen Benediktionen im Mittelalter*, Bd. 1, Freiburg i. B. 1909.

Fröbe, Walter: »Mettenschicht«, in: Gerhard Heilfurth, Ehrhardt Heinold, Hans Jürgen Rau (Hg.): *Weihnachtsland Erzgebirge. Geschichte und Geschichten, Volkskunst, Holzspielzeug, Sitten und Bräuche, Lieder, Gedichte und Rezepte*, Husum 1993, S. 114–117.

Ginzburg, Carlo: *Die Benandanti. Feldkulte und Hexenwesen im 16. und 17. Jahrhundert*, Hamburg 1993.

Grabinski, Bruno: *Fegfeuer-Visionen der badischen Begnadeten Margarete Schäffner*, Eupen 1956.

Gronemeyer, Reimer: *Zigeuner im Spiegel früher Chroniken und Abhandlungen. Quellen vom 15. bis zum 18. Jahrhundert*, Giessen 1987.

Hai, Hainer: *Das definitive deutsche Hanfhandbuch*, Löhrbach o. J.

HAMBERGER, KLAUS: *Mortuus non mordet. Kommentierte Dokumentation zum Vampirismus 1689–1791*, Wien 1992.

HARMENING, DIETER: *Der Anfang von Dracula. Zur Geschichte von Geschichten*, Würzburg 1983.

HENGGELER, RUDOLF: *Die kirchlichen Bruderschaften und Zünfte der Innerschweiz*, Einsiedeln 1955.

HENGLEIN, MARTIN: *Die heilende Kraft der Wohlgerüche und Essenzen*, München 1985.

HOFFMANN-KRAYER, EDUARD: *Feste und Bräuche des Schweizervolkes*, Zürich 1940.

HÖFLER, MAX: »Volksmedizinische Botanik der Germanen«, in: E. K. Blümml (Hg.): *Quellen und Forschungen zur deutschen Volkskunde*, Bd. 5, Wien 1980.

JUNGBAUER, GUSTAV: *Deutsche Volksmedizin. Ein Grundriss*, Berlin und Leipzig 1934.

KENNEDY, PATRICK: *Legends of Irish Witches and Fairies*, Dublin 1991. (Die darin aufgeführten Erzählungen stammen aus Patrick Kennedys zwischen 1866 und 1870 in Dublin gedruckten Werken: »Legendary Fictions of the Irish Celts«; »The Firesides Stories of Ireland« und »The Banks of the Boro«.)

KESSLER, THOMAS: »Hanf. Eine Pflanze fordert ihre Unschuld zurück«, in: Roger Liggenstorfer et al. (Hg.): *Neue Wege in der Drogenpolitik*, Solothurn 1991.

KNELLER, KARL ALOIS: *Die Geschichte der Kreuzwegandacht. Von den Anfängen bis zur völligen Ausbildung*, Freiburg i. B. 1908.

KOCH, ERWIN: »Die letzten Gespenster im Entlebuch, zehn unglaubliche Geschichten«, in: *Tages-Anzeiger-Magazin*, Zürich, Ausgabe vom 22.5.1982.

KRONFELD, MORITZ: *Donnerwurz und Mäuseaugen. Zauberpflanzen und Amulette in der Volksmedizin*. Mit einer Einleitung von H. Zerling, Berlin 1981 (unveränderter Nachdruck der Ausgabe Wien 1898).

LEONHARDT, WOLFRAM: »Über Rauschzustände bei Pantherpilzvergiftungen«, in: *Integration. Zeitschrift für geistbewegende Pflanzen und Kultur. Special Mushromm Issue*, 2/3 (1992) 119–128.

LIEBENAU, THEODOR VON: *Das Gasthof- und Wirthshauswesen der Schweiz in älterer Zeit*, Zürich 1891.

LIEBENAU, THEODOR: Die Gesellschaft schweizerischer Teufelsbanner und Wundertäter vom J. 1816–1824. Separatdruck aus: *Katholische Schweizerblätter*, Luzern 1904.

LIEBRECHT, FELIX: *Zur Volkskunde. Alte und neue Aufsätze*, Heilbronn 1879.

LUSSI, KURT: *Merkwürdiges aus Buholz. Eine Spurensuche*, Willisau 1989.

LUSSI, KURT: *Himmel und Hölle*, Willisau 1992.

LUSSI, KURT: *Wind und Wetter. Die bäuerliche Wettervorhersage und Unwetterabwehr*, Wollerau 1993.

LUSSI, KURT: »Beseelte Bäume und tanzende Hexen. Aufsätze zu Josef Zihlmanns ›Heilige Bäume und Orte‹«, in: Heimatvereinigung Wiggertal (Hg.): *Heimatkunde des Wiggertals*, Willisau 1995, Bd. 53, S. 161–180.

LUSSI, KURT: »Innerschweizer Liebestränke. Eine Sammlung ›vergessener‹ Rezepte«, in: Christian Rätsch et al. (Hg.): *Jahr-buch für Ethnomedizin und Bewusstseinsforschung*, Berlin 1996, Bd. 5, S. 79-97.

LÜTOLF, ALOIS: *Sagen, Bräuche und Legenden aus den fünf Orten Luzern, Uri, Schwyz, Unterwalden und Zug*, Hildesheim und New York 1976 (unveränderter Nachdruck der Ausgabe Luzern 1862).

MANNHARDT, WILHELM: *Wald- und Feldkulte*, 2 Bde., Berlin 1904/1905.

MARTI, HANS: »Von Sagen und Gespenstern im Luzerner Hinterland«, in: Heimatvereinigung Wiggertal (Hg.): *Heimatkunde des Wiggertals*, Willisau 1953, Bd. 14, S. 67–75.

MARTI, HANS: »›Gräni Fredus' Behausung‹«, in: Einwohnergemeinde Altbüron (Hg.): *Mitteilungsblatt* 3/1998, Altbüron 1998.

MÄRTIN, RALF-PETER: *Dracula. Das Leben des Fürsten Vlad Tepes*, Frankfurt/M. 1991.

MARZELL, HEINRICH: *Geschichte und Volkskunde der deutschen Heilpflanzen*, Stuttgart 1967 (unveränderter Nachdruck der Ausgabe «Unsere Heilpflanzen. Ihre Geschichte und ihre Stellung in der Volkskunde», Stuttgart 1938).

MEYER, CARL: *Der Aberglaube des Mittelalters und der nächstfolgenden Jahrhunderte*, Basel 1884.

MEYER, ELARD HUGO: *Badisches Volksleben im 19. Jahrhundert*, Strassburg 1900.

MOST, GEORG FRIEDRICH: *Encyklopädie der Volksmedizin*. Mit einer Einleitung von Karl Frick und Hans Biedermann, Graz 1984 (unveränderter Nachdruck der Ausgabe von 1843).

MÜLLER, ANTON: *Sagenhaftes Seetal*, Hitzkirch 1993.

NIEDERBERGER, FRANZ: *Religiöse Sitten und Sagen aus Unterwalden*, 2. Teil, Sarnen 1910

PETZOLDT, LEANDER: *Kleines Lexikon der Dämonen und Elementargeister*, München 1990.

REUPOLD, HANS: Perschtenbund »Soj« (Hg.): *Die Perschten von Soj*, Kirchseeon 1979.

RABTEN, GESHE; PAUL SYSKA (Hg.): *Das Buch vom heilsamen Leben, vom Tod und der Wiedergeburt*. Mit einem Vorwort des Dalai Lama, Hamburg 1995.

RÄSS, ALBERT: *Ritter Melchior Lussy. Zur Feier seines 350. Todestages*, Sonderdruck aus »Stanser Student« 4, 1956.

RÄTSCH, CHRISTAN; Guhr, Andreas: *Lexikon der Zaubersteine*, Graz 1989.

RÄTSCH, CHRISTIAN: *Die »Orientalischen Fröhlichkeitspillen« und verwandte psychoaktive Aphrodisiaka*, Berlin 1990 (Reihe Ethnomedizin und Bewusstseinsforschung).

RÄTSCH, CHRISTIAN: *Hanf als Heilmittel. Eine ethnomedizinische Bestandsaufnahme*. Mit einem Vorwort von William A. Emboden, Solothurn 1992.

RÄTSCH, CHRISTIAN: »›Die Grüne Fee‹: Absinth in der Schweiz«, in: Christian Rätsch et al. (Hg.), *Jahrbuch für Ethnomedizin und Bewusstseinsforschung*. Berlin 1995, Bd. 4, S. 285–287.

RÄTSCH, CHRISTIAN: *Enzyklopädie der psychoaktiven Pflanzen. Botanik, Ethnopharmakologie und Anwendung*. Mit einem Vorwort von Albert Hofmann, Aarau 1998.

RIVIER, LAURENT; LINDGREN, JAN-ERIK: »Ayahuasca, the South American Hallucinogenic Drink: an Ethnobotanical and Chemical Investigation«, in: New York Botanical Garden (Hg.): *Economic Botany* 26: 101–129.

RITSCHARD, GUSTAV: *Aberglaube und Volksheilkunde*, Unterseen 1982. (Im Büchlein als Faksimile abgedruckt ist das Zauberbüchlein von Christian Abbühl, Wilderswil.)

ROCHHOLZ, ERNST LUDWIG: *Schweizersagen aus dem Aargau*. Mit einem Vorwort von Hans ten Doornkaat, 2 Bde., Zürich 1989 (unveränderter Nachdruck der Ausgabe Aarau 1856).

ROSENBOHM, ALEXANDRA: »Der Fliegenpilz in Nordasien«, in: Wolfgang Bauer et al. (Hg.): *Der Fliegenpilz. Ein kulturhistorisches Museum*, Köln 1991, S. 121–164.

ROSENBOHM, ALEXANDRA: »Zwischen Mythologie und Mykologie. Der Fliegenpilz als Heilmittel«, in: *Curare* 18/1 (1995) 15–23.

RYFF, WALTHER HERMANN: *Confect Büchlin vnd Hausz Apoteck*. Mit einem Nachwort von Carl Lüdtke, Leipzig 1983 (unveränderter Nachdruck der Ausgabe von 1544).

SCHACHER, JOSEF: *Das Hexenwesen im Kanton Luzern nach den Prozessen von Luzern und Sursee 1400–1675*, Luzern 1947.

SCHEUBER, JOSEF KONRAD: *Bauern-Gebetbuch*, Einsiedeln 1960.

SCHMID, JOSEF: *Collectanea Chronica und denkwürdige Sachen pro Chronica Lucernensi et Helvetiae (Quellen und Forschungen zur Kulturgeschichte von Luzern und der Innerschweiz)*, Bd. 9, Glossar, Luzern 1961.

SCHMID, JOSEF: *Collectanea Chronica und denkwürdige Sachen pro Chronica Lucernensi et Helvetiae (Quellen und Forschungen zur Kulturgeschichte von Luzern und der Innerschweiz)*, Bd. 4, 3. Teil, Luzern 1972.

SCHMIDT, J.W.R.: Jakob Sprenger, Heinrich Institoris. *Der Hexenhammer*, München 1982 (unveränderter Nachdruck der Ausgabe Berlin 1906).

SCHMIDBAUER, WOLFGANG; JÜRGEN VOM SCHEIDT: *Handbuch der Rauschdrogen*, Frankfurt/M. 1993.

SCHRAMM, M.O.; NAGY A.: *Die praktische Volksheilkunde. Ein Führer in gesunden und kranken Tagen*, St. Gallen o. J. (um 1890).

SCHWEGLER, URS. *Schalen- und Zeichensteine in der Schweiz*, Basel 1992.

SEYFARTH, CARLY: *Aberglaube und Zauberei in der Volksmedizin Sachsens. Ein Beitrag zur Volkskunde des Königreichs Sachsen*, Leipzig 1913.

SPAMER, ADOLF: *Romanusbüchlein. Historisch-philologischer Kommentar zu einem deutschen Zauberbuch*. Aus seinem Nachlass bearbeitet von Johanna Nickel, Berlin 1958.

STEINER, JOSEF: »Eine Felsenwohnung in Altbüron«, in: Einwohnergemeinde Altbüron (Hg.): *Mitteilungsblatt* 3/1998, Altbüron 1998.

STREBEL, KARL: »Das alte Fastnachtsfeuer von Sarmenstorf«, in: Schweizerische Gesellschaft für Volkskunde (Hg.): *Schweizer Volkskunde*, Bd. 33, Basel 1943.

SUTER, HANSJAKOB: »Mittwinterbräuche in Hallwil«, in: *Popularia. Das Magazin für Schweizer Folklore*, Basel 3 (1987) 32–37.

TISSOT, S.A.D.: *Anleitung für den gemeinen Mann, in Absicht auf seine Gesundheit; Oder gemeinnütziges und bewährtes Haus-Arzeney-Buch*, Mannheim 1775.

TOWNSHEND, MARCHIONESS; FFOULKES, MAUDE: *True Ghost Stories*, London 1994

TSCHEINEN, MORITZ; RUPPEN, PETER JOSEPH: *Walliser Sagen*, 2 Bde., Zürich 1989 (unveränderter Nachdruck der Ausgabe Sitten 1872).
VON GREYERZ, OTTO: »Das alte Guggisberger Lied«, in: Schweizerische Gesellschaft für Volkskunde (Hg.): *Schweizerisches Archiv für Volkskunde*, Basel 1912.
WALLBERGEN, JOHANN: *Johann Wallbergens Sammlung Natürlicher Zauberkünste*. Mit einem Essay von Christoph Heinm, Leipzig und Weimar 1988 (überarbeiteter Nachdruck der Ausgabe von 1769).
WEISS, RICHARD: *Volkskunde der Schweiz*, Erlenbach-Zürich 1978.
WEY, MARTIN: »Der Volkstanz«, in: Gesellschaft für die Volksmusik in der Schweiz (Hg.): *Volksmusik in der Schweiz*, Zürich 1985, S. 61–83.
WOLF, GÜNTHER: »Klosteranlagen und -gärten: Ideal und Wirklichkeit«, in: Museen der Stadt Freiburg (Hg.): *Kreutter-Kunst*, Begleitbuch zur Ausstellung im Augustinermuseum Freiburg vom 13. Juni bis 27. Juli 1986, Freiburg 1986, S. 13–26.
WUTTKE, ADOLF: *Der deutsche Volksaberglaube der Gegenwart*, Leipzig 1925.
ZENETTI, LOTHAR: *Das Jesuskind. Verehrung und Darstellung*, München 1987.
ZIHLMANN, JOSEF: *Die Hof- und Flurnamen der Gemeinde Gettnau. Mit zusätzlichen Hinweisen auf über 1500 Namen des Luzerner Hinterlandes, des Wiggertals und des unteren Rottals*, Luzern 1968.
ZIHLMANN, JOSEF: *Wie sie heimgingen*, Hitzkirch 1982.
ZIHLMANN, JOSEF: *Sie rufen mich beim Namen. Menschen, Bräuche, Namen in der Luzerner Landschaft*, Hitzkirch 1982.
ZIHLMANN, JOSEF: *Heilige Bäume und Orte*, Hitzkirch 1985.
ZIHLMANN, JOSEF: *Volkserzählungen und Bräuche. Handbuch luzernischer Volkskunde*, Hitzkirch 1989.
ZIMMERER, E.M.: Kräutersegen. *Die Bedeutung unserer vorzüglichsten heimischen Heilkräuter*, Augsburg 1987 (unveränderter Nachdruck der Ausgabe Donauwörth 1896).
ZIMMERMANN, NIKLAUS: *Heimatkunde von Wolhusen*, Willisau 1926.

Zum Artikel von Christian Rätsch

COULIANO, I.P.: *Jenseits dieser Welt: Aussergewöhnliche Reisen von Gilgamesch bis Albert Einstein*. München: Diederichs 1995.
CRUMLIN-PEDERSEN, OLE UND BIRGITTE MUNCH THYE: *The Ship as a Symbol – in Prehistoric and Medieval Scandinavia*, Kopenhagen: National Museum 1995 (PNM Vol. 1).
DAVIS, COURTNEY: *A Treasury of Viking Design*, London: Constable 2000.
DE LA GARZA CAMINO, MERCEDES: *Los misterios de Palenque*, Mexico, D.F.: Conaculto 2000.
KALWEIT, HOLGER: *Das Totenbuch der Germanen*, Aarau: AT Verlag 2001.
KAUL, FLEMMING: *Ships on Bronzes: A Study in Bronze Age Religion and Iconography*, Kopenhagen: Nationalmuseet 1998 (PNM Vol. 3:1/3:2).
KERÉNYI, KARL: *Hermes, Guide of Souls* (überarb. Aufl.), Vorwort von Charles Boer, Woodstock, Connecticut, USA: Spring Publications 1996.
KLESIUS, MICHAEL: »Schiffe für die Götter«, in: *National Geographic Deutschland*, Mai 2000: 82–89.
KUBIN, ALFRED: *Die andere Seite*, Reinbek: Rowohlt 1999 (Neuauflage der Ausgabe von 1909).
KYTZLER, BERNHARD (Hg.): *Platons Mythen*, Frankfurt/M.: Insel 1997.
MEYRINK, GUSTAV: *An der Grenze des Jenseits*, Berlin: Zellenbücherei o. J.
MODE, HEINZ: *Fabeltiere und Dämonen in der Kunst* (2., verbesserte Aufl.), Stuttgart usw.: Kohlhammer 1983.
PIÑA CHAN, ROMAN: *Jaina: La Casa en el Agua*, Mexiko: INAH 1968.
RÄTSCH, CHRISTIAN (Hg.): *Chactun – Die Götter der Maya* (2. Aufl.), München: Diederichs 1994.
RÄTSCH, CHRISTIAN UND K'AYUM MA'AX (Hg.): *Ein Kosmos im Regenwald: Mythen und Visionen der Lakandonen-Indianer* (2. Aufl.), München: Diederichs 1994.
THUBRON, COLIN: *Die Seefahrer des Altertums*, Amsterdam: Time-Life Bücher 1988.
WILSON, PETER LAMBORN: *Ploughing the Clouds: The Search for Irish Soma*, San Francisco: City Lights 1999.
ZLATOHLÁVEK, MARTIN, CHRISTIAN RÄTSCH UND CLAUDIA MÜLLER-EBELING: *Das Jüngste Gericht: Fresken, Bilder und Gemälde*, Düsseldorf und Zürich: Benzinger 2001.

Register